Medidas e avaliação

EDITORA intersaberes

O selo DIALÓGICA da Editora InterSaberes faz referência às publicações que privilegiam uma linguagem na qual o autor dialoga com o leitor por meio de recursos textuais e visuais, o que torna o conteúdo muito mais dinâmico. São livros que criam um ambiente de interação com o leitor – seu universo cultural, social e de elaboração de conhecimentos –, possibilitando um real processo de interlocução para que a comunicação se efetive.

Medidas e avaliação

Elizabeth Ferreira de Souza
Julimar Luiz Pereira

EDITORA intersaberes

Rua Clara Vendramin, 58 ▪ Mossunguê ▪ CEP 81200-170 ▪ Curitiba ▪ PR ▪ Brasil
Fone: (41) 2106-4170 ▪ www.intersaberes.com ▪ editora@editoraintersaberes.com.br

Conselho editorial
Dr. Ivo José Both (presidente)
Dr.ª Elena Godoy
Dr. Neri dos Santos
Dr. Ulf Gregor Baranow

Editora-chefe
Lindsay Azambuja

Supervisora editorial
Ariadne Nunes Wenger

Analista editorial
Ariel Martins

Preparação de originais
Ana Maria Ziccardi

Edição de texto
Arte e Texto Edição e Revisão de Textos
Tiago Krelling Marinaska

Capa
Laís Galvão dos Santos (*design*)
Jacob Lund/Shutterstock (imagem)

Projeto gráfico
Luana Machado Amaro

Diagramação
Cassiano Darela

Equipe de *design*
Luana Machado Amaro
Silvio Gabriel Spannenberg

Iconografia
Célia Regina Tartália e Silva
Regina Claudia Cruz Prestes

Dados Internacionais de Catalogação na Publicação (CIP)
(Câmara Brasileira do Livro, SP, Brasil)

Souza, Elizabeth Ferreira de
   Medidas e avaliação/Elizabeth Ferreira de Souza, Julimar Luiz Pereira. Curitiba: InterSaberes, 2019. (Série Corpo em Movimento)

   Bibliografia.
   ISBN 978-85-5972-920-7

   1. Aptidão física – Testes 2. Educação física – Avaliação I. Pereira, Julimar Luiz. II. Título. III. Série.

18-21981   CDD-613.7

Índices para catálogo sistemático:
   1. Medidas e avaliação: Educação física   613.7
Cibele Maria Dias – Bibliotecária – CRB-8/9427

1ª edição, 2019.

Foi feito o depósito legal.

Informamos que é de inteira responsabilidade dos autores a emissão de conceitos.

Nenhuma parte desta publicação poderá ser reproduzida por qualquer meio ou forma sem a prévia autorização da Editora InterSaberes.

A violação dos direitos autorais é crime estabelecido na Lei n. 9.610/1998 e punido pelo art. 184 do Código Penal.

Sumário

Apresentação • 13
Organização didático-pedagógica • 17
Introdução • 21
Seleção de testes • 23
Aspectos que devem ser considerados na aplicação
de avaliações • 25
Anamnese • 27

Capítulo 1
  Antropometria • 31
  1.1 Planos corporais • 34
  1.2 Medidas antropométricas básicas • 35
  1.3 Circunferências segmentares • 42
  1.4 Diâmetros ósseos (D.O.) • 49
  1.5 Medidas antropométricas,
    saúde e desempenho desportivo • 52

Capítulo 2
  Crescimento, maturação e desenvolvimento físico • 65
  2.1 Desenvolvimento humano • 69
  2.2 Crescimento humano e idade cronológica • 72
  2.3 Maturação biológica • 77
  2.4 Curvas de crescimento e sua aplicação • 86
  2.5 Maturação biológica, crescimento e desempenho • 91

Capítulo 3
  Composição corporal · 101
  3.1 Técnicas e modelos aplicados à avaliação da composição corporal · 104
  3.2 Componente gordura corporal · 111
  3.3 Componente massa muscular · 120
  3.4 Componente massa óssea · 123
  3.5 Somatotipia corporal · 129

Capítulo 4
  Avaliação do componente neuromuscular · 143
  4.1 Avaliação da velocidade · 147
  4.2 Avaliação da força muscular · 150
  4.3 Avaliação da potência muscular · 163
  4.4 Avaliação da flexibilidade · 166
  4.5 Avaliação da agilidade e do equilíbrio · 172

Capítulo 5
  Avaliação do componente cardiovascular · 189
  5.1 Caracterização e tipos de avaliação dos componentes cardiovasculares · 192
  5.2 Avaliação da capacidade aeróbia com testes de campo · 196
  5.3 Avaliação da capacidade aeróbia com testes de laboratório · 203
  5.4 Avaliação da capacidade anaeróbia com testes de campo · 208
  5.5 Avaliação da capacidade anaeróbia com testes de laboratório · 217

Capítulo 6
   Medidas da atividade física e baterias de testes • 225
   6.1 Conceitos de gasto energético • 228
   6.2 Métodos de estimativa da atividade física e do gasto energético • 230
   6.3 Baterias de testes físicos • 241
   6.4 Avaliação no contexto escolar • 249
   6.5 Testes de aptidão física (TAFs) • 253

Considerações finais • 259
Referências • 263
Bibliografia comentada • 279
Anexos • 283
Respostas • 301
Sobre os autores • 303

Dedico este trabalho à minha filha, Beatriz.

Professora Ms. Elizabeth Ferreira de Souza

Dedico (*in memoriam*) esta obra às pessoas que moldaram meu caráter, educação e capacidades: Nair Valéria Pereira, minha mãe; Dr. José Luis Pereira, meu pai; Lydia Nísio Pereira, minha avó; Jandira Pereira, minha madrinha; e Joelma de Fátima Pereira, minha irmã.

Professor Dr. Julimar Luiz Pereira

Primeiro, e especialmente, a Deus: "Porque d'Ele, por Ele e para Ele são todas as coisas, glórias pois a Ele eternamente." (Romanos, 11: 30)
Ao amigo professor Marcos Ruiz, pelo convite e pela confiança em oferecer-me este desafio.
Ao amigo e professor Dr. Julimar Luiz Pereira, por apresentar-me o universo da avaliação física com seu projeto de extensão universitária e por todos os trabalhos em parceria ao longo dos anos desde então.

Professora Elizabeth Ferreira de Souza

À amiga e professora Ms. Elizabeth Ferreira de Souza, pelo aprendizado e pela parceria de tantos anos.
À minha querida Eloisa, por estar comigo e me impulsionar nos momentos mais complicados.
Aos queridos Dênis, Bárbara, Bruna, Bea e minha irmã Juliana, pela ajuda.
Aos amigos Emerson Buck, Eduardo Risden, Irapitan Costa, Mariellen Ribeiro Ferreira, Vinícius Andrade e Rafael Honorato, pelas colaborações.
Aos doutores Dartagnan Pinto Guedes, José Fernandes Filho e Sérgio Gregório da Silva, pela admiração e pela inspiração.
Aos atletas Leandro Vilela, Guilherme Biteco, Diego Tavares e Igor Aquino, por colaborarem nas fotos.

Professor Julimar Luiz Pereira

Apresentação

Avaliação é um processo que combina diversas informações disponíveis para direcionar determinadas decisões no sentido de qualificar e orientar ações. As avaliações são construídas com base em testes específicos que guardam forte relação com respostas biológicas ao esforço físico que, na sua realização, geram medidas que nada mais são do que o registro de um valor ou desempenho, materializado em um número ou na qualidade.

As medidas utilizadas nos procedimentos avaliativos podem ser de dois tipos: medida objetiva, quando o desempenho verificado é quantificado independentemente do juízo do avaliador, como em um teste de 12 minutos, quando o avaliado percorre determinada distância x ou quando em um teste de carga máxima se mobiliza uma carga y; e medidas subjetivas, quando o juízo do desempenho é fortemente influenciado pelos critérios do avaliador, como o julgamento em uma competição de fisiculturismo, em uma luta decidida por pontos no boxe ou no MMA ou em uma rotina de ginástica rítmica, quando os avaliadores, com base em critérios, estabelecem uma nota para o avaliado ou atleta.

As medidas podem ser referenciadas por normas ou por critério. A referência por norma classifica determinado desempenho comparando-o a outros. Por exemplo, um indivíduo pode ter o melhor desempenho em determinado teste entre um grupo de 20 pessoas. O fato de apresentar o melhor valor não significa, necessariamente, que aquele é um valor excelente. Qualificar o desempenho numa escala de excelente, bom e ruim, ou ainda em "apto" ou "não apto", caracteriza uma classificação referenciada por critérios. Uma classificação dentro dos valores do IMC, por exemplo, é uma medida objetiva de avaliação referenciada por critérios (normal, sobrepeso ou obeso).

Os testes da aptidão física podem ser caracterizados como testes de laboratório, realizados em ambientes de condições controladas e que primam pelo controle das variáveis ambientais e utilização de equipamentos, muitas vezes, sofisticados e de mobilidade reduzida, como esteiras, ciclo-ergômetros e câmaras. Além desses, os testes de avaliação da condição física podem ser caracterizados como de campo, realizados em ambientes que se aproximam um pouco mais das situações rotineiras de treinamento ou de competição. Nessa situação, as condições ambientais fogem do controle do avaliador e o cuidado na aplicação dos protocolos e procedimentos merece ainda mais atenção, a fim de que se garanta, ao máximo, a fidedignidade na aplicação dos testes e na validade dos resultados observados. Testes como os de resistência de corrida anaeróbia (RAST, Yoyo) e aeróbia em pista (Cooper) ou quadra (Leger) são bons exemplos. Entre suas vantagens, citamos a maior aproximação com as características de modalidade, praticidade e baixo custo.

Devemos considerar os procedimentos avaliativos não apenas como instrumentos que nos permitem testar e qualificar a condição física, mas também como um poderoso instrumento auxiliar na prescrição do treinamento, capaz de identificar aspectos negativos que mereçam maior cuidado na preparação, bem como evidenciar pontos que se destacam positivamente e que devem ser explorados. Podemos também identificar potenciais talentos nas categorias de formação e base, além de características favoráveis ao desempenho, como as medidas antropométricas, valorizadas no voleibol, nas provas de velocidade na natação e em algumas modalidades de luta.

O objetivo da presente obra é abordar, de maneira direta, moderna e acessível, os procedimentos de medidas e avaliações no campo de atuação do profissional de Educação Física. Suas aplicações podem tanto estar associadas à saúde e ao lazer como ao alto rendimento desportivo. Em seu conteúdo, encontramos desde procedimentos clássicos, como a somatotipia de Heath-Carter, as avaliações cardiovasculares de pista, como o teste de Cooper ou o teste de Sentar-e-Alcançar, até procedimentos mais recentes e em grande expansão, como as avaliações de *sprints* repetido, a dermatoglifia, os protocolos mais atuais para a composição corporal ou os questionários de avaliação da prática física.

A obra está estruturada em seis capítulos, que abordam tanto os conceitos antropométricos e medidas básicas do corpo humano, como conceitos importantes não apenas à educação física, mas também a outras áreas correlatas, como a medicina e a psicologia, associados ao crescimento, à maturação, ao desenvolvimento humano e à idade biológica. Também são apresentados modelos aplicados da composição corporal, componentes neuromusculares e diferentes testes e avaliações, destacando sua importância tanto no contexto da saúde como da alta *performance*.

A construção deste livro se deu a partir de nosso esforço para trazer informações fidedignas, fundamentadas em princípios científicos e na consulta a diversas autoridades na área, dentre as quais destacamos, no Brasil, os geniais doutores Dartagnan Pinto Guedes e José Fernandes Filho, bem como o Centro de Estudos do Laboratório de Aptidão Física de São Caetano do Sul (Celafiscs), laboratório de referência internacional. Entre as colaborações e consultas internacionais, destacamos o lendário PhD J. E. Lindsay Carter, idealizador do Método Heath-Carter de somatotipia, e a PhD Mercedes de Onis, coordenadora da Unidade de Vigilância e Avaliação do Crescimento da Organização Mundial de Saúde (OMS), entre outros pesquisadores europeus e norte-americanos. Registre-se ainda a colaboração indireta de milhares de profissionais de Educação Física, atletas e indivíduos "comuns" envolvidos na prática profissional de mais de 20 anos dos autores no campo das medidas e avaliação, alguns desses retratados nas páginas deste livro.

Esperamos que sua leitura seja agradável e que seu conteúdo se transforme em potente instrumento para compreensão dos elementos teóricos e de suas aplicações nos diversos campos de atuação das ciências da atividade física e dos esportes, assim como venha a valorizar as práticas cotidianas dos profissionais de Educação Física.

Organização didático-pedagógica

Esta seção tem a finalidade de apresentar os recursos de aprendizagem utilizados no decorrer da obra, de modo a evidenciar os aspectos didático-pedagógicos que nortearam o planejamento do material e como o aluno/leitor pode tirar o melhor proveito dos conteúdos para seu aprendizado.

Introdução do capítulo

Logo na abertura do capítulo, você é informado a respeito dos conteúdos que nele serão abordados, bem como dos objetivos que o autor pretende alcançar.

> Neste capítulo, você conhecerá as diferenças entre crescimento e maturação no contexto do desenvolvimento humano. Crescimento, maturação e desenvolvimento físico são três conceitos distintos que frequentemente são confundidos. Apresentaremos as metodologias mais utilizadas no campo da educação física e do esporte e sua aplicabilidade tanto no contexto da aptidão física quanto do alto rendimento.

Síntese

Você conta, nesta seção, com um recurso que o instigará a fazer uma reflexão sobre os conteúdos estudados, de modo a contribuir para que as conclusões a que você chegou sejam reafirmadas ou redefinidas.

Atividades de autoavaliação

Com estas questões objetivas, você tem a oportunidade de verificar o grau de assimilação dos conceitos examinados, motivando-se a progredir em seus estudos e a se preparar para outras atividades avaliativas.

Atividades de aprendizagem

Aqui você dispõe de questões cujo objetivo é levá-lo a analisar criticamente determinado assunto e aproximar conhecimentos teóricos e práticos.

Bibliografia comentada

Nesta seção, você encontra comentários acerca de algumas obras de referência para o estudo dos temas examinados.

Introdução

Quando nos referimos ao termo *medida* estamos tratando da associação de um número ou grau a uma determinada característica ou desempenho, conforme padrões previamente estabelecidos, enquanto *avaliação* sugere a atribuição de julgamento a uma determinada medida, ou seja, uma interpretação. Portanto podemos considerar que a avaliação é um "processo que utiliza técnicas de medida; quando aplicadas resultam em dados quantitativos ou qualitativos, que são utilizados por comparação com critérios pré-concebidos" (Udinshy et al., 1981, citado por Machado; Abad, 2012, p. 21).

Assim, podemos afirmar que a avaliação física tem por objetivo espelhar a situação atual de um indivíduo, apontando e quantificando suas reais necessidades, fornecendo parâmetros para a prescrição adequada das atividades físicas a serem desenvolvidas.

Você deve estar pensando: O que medir para conhecer a situação do avaliado e direcionar determinadas decisões no sentido de qualificar e orientar ações? Podemos medir peso, estatura, perimetria e diâmetro ósseo; porcentagem de gordura e massa corporal magra; capacidade aeróbia e anaeróbia; força, flexibilidade, velocidade, potência, equilíbrio e agilidade; maturação, crescimento, desenvolvimento físico, atividade física e aptidão.

A avaliação apenas se justifica com sua devida interpretação e por meio de futuras reavaliações. É esse cuidado que permite aferir comparações e eficiência a programas de atividades físicas orientadas, seja no ambiente informal (bacharelado), seja no ambiente escolar (licenciatura).

Seleção de testes

Teste é definido como "instrumento de ampla aceitação, [que] quando aplicados com vigor e interpretados prudentemente, [...] são uma das técnicas utilizadas por psicólogos e professores." (Mathews, 1980, citado por Machado; Abad, 2012, p. 20).

Numerosos testes são propostos para avaliação das variáveis relacionadas à área da atividade física, cada qual com objetivos bem definidos e direcionados a populações específicas. A escolha, ou opção, por determinados testes deve considerar alguns elementos de fundamentação científica (Kiss, 2003):

- Quanto aos critérios de autenticidade científica: fidedignidade/reprodutibilidade e objetividade.
- Quanto à praticidade: viabilidade, economia e padronização.
- Quanto aos resultados: especificidade, discriminação, aplicabilidade em situações práticas.
- Quanto a aspectos pedagógicos: motivação e entendimento.

Entre esses critérios, não tenha dúvida de que validade e fidedignidade/reprodutibilidade são essenciais na escolha e na aplicação dos testes.

Fidedignidade refere-se à confiança e à precisão de um teste. Tem a ver com a não variação de um mesmo teste quando realizado em dois momentos distintos envolvendo o mesmo avaliador (reprodutibilidade intra-avaliador) ou avaliadores diferentes (reprodutibilidade interavaliador). Quanto mais parecidos forem os desempenhos repetidos em um mesmo teste por um mesmo avaliador, menos dispersão ele apresenta e, consequentemente, maior será sua fidedignidade e reprodutibilidade. Quanto maior a variabilidade dos resultados, tanto maior será o erro padrão estimado da medida

Já a *validade* está relacionada à medida observada no teste e o quanto essa grandeza representa, verdadeiramente, a variável testada. Podemos dizer que ela sugere o erro da medida e pode ser atribuída pela comparação de um determinado teste com uma "medida-critério", ou um teste *gold standard* (padrão ouro da medida).

Aspectos que devem ser considerados na aplicação de avaliações

Os procedimentos de execução dos testes para medidas e avaliação devem ser de total conhecimento e domínio do avaliador, que deve mostrar confiança e segurança nos procedimentos avaliativos.

Os testes, ou bateria de testes, devem ser válidos ou se propor a avaliar aspectos de interesse do avaliador, razão por que todos os dados de desempenho devem ser registrados com clareza e exatidão.

É fundamental que você descreva o teste ao avaliado quantas vezes forem necessárias, inclusive, informando-o sobre qual característica física será observada, bem como orientando-o para que se apresente trajando roupas apropriadas.

Atente para a necessidade de orientá-lo a um aquecimento prévio e adequado para o teste proposto, bem como, no caso de protocolos de testes mais desgastantes – como os que mensuram o VO_2max e os *sprints* repetitidos –, a realizar procedimentos de resfriamento ou volta à calma ao final.

Ao iniciar ou concluir um teste, você deve não apenas transmitir as informações verbalmente, mas também usar gestos para facilitar a visualização e a orientação. A utilização de estímulos visuais e auditivos pode ser um agente facilitador do desempenho, funcionando como um agente facilitador da execução.

Crie um ambiente positivo e encoraje o avaliado para que ele seja capaz de apresentar o seu melhor desempenho. Prepare o espaço físico previamente, verificando sua adequação e segurança. Categorize ou compare o desempenho do avaliado com valores referenciados para a sua população, e não com referências super ou subestimadas.

Quando da aplicação de muitos testes, atente para o fato de que o desgaste em um procedimento pode comprometer o melhor desempenho possível no teste seguinte. Testes muito desgastantes devem encerrar um período/dia de avaliações, e não anteceder outros protocolos em curto espaço de tempo. Avaliações cardiovasculares devem ser feitas sempre ao final.

Em avaliações de grandes grupos ou TAFs, utilize tantos auxiliares quanto forem necessários para garantir o acompanhamento integral e irrestrito de todos os avaliados.

Anamnese

A anamnese consiste em um conjunto de procedimentos sugeridos antes do início de um programa de treinamento físico e é uma rotina alternativa à obrigatoriedade de se exigir de todo cidadão um exame médico ou exames mais complexos. Sua aplicação é recomendada em academias, clubes desportivos, estúdios de atividade física, escolas ou qualquer ambiente reservado à prática de atividade física orientada, sobretudo quando o treinamento é personalizado e estruturado em cargas de esforço mais intensas.

Uma das grandes polêmicas associadas à prática de exercícios físicos é determinar a necessidade ou não de exames médicos atestando a aptidão clínica do aluno. Entretanto, diversas entidades representativas da ciência do exercício, como o Colégio Americano de Medicina do Esporte, encaram essa necessidade como uma barreira à atitude de iniciar uma prática física regular. É razoável porém que atletas de alto rendimento e indivíduos expostos a altas intensidades de esforço físico periodicamente realizem testes de esforço mais detalhados, como o eletrocardiograma.

A anamnese é composta, basicamente, de perguntas a respeito dos hábitos e do estilo de vida do avaliado, assim como se há algum histórico ou episódios que sugiram cuidados acima do normal na prescrição e no controle da atividade física. Por meio da anamnese, determinados testes avaliativos podem ser recomendados, assim como a necessidade de uma investigação médica ou de exames diagnósticos mais minuciosos e específicos. Não há um protocolo padrão a ser utilizado na sua realização, entretanto, inúmeros modelos podem ser encontrados, destacando-se o mundialmente utilizado PAR-Q.

Para padronizar esse inquérito de informações e organizar os procedimentos, no Canadá, durante a década de 1970, os doutores Roy J. Shepard e Donald A. Bailey desenvolveram um instrumento de larga escala e baixo custo, o Questionário de Prontidão para Atividade Física, ou *PAR-Q (Physical Activity Readiness Questionnaire)*, com base em um inquérito mais amplo, contendo 19 questionamentos, adotado na época por órgãos canadenses. Inicialmente testado na Universidade de Saskatoon, no Canadá, o PAR-Q é estruturado em questões simples e objetivas, o que permite sua autoaplicação, e tem se apresentado como um instrumento efetivo e de ampla utilização em todo o mundo. Obviamente, como qualquer procedimento autoaplicável, para que seja válido deve contar com a veracidade de quem o preenche.

O questionário é estruturado em sete perguntas que apontam para resposta positiva ou negativa. Caso o indivíduo apresente uma ou mais respostas "sim", recomenda-se que procure uma avaliação médica mais apurada antes de iniciar um programa de atividades físicas.

Motivado por grande frequência de respostas falso-positivas, um grupo de estudiosos, coordenados por Shepard, revisaram por duas vezes o instrumento, buscando seu aperfeiçoamento, e apresentaram novo questionário, com pequenas modificações: o rPAR-Q (Shepard; Thomas; Weller, 1991). Entretanto, mesmo com as revisões e permanentes discussões, sua aplicação em populações específicas, como crianças e idosos, é alvo de grandes questionamentos, sendo que são recomendados outros procedimentos para esses grupos etários. As questões do rPAR-Q, na sua versão mais recente, estão apresentadas a seguir no Quadro A.

Quadro A Questionário de prontidão para a atividade física/rPAR-Q

Sim	Não	Questão
		1. Algum médico já lhe disse que você possui um problema cardíaco e que deveria fazer atividade física apenas com recomendação de um médico?
		2. Você sente dor em seu peito quando você faz atividade física?
		3. No último mês, você sentiu dor no peito quando você não estava fazendo atividade física?
		4. Você perdeu seu equilíbrio por tontura ou por ter perdido a consciência?
		5. Você tem um problema ósseo ou articular (por exemplo, costas, joelho ou quadril) que poderia ser piorado por mudanças em sua atividade física?
		6. Seu médico atual prescreveu medicações (por exemplo, pílulas) para sua pressão sanguínea ou condição cardíaca?
		7. Você sabe de qualquer outra razão pela qual você não deva fazer atividade física?

Fonte: Shepard; Thomas; Weller, 1991, p. 359, tradução nossa.

Depois de ler atentamente às questões acima, o avaliado deve responder *sim* ou *não* a cada uma delas; caso responda *sim* a uma ou mais questões, deverá passar por investigação médica mais detalhada.

Não há dúvida de que uma anamnese deve preceder qualquer teste avaliativo, seja como fator de segurança, seja como informação determinante para a condução das ações e prescrição do treinamento. Não há um padrão para os aspectos investigados ou as questões arguidas pelo avaliador, recomendando-se considerar as particularidades da população investigada. Alguns modelos exploram também os hábitos de esporte, lazer e nutrição do avaliado. Entretanto, embora seja relativamente objetivo e simplório, o rPAR-Q é uma alternativa bem popular, acessível e razoavelmente válida para a anamnese pré-avaliações da população de forma ampliada.

Para casos que exijam mais cuidados e direcionamento especializado, como cardiopatas ou mesmo atletas, podem ser solicitados testes complementares, como exames laboratoriais com dosagens sanguíneas ou hormonais. Frequentemente, o médico responsável opta por solicitar a realização de provas de esforço com eletrocardiograma em clínicas especializadas, como a ilustrada na figura a seguir. Algumas modalidades, como o futebol, exigem que os atletas profissionais apresentem, periodicamente, testes cardiológicos quando de sua inscrição em competições oficiais.

Figura A Atleta de futebol realiza exame de ergoespirometria com eletrocardiograma

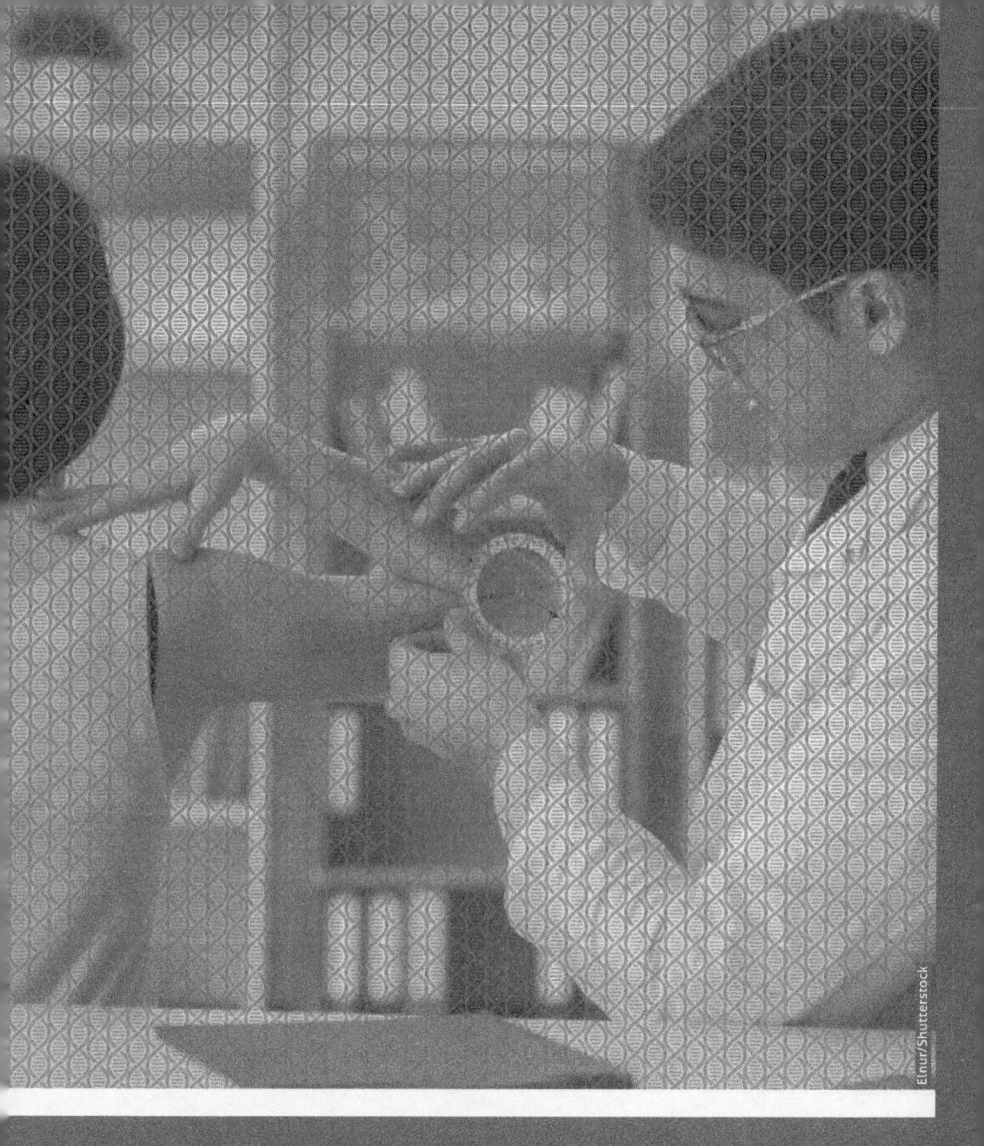

Capítulo 1

Antropometria

Neste capítulo, trataremos da importância das dimensões do corpo, considerando tronco e membros, para a educação física e os esportes e da consciência de que exercitar as medidas corporais exige cuidados especiais e fidelidade a normatizações, padrões e protocolos específicos.

Você conhecerá as medidas antropométricas básicas, como massa corporal, estatura, circunferências segmentares e diâmetros ósseos, para capacitar-se a mensurá-las e utilizar as grandezas encontradas no contexto da aptidão física, da saúde e do alto rendimento.

A aplicação desses conceitos é fundamental no direcionamento do atleta de alto rendimento. No ambiente escolar, essa importância é ainda maior, pois, no contexto social em que está inserido, o professor de Educação Física pode ser o único profissional da saúde em contato com a criança ou o adolescente com base de conhecimento para identificar situações de subnutrição ou, em outro extremo, de obesidade e sobrepeso. É uma oportunidade também para discutir conceitos saudáveis e tão presentes no cotidiano de nossos alunos.

Etimologicamente derivada da Grécia Antiga com o significado de "medida do homem", a *antropometria* consiste no estudo relacionado às medidas do corpo humano: peso ou massa corporal, tamanho e proporções corporais. Como os equipamentos utilizados não são sofisticados, a avaliação dessas medidas é um recurso acessível. Entretanto, é preciso seguir criteriosamente os protocolos no que diz respeito à posição do avaliado, à metodologia e à localização dos pontos corporais onde as medidas serão tomadas, a fim de minimizar erros.

1.1 Planos corporais

O primeiro passo para conhecer as medidas antropométricas é compreender e ter como referência a "posição anatômica", ou seja, a posição do corpo ereto, com os braços e antebraços ao lado do tronco com as palmas das mãos voltadas para frente. Com base nessa posição, são definidos os planos para análise dos movimentos:

- **Plano horizontal ou transverso**: Divide o corpo, ou o segmento, em porção superior e porção inferior. Um corte transverso é usado, por exemplo, como referência para mensurar a dimensão da hipertrofia muscular de um segmento.
- **Plano sagital**: Fraciona o corpo em lateral direita e lateral esquerda. Ele é utilizado como referência para identificar assimetrias entre os lados do corpo, como a altura dos ombros – avaliação feita em simetógrafos.
- **Plano frontal ou coronal**: Divide o corpo em região anterior e região posterior. Ele é utilizado, por exemplo, para identificar músculos com maior função antigravitacional, responsáveis por manter o corpo ereto, como os músculos posteriores do tronco.

Esses planos anatômicos são a referência para definição da cinesiologia humana, imprescindível para discutirmos o movimento corporal de maneira isolada ou integrada.

Os planos anatômicos não servem apenas para localizar estruturas corporais, mas também para descrever e explicar movimentos e detalhes técnicos amplamente utilizados na biologia humana, como nos estudos celulares de microscopia.

1.2 Medidas antropométricas básicas

Existem diversas formas de mensuração dos indicadores antropométricos, optamos, prioritariamente, por apresentar técnicas e procedimentos sugeridos por duas das principais organizações que discutem o tema: a Sociedade Internacional para o Avanço da Cineantropometria (ISAK) e o Grupo Internacional de Trabalho em Cineantropometria (IGKW). Ressaltamos que há poucas diferenças nas proposições das duas organizações.

1.2.1 Massa corporal (peso)

A *massa* é uma grandeza física, expressa em quilogramas, utilizada para indicar a quantidade de matéria contida em um corpo. Portanto massa corporal diz respeito à quantidade de matéria que compõe o corpo humano.

Estudos sugerem que haja uma variação na massa corporal dos indivíduos durante o dia: aproximadamente, 1 kg em crianças e 2 kg em adultos (Summer; Whitacre, 1931, citado por Isak, 2011). Ainda de acordo com esses estudos, os valores mais confiáveis referentes à massa corporal são aqueles obtidos pela manhã, após 12 horas de jejum, em média. Outra recomendação é padronizar o período do dia em que fazemos as medições.

Figura 1.1 Verificação da massa corporal

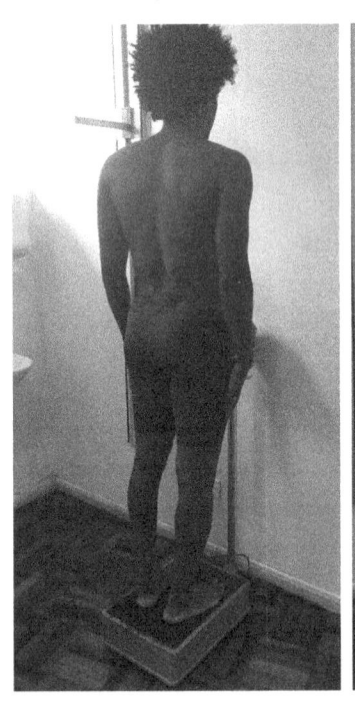

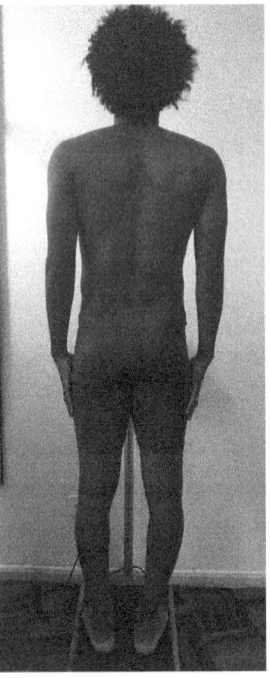

Para a avaliação, é fundamental verificar se o piso onde está colocada a balança é perfeitamente plano, pois um desnivelamento poderá deteriorar a medida. Posicionar a balança em superfície irregular é um dos erros mais comuns ocorridos na mensuração da massa corporal e, certamente, altera significativamente a medida. O avaliado deve estar posicionado no centro da plataforma da balança, olhando para o horizonte, com os braços ao longo do corpo. O ideal é vestir o mínimo de roupa possível e usar sempre o mesmo tipo nas reavaliações.

Quando muito baixa, a massa corporal é uma medida, muitas vezes, indicadora de subdesenvolvimento ou, até mesmo, desnutrição. No entanto, no campo dos esportes, pode sugerir valores desejáveis que favorecerão o desempenho em determinadas modalidades, assim como grandes variações em curtos espaços de tempo podem sugerir atividade metabólica intensa e que, obviamente, poderá influenciar na *performance*.

Embora, muitas vezes, seja associada à obesidade ou a um referencial para uma condição física "gorda", a massa corporal, quando elevada, não deve ser considerada de maneira isolada. Esse conceito está associado ao Índice de Massa Corporal (IMC), traduzido pela relação entre a massa corporal de um indivíduo e sua altura, ou seja, divide-se o peso corporal (expresso em quilogramas) pela altura (em metros) ao quadrado:

$$IMC = MC/EST^2$$

Em que:

MC = massa corporal em quilos
EST = estatura em metros

O IMC foi desenvolvido por Lambert Quételet no fim do século XIX; devido à sua fácil aplicabilidade, difundiu-se rapidamente, tornando-se um dos principais métodos preliminares de verificação de desequilíbrios severos na massa corporal das pessoas, sendo bastante recomendado pela Organização Mundial de Saúde (OMS). O IMC apresenta tabelas com critérios diferenciados para crianças, adolescentes, jovens, idosos e gestantes, além de restrições de uso em pessoas com uma massa muscular mais desenvolvida. Essa restrição justifica-se pelo fato de que indivíduos com maior massa muscular, ao aplicar o cálculo padrão do IMC, obterão um valor alto, embora estejam longe de ser considerados obesos. Nesses casos, deve-se complementar a avaliação com um detalhamento da composição corporal, fracionando o peso em massa muscular, peso ósseo, massa gorda e peso residual.

Existem diversas balanças disponíveis no mercado. Aparelhos como o da Figura 1.1 são profissionais, com leitura digital e apresentam alta confiabilidade e precisão. Atualmente, tornaram-se menos comuns as balanças de cilindro, utilizadas por décadas em ambientes escolares, esportivos e médicos. Entretanto, hoje, as mais comuns são as portáteis, também conhecidas como *balanças de banheiro*. De leitura digital, certamente elas têm custo e praticidade muito mais atraentes, entretanto, estão mais sujeitas a medidas de menor confiabilidade, por isso é bom escolher marcas reconhecidas e, sempre que possível, verificar a aferição/calibragem em empresas especializadas – balanças portáteis exigem manutenções mais frequentes.

Deve-se atentar para um detalhe fundamental: padronizar horário, vestimenta, posição do aparelho e procurar utilizar sempre a mesma balança. Isso, certamente, diminuirá a possibilidade de erros na medição.

1.2.2 Estatura (altura)

Existem quatro técnicas para mensurar a estatura: posição livre, estatura contra a parede, comprimento em decúbito e estatura de estiramento. O equipamento utilizado para essa medição é o **estadiômetro**.

O método de comprimento em decúbito dorsal pode ser usado para crianças até, aproximadamente, 3 anos ou adultos incapazes de permanecer em pé. Os outros três métodos podem apresentar ligeiras variações entre si, além da esperada variação diurna na estatura, já que todas as pessoas tendem a apresentar uma estatura levemente maior no período da manhã e menor no período da noite. É comum a perda de cerca de 1% da estatura ao longo do dia (Reilly; Tyrrell; Troup, 1984; Wilby et al., 1987).

Essa variação diurna pode ser reduzida com a utilização do método de estatura do estiramento, que será descrito a seguir. As medições devem ser feitas sempre no mesmo período do dia. O avaliado deve permanecer em pé, com os pés unidos; calcanhares, glúteos e parte superior das costas devem tocar a escala, como na Figura 1.2. Deve ser mantido o Plano de Frankfurt, ou seja: cabeça alinhada, olhar direcionado ao horizonte, sem qualquer projeção anterior, posterior ou inferior. Deve-se solicitar ao avaliado que faça uma inspiração profunda e segure o ar. A haste do aparelho deve ser posicionada firmemente sobre o vértex (parte central superior, mais alta) da cabeça, em um ângulo de 90° em relação à escala, tomando a medida ao final dessa inspiração profunda seguida de apneia.

Figura 1.2 Verificação da estatura em estadiômetro com a técnica contra a parede

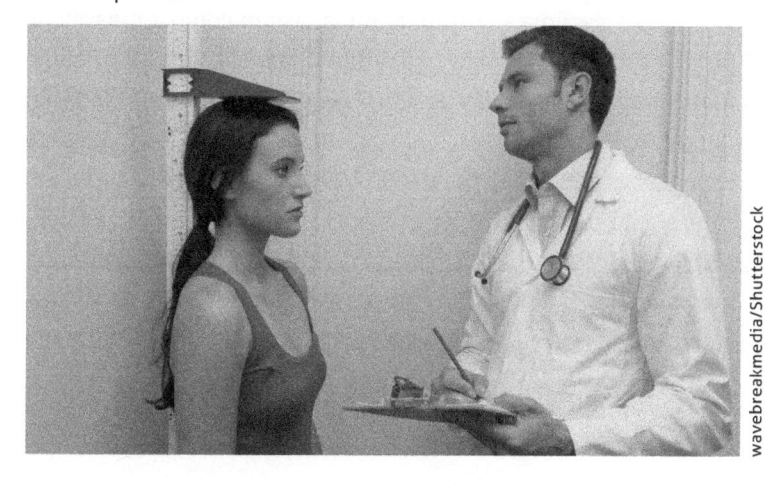

Quando a medição ocorrer com o sujeito avaliado sentado, essa medida será o comprimento entre o ponto mais alto da cabeça (vértex) e o apoio do quadril (espinhas isquiáticas). Nesse caso, utilizamos o estadiômetro mais uma caixa de medição, ou plataforma de nível, onde o avaliado permanecerá sentado, com as mãos repousando sobre as coxas. As orientações são as mesmas da medição da estatura em pé, ou seja, adequar o posicionamento de cabeça (Plano de Frankfurt) paralela ao solo e orientar para inspiração profunda e mantida (apneia inspiratória), e só então posicionar a haste sobre o vértex da cabeça. É importante atentar para que o sujeito avaliado não contraia os glúteos nem empurre suas pernas contra o chão. Deve-se realizar três medidas, considerando a média entre elas, não esquecendo de subtrair a altura da caixa do resultado encontrado, ou ajustar a fita precisamente em relação à caixa.

Uma alternativa ao estadiômetro é a utilização de uma fita métrica fixada verticalmente em uma parede. Obviamente que é uma condição inadequada, entretanto, se tomados os devidos cuidados, como a minuciosa atenção à colocação da fita métrica em superfície regular, com piso também regular, poderá ser obtido um dado relativamente confiável. Em substituição à haste do estadiômetro, pode ser utilizado um esquadro ou uma prancheta, comum em rotinas avaliativas.

Com relação à sua importância, assim como a massa corporal, as medidas de estatura também podem ser usadas como indicadores de desenvolvimento físico. O padrão NCHS (National Center for Health Statistics, em português, Centro Nacional para Estatísticas de Saúde), por exemplo, utiliza a estatura como um referencial para qualificar crianças e adolescentes em valores considerados adequados ou aceitáveis para a idade, podendo, inclusive, sugerir atrasos no desenvolvimento físico. Os valores superiores aos normais recomendarão a prática de determinada modalidade esportiva, como o voleibol e o tênis. Igualmente, estaturas mais baixas podem direcionar o indivíduo para outras modalidades, como a ginástica artística.

1.2.3 Altura sentado (comprimento tronco-cefálico)

A verificação da altura sentado é feita para confrontar a relação entre as dimensões do tronco e dos membros inferiores e, também, como indicação do desenvolvimento físico.

O avaliado deve estar sentado em uma caixa ou banco, de costas para o estadiômetro, com as mãos colocadas sobre as coxas e sem qualquer tensão gerada nos glúteos ou pelos membros inferiores. Os pés deverão estar apoiados no solo. Coxas e pernas devem estar flexionadas, preferencialmente, em 90°. Esse também é o ângulo desejável entre coxas e tronco.

Deve-se atentar para que a cabeça esteja alinhada, olhando ao horizonte, sem estar projetada para trás nem para baixo (Plano de Frankfurt). Diferente da altura em pé, quando o ponto zero parte do solo, na altura sentado a medida é feita a partir do assento do banco/caixa.

1.2.4 Envergadura

A distância entre o dedo médio da mão esquerda ao dedo médio da mão direita é a medida da envergadura, que deve ser feita com o avaliado colocado de frente para uma parede, com a fita métrica fixada paralelamente ao solo, como mostrado na Figura 1.3. Os antebraços devem estar em abdução, ombros abduzidos com os braços em 90° em relação ao tronco e palmas das mãos voltadas para a parede.

Figura 1.3 Mensuração de envergadura contra a parede

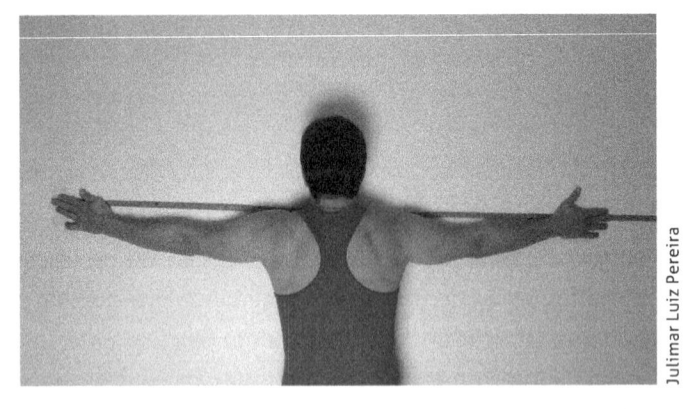

Julimar Luiz Pereira

Os valores esperados situam-se em torno de 3 cm acima ou abaixo da medida de estatura. Portanto, para um indivíduo com 1,80 m de estatura, por exemplo, você deve esperar envergadura entre 1,77 m e 1,83 m. Valores acima do esperado sugerem característica favorável para alguns desempenhos específicos em determinadas modalidades, como voleibol, tênis, boxe, judô e *Mixed Martial Arts* (MMA). Nessas modalidades, uma envergadura favorável pode facilitar o contato com a bola ou mesmo com o corpo do adversário, no caso das modalidades de combate.

Em modalidades como a natação, atletas com grande envergadura são favorecidos nas provas curtas, em que o toque antecipado na borda da piscina, seja no final na prova, seja nas viradas, pode determinar o sucesso na busca por uma medalha.

1.3 Circunferências segmentares

As medidas de circunferências segmentares referem-se ao perímetro máximo de um segmento corporal, tomadas utilizando uma fita métrica, preferencialmente, de fibra de vidro e de boa qualidade. Os pontos a serem medidos podem ser marcados com lápis dermográfico ou caneta, que são de fácil remoção, medindo sempre com a fita diretamente sobre a pele.

Em todos os pontos, o ideal é fazer três medidas e calcular a média entre elas.

1.3.1 Circunferência de punho

A circunferência de punho é a medida de circunferência mínima dessa região, obtida com a fita métrica ao redor do punho, distal aos processos estiloides radial e ulnar. O sujeito avaliado deverá permanecer com o braço esquerdo relaxado ao lado do corpo; o braço direito deverá estar levemente flexionado, o antebraço voltado para o tronco em posição neutra e a mão relaxada.

1.3.2 Circunferência de antebraço

A circunferência de antebraço deve corresponder ao maior perímetro, distal aos epicôndilos do úmero (cotovelo). O sujeito avaliado deverá permanecer com o braço esquerdo relaxado ao lado do corpo, o braço direito levemente flexionado no ombro e o cotovelo estendido, com o antebraço voltado para o tronco em posição neutra e a palma da mão aberta. Para certificar-se da localização correta do perímetro máximo, deve-se mover a fita para cima e para baixo no antebraço, fazendo medições em série para ter certeza do ponto de mais massa muscular.

1.3.3 Circunferência de braço relaxado

Para medir essa circunferência, o sujeito avaliado deve permanecer em pé, com os braços relaxados ao longo do corpo. Solicita-se que ele afaste ligeiramente o braço direito do corpo, permitindo a passagem da fita ao redor do braço. A medida deverá ser feita no ponto médio entre o acrômio e o radial, com a fita posicionada perpendicularmente ao eixo longo do braço.

1.3.4 Circunferência de braço contraído

O sujeito avaliado deve permanecer em pé, com o braço esquerdo relaxado ao longo do corpo e o braço direito levantado anteriormente, com o antebraço supinado e flexionado em um ângulo de 45° a 90° em relação ao braço. A medida corresponderá à região mais alta, ou seja, ao maior perímetro do bíceps contraído. O avaliador deve ficar ao lado do sujeito, posicionar a fita ao redor do bíceps e a manter frouxa. Para identificar o ponto provável de pico dos músculos contraídos, deve-se pedir ao avaliado uma pequena contração. Identificado o ponto adequado, o avaliado deve ser encorajado a contrair os músculos do braço tanto quanto possível, mantendo a contração enquanto a medida é feita. Se não for possível identificar, claramente, um pico de circunferência, o avaliador deve medir, então, o ponto médio entre acrômio e radial.

Os pontos para mensuração das medidas de circunferência/perimetria do braço e do antebraço, conforme as descrições anteriores, podem ser observados na Figura 1.4, a seguir.

Figura 1.4 Circunferências dos membros superiores, na sequência, da esquerda para a direita: punho, antebraço, braço relaxado e braço contraído

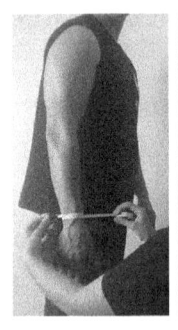

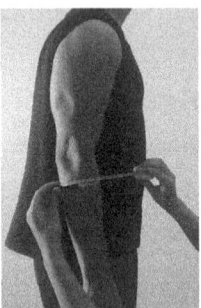

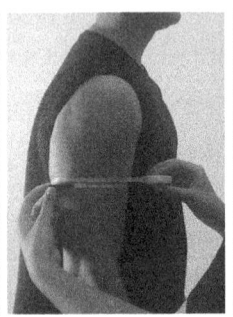

1.3.5 Circunferência de peitoral

Essa circunferência é tomada no nível do esterno. O sujeito avaliado permanece em pé, com os braços ligeiramente levantados. O avaliador posiciona-se à direita do sujeito e passa a fita ao redor do tórax do avaliado, ajustando-o à região em que será tomada a medida, utilizando a técnica de cruzamento das mãos. O sujeito é instruído a deixar os braços em posição relaxada, mas afastados do tronco. É importante atentar para a necessidade de reajustar a fita, para que esta não esteja pressionando demais a pele nem se desloque da região da medida. O sujeito deve respirar normalmente e a medição é feita ao final de uma expiração normal.

Há uma diferenciação de ponto de acordo com o sexo: ao avaliar homens, deve-se posicionar a fita em um plano horizontal, passando sobre os mamilos, na região do esterno; ao avaliar mulheres, a fita deve ser posicionada em um plano horizontal, mas passando por baixo das linhas axilares.

1.3.6 Circunferência de cintura

A circunferência de cintura corresponde ao ponto mais estreito entre a parte inferior da última costela e a crista ilíaca. O avaliado permanece em pé, mantendo os braços relaxados e ligeiramente afastados do tronco, permitindo a passagem da fita em torno do abdômen. Para saber essa circunferência, a medição também é feita ao final de uma expiração normal. Caso não ocorra um estreitamento evidente da região, a medição deverá ser realizada no ponto médio entre a última costela e a crista ilíaca.

1.3.7 Circunferência de abdômen

Para a medida da circunferência de abdômen, o sujeito avaliado permanecerá na mesma posição descrita para a medida da cintura, porém o posicionamento da fita será por cima da cicatriz umbilical.

1.3.8 Circunferência de quadril

Para obter essa circunferência, a medida é feita no nível da maior protuberância da região glútea, que corresponde à região da sínfise púbica, na parte anterior do quadril. O avaliado permanece em pé, com os braços cruzados sobre o tórax, os pés unidos e os músculos glúteos relaxados. O avaliador fica ao lado do sujeito, passa a fita em torno dos quadris, , ajustando-a na parte de trás. Com a técnica de cruzamento de mãos, posiciona a fita horizontalmente em relação ao ponto de medida, atentando para que a fita não se desloque nem pressione excessivamente a pele.

1.3.9 Circunferência de coxa

A circunferência de coxa refere-se à medida tomada um centímetro abaixo da prega glútea, perpendicular ao longo do eixo da coxa. Normalmente, o avaliado permanece em pé, com os braços cruzados em frente ao tórax, as pernas afastadas lateralmente e com o peso do corpo distribuído igualmente sobre os dois pés. A recomendação é que o avaliado esteja sobre uma caixa de madeira durante essa medida. Deve-se passar a fita ao redor da coxa e, em seguida, deslizá-la para o ponto correto. Utilizando a técnica de mãos cruzadas, posiciona-se a fita de modo a realizar a medida no plano perpendicular, atentando sempre para a necessidade de reajustar a posição da fita, garantindo que não tenha se deslocado do ponto de medida nem esteja pressionando excessivamente a pele.

1.3.10 Circunferência de coxa medial

Essa medida é tomada lateralmente, no ponto médio entre o trocanter maior do fêmur e o côndilo tibial lateral. Ou seja, deve-se localizar o ponto médio entre a crista ilíaca anterior e a borda superior da patela. O sujeito avaliado permanece em pé, com os braços cruzados em frente ao tórax, as pernas afastadas lateralmente e o peso do corpo distribuído igualmente sobre os dois pés. Assim como na medida de circunferência de coxa, também nesse caso é aconselhável que o avaliado esteja sobre uma caixa de madeira. A sequência de procedimentos também é a mesma: passar a fita ao redor da coxa e, em seguida, fazê-la deslizar para o ponto correto. Utilizando a técnica de mãos cruzadas, deve-se posicionar a fita e medir em um plano perpendicular, sempre atentando para a necessidade de reajustar a posição da fita, garantindo que não tenha sido deslocada do ponto de medida nem esteja pressionando excessivamente a pele.

1.3.11 Circunferência de perna/panturrilha

O sujeito avaliado permanecerá em pé, com os braços cruzados em frente ao tórax, as pernas afastadas lateralmente e o peso do corpo distribuído igualmente sobre os dois pés. Especialmente para essa medida, o sujeito avaliado deverá permanecer preferencialmente num plano elevado, como uma caixa de madeira, para facilitar que o avaliador alinhe seus olhos com a posição da fita. Essa circunferência corresponde à maior circunferência da panturrilha, medida feita no mesmo local do ponto onde se realiza a dobra cutânea de perna. O avaliador deve passar a fita ao redor da perna e a deslizar para o ponto correto. Utilizando a técnica de cruzamento das mãos, verifica o maior perímetro, com a fita num plano perpendicular ao eixo da perna. Deve-se observar se a fita escorregou do ponto correto ou se não pressionou excessivamente a pele.

Apresentadas as circunferências, é importante registrar que, em nossa futura discussão a respeito da composição corporal, algumas equações preditivas da massa magra, ou ainda para cálculo do componente somatotípico, podem utilizar a variável "circunferência corrigida" do segmento (CC) (Eston; Reilly, 2009). Para cálculo da CC, é necessário ter a dobra cutânea (DC) da mesma região. Com esses dados, aplica-se a fórmula a seguir:

$$CC = C - (\pi \times DC)$$

Em que:

CC = circunferência corrigida em cm
C = circunferência em cm
π = 3,1416
DC = dobra cutânea em cm

A figura a seguir refere-se a um **plicômetro**, também conhecido como *compasso* ou *adipômetro*, utilizado para mensuração das dobras (ou pregas) cutâneas, que serão discutidas no Capítulo 3. O aparelho apresentado trata-se de um modelo Harpenden, considerada uma das melhores marcas disponíveis no mercado e referência para o desenvolvimento de tantas outras.

Figura 1.5 Plicômetro Harpenden

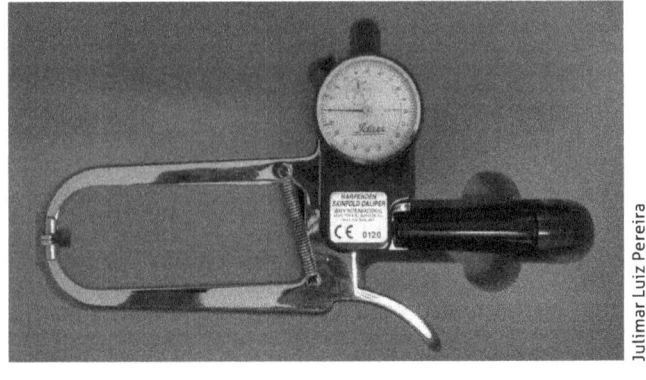

Julimar Luiz Pereira

1.4 Diâmetros ósseos (D.O.)

São medidas feitas considerando dois pontos ósseos, que podem ser simétricas ou não, sempre tomadas do lado direito do corpo. São muito importantes no acompanhamento do crescimento e do desenvolvimento ósseo. Para obter essas medidas, utiliza-se o paquímetro ou *antropômetro*.

1.4.1 D.O. biacromial

O diâmetro biacromial refere-se à distância entre os pontos mais laterais nos processos acromiais. O sujeito a ser avaliado deve permanecer em pé, com os braços relaxados ao longo do corpo. A medida é feita utilizando um compasso, posicionado no ponto lateral mais distal de um ponto acromial a outro (direito e esquerdo), em um ângulo de inclinação aproximado de 30° apontando para cima (Norton; Olds, 2005).

1.4.2 D.O. biiliocristal

O diâmetro biiliocristal refere-se à distância entre os pontos mais laterais de uma crista ilíaca a outra. O sujeito avaliado deve permanecer em pé, com os braços cruzados em frente ao peito. Os ramos do compasso são mantidos a uma inclinação de 45° apontando para cima. Deve-se aplicar um pouco de pressão a fim reduzir o efeito de sobreposição de tecidos (Norton; Olds, 2005).

1.4.3 D.O. biestiloide (punho)

O diâmetro biestiloide radio-ulnar caracteriza-se pela distância entre as apófises estiloides do rádio e da ulna. O sujeito avaliado deve permanecer em pé, com o braço flexionado paralelo ao solo, em supinação com flexão de 90° com o antebraço, palma da mão voltada para si próprio. Mãos posicionadas na linha do antebraço. Posicionar as hastes do paquímetro nas apófises, mantendo o paquímetro paralelo ao solo. Uma variação sugere braços relaxados ao longo do corpo, com a mensuração sendo realizada lateralmente ao avaliado.

1.4.4 D.O. biepicondilar do úmero (cotovelo)

O diâmetro biepicondilar do úmero (cotovelo) corresponde à distância entre as bordas dos epicôndilos medial e lateral do úmero. O sujeito a ser avaliado pode permanecer em pé ou sentado, com o braço direito levantado anteriormente na horizontal e o antebraço flexionado perpendicularmente ao braço formando um ângulo de 90°. Deve-se posicionar as hastes do compasso nos epicôndilos, mantendo certa pressão com os dedos indicadores até finalizar a leitura. A distância medida será levemente oblíqua, já que o epicôndilo medial é normalmente inferior ao epicôndilo lateral (Norton; Olds, 2005).

1.4.5 D.O. Biepicondilar do fêmur (joelho)

O diâmetro biepicondilar do fêmur (joelho) refere-se à distância entre as bordas externas dos epicôndilos medial e lateral do fêmur. O sujeito a ser avaliado deve permanecer sentado, com as pernas flexionadas formando um ângulo reto com a coxa. Deve-se posicionar as hastes do compasso em um ângulo de 45° em relação ao joelho, utilizando os dedos para apalpar os epicôndilos (que serão os primeiros pontos ósseos a serem sentidos), e manter uma pressão das hastes do paquímetro usando os indicadores, até a leitura do valor (Norton; Olds, 2005).

1.4.6 D.O. bimaleolar (tornozelo)

O diâmetro bimaleolar (tornozelo) refere-se à distância entre os maléolos medial e lateral. O sujeito avaliado deverá permanecer em pé, com os pés totalmente apoiados no solo. Nesse caso, deve-se posicionar as hastes do paquímetro paralelamente ao solo, controlando com os dedos indicadores, enquanto os dedos médios delimitam os maléolos. Uma variação sugere também os pés em afastamento ântero-posterior

Figura 1.6 Principais diâmetros ósseos (D.O.). Em sentido horário: D.O. de punho, D.O. de cotovelo, D.O. de joelho e duas variações do D.O. de tornozelo

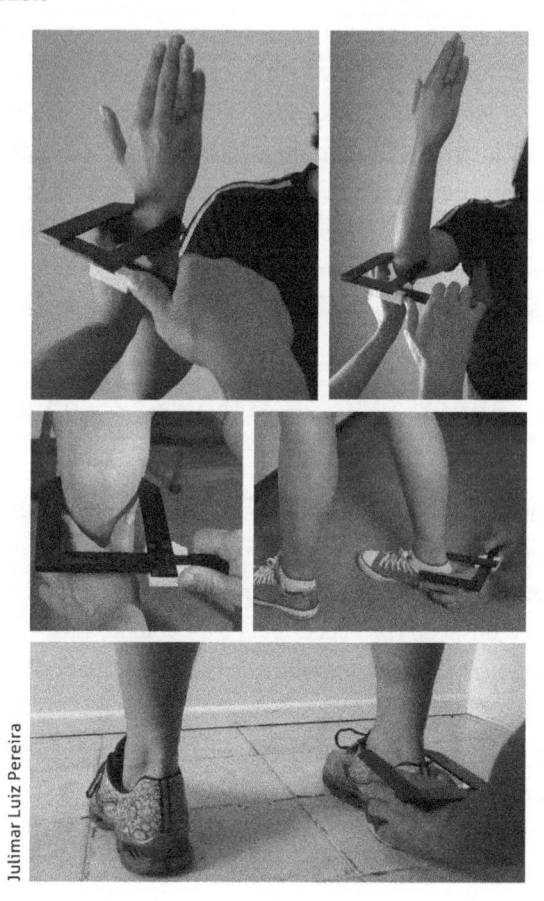

1.5 Medidas antropométricas, saúde e desempenho desportivo

Em diversas modalidades desportivas, o desempenho pode ser favorecido pelas medidas corporais. Essa lógica também pode ser aplicada aos indicadores associados à aptidão física e saúde. Pode-se observar claramente que alguns biótipos estão associados à imagem de grandes atletas do esporte moderno, como a estatura privilegiada em atletas de voleibol, basquetebol e nadadores de velocidade; ou ainda a baixa estatura em ginastas. Quando se considera o alto nível de disputa no alto rendimento, nota-se que os detalhes ou as pequenas diferenças acabam determinando a vitória ou a derrota. Nessas situações, as vantagens associadas às medidas do corpo e de seus segmentos acabam sendo o ponto determinante.

1.5.1 Importância da estatura e da envergadura em alguns esportes

A estatura é uma variável antropométrica que pode favorecer o sucesso na prática de alto rendimento em algumas modalidades desportivas. Dentre elas, podemos citar: voleibol, basquetebol, tênis e natação (provas curtas e de velocidade). Em contraponto, algumas modalidades têm apresentado atletas destacados com estatura relativamente baixa, casos de *wrestling*, ginástica artística, tiro e judô. Algumas modalidades favorecem atletas de grande envergadura (judô, boxe, esgrima, tênis, natação, MMA) ou com membros inferiores longos (*taekwondô*, salto em altura).

Por sua vez, muitas modalidades tornam-se "democráticas" no que concerne à estatura, apresentando o desempenho como fator independente de medidas antropométricas. O Quadro 1.1, a seguir, apresenta as estaturas de diversos atletas bem-sucedidos em suas respectivas modalidades. Observe como algumas modalidades se destacam na porção superior ou inferior da relação.

Quadro 1.1 Estatura (em metros) de atletas de destaque mundial

Atleta	Modalidade	Estatura (em m)
Oscar Schmidt	Basquetebol	2,05
LeBron James	Basquetebol	2,03
Teddy Riner	Judô	2,03
Michael Jordan	Basquetebol	1,98
César Cielo	Natação	1,95
Usain Bolt	Corrida de velocidade	1,94
Michael Phelps	Natação	1,93
Tom Brady	Futebol americano	1,93
Giba	Voleibol	1,92
Stephen Curry	Basquetebol	1,91
Gustavo Guga Kuerten	Tênis	1,90
Emanuel Rego	Vôlei de praia	1,90
Bradley Wiggins	Ciclismo	1,90
Lindsay Davenport	Tênis	1,89
Novak Djokovic	Tênis	1,88
Maria Sharapova	Tênis	1,88
Anderson Silva	MMA	1,88
Miguel Induráin	Ciclismo	1,88
Cristiano Ronaldo	Futebol	1,85
Roger Federer	Tênis	1,85
Venus Williams	Tênis	1,85
Tiger Woods	Golfe	1,85
Serginho	Voleibol	1,84
Ronaldo Nazário	Futebol	1,83
Katie Ledecky	Natação	1,83
Ronnie Coleman	Fisiculturismo	1,80
Arnold Schwarzeneger	Fisiculturismo	1,80
Jay Cutler	Fisiculturismo	1,78

(continua)

(Quadro 1.1 – conclusão)

Atleta	Modalidade	Estatura (em m)
Neymar	Futebol	1,75
Phil Heath	Fisiculturismo	1,75
Ayrton Senna	Automobilismo	1,75
Isaquias Queiroz	Canoagem	1,75
Yelena Isinbayeva	Salto com vara	1,74
Michael Schumacher	Automobilismo	1,74
Lewis Hamilton	Automobilismo	1,74
Pelé	Futebol	1,73
Floyd Mayweather Jr.	Boxe	1,73
Cris Cyborg	MMA	1,73
Messi	Futebol	1,70
Michal Martikán	Canoagem	1,70
Romário	Futebol	1,68
Ralf Schumann	Tiro	1,67
Maradona	Futebol	1,65
Valentina Vezzali	Esgrima	1,64
Tadahiro Nomura	Judô	1,64
Nadia Comanecci	Ginástica artística	1,63
Marta	Futebol	1,62
Arthur Zanetti	Ginástica artística	1,56
Ryoko Tani	Judô	1,46
Daiane dos Santos	Ginástica artística	1,46
Simone Biles	Ginástica artística	1,45

1.5.2 Desequilíbrios morfológicos

Assimetrias laterais podem ser facilmente observadas por meio das medidas antropométricas. Mas nem sempre esses desequilíbrios morfológicos podem sugerir um problema funcional. Muitas vezes, tais características estão associadas à dominância lateral comum em modalidades desportivas como tênis, surfe, futebol, lutas, saltos e arremessos do atletismo. Readequações dessas situações com exercícios visando à simetria devem ser cuidadosamente estudadas, visto que podem alterar a técnica específica do esporte.

Outras modalidades podem apresentar desequilíbrios entre grupamentos musculares agonistas/antagonistas, como natação, levantamento de peso/musculação, futebol e lutas. Da mesma maneira, os exercícios corretivos devem ser prescritos com especial cuidado.

Entretanto algumas modalidades têm como padrão desejado o equilíbrio total bilateral e entre a musculatura agonista/antagonista, como fisiculturismo, remo, ginástica artística, entre outros.

1.5.3 Dermatoglifia

A dermatoglifia é uma prática que vem, gradativamente, crescendo no Brasil. Sua proposta é utilizar as marcas das impressões digitais como um indicador genético sugestivo de características funcionais e de biotipologia muscular que possam favorecer um determinado desempenho desportivo, como em provas de velocidade ou de resistência. Essa técnica não é apenas uma forma de direcionar conteúdos associados aos treinamentos, mas tem sido utilizada, principalmente, no processo de seleção de talentos desportivos. É importante registrar que as impressões digitais não apresentam respostas ao treinamento, permanecendo inalteradas (Fernandes Filho, 2004).

A análise das impressões é feita, basicamente, em função do número, do posicionamento e dos ângulos formados pelas linhas digitais, obviamente conferindo a essa técnica razoável complexidade e treinamento para sua aplicação. No Brasil, o principal estudioso formador de massa crítica e responsável pela vanguarda dessa metodologia é o PhD José Fernandes Filho.

Figura 1.7 Valores normalizados de alto rendimento pelo gráfico radar

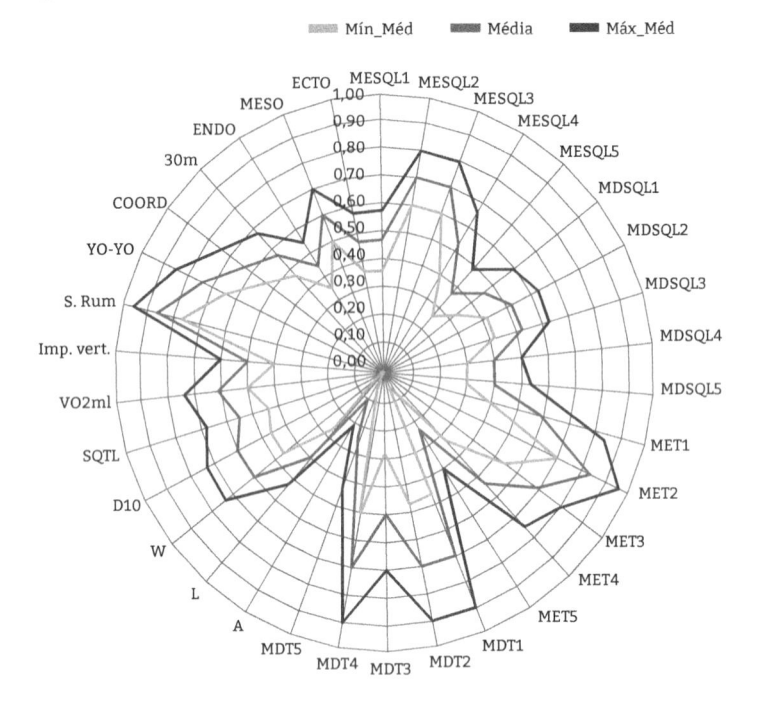

Mín_Méd ▪ Média ▪ Máx_Méd

Fonte: Fernandes Filho, 2004, p. 65.

Um dos aspectos mais interessantes e de grande aplicabilidade, proposto por Fernandes Filho (2004), é o gráfico radar, que permite ao técnico ou preparador físico ter um panorama da condição atual do atleta, com suas deficiências e potencialidades, e, com base nessa condição, aproximar-se do máximo rendimento possível. A Figura 1.7 ilustra o gráfico radar expressando as características funcionais associadas ao alto rendimento construído pela avaliação dermatoglífica de um atleta.

De maneira geral, podemos dizer que as impressões digitais funcionam como indicadores dos parâmetros das qualidades funcionais e motoras e suas respectivas manifestações na prática desportiva, o que, logicamente, podem sugerir determinados desempenhos bem-sucedidos.

1.5.4 Medidas antropométricas associadas a doenças degenerativas

O IMC é um instrumento de grande valor quando aplicado a estudos epidemiológicos ou grupos específicos direcionados, principalmente, a evidências de obesidade ou sobrepeso. A Tabela 1.1, a seguir, apresenta a classificação do IMC e o risco de problemas de saúde associados ao sobrepeso ou à obesidade, adotados pela OMS (WHO, 1995).

Tabela 1.1 Classificação do IMC em kg/m² e risco associado à saúde

IMC	Classificação	Risco para problemas de saúde
< 18,5	Abaixo do peso	Pouco elevado
18,5 – 24,9	Normal	Baixo
25,0 – 29,9	Sobrepeso	Pouco elevado
30,0 – 34,9	Obeso Classe I	Alto
35,0 – 39,9	Obeso Classe II	Muito alto
≥ 40,0	Obeso Classe III	Extremamente alto

Obs.: A classificação abaixo do peso é subdividida em outros três níveis: magreza grau 1 (IMC entre 18,49 e 17), grau 2 (IMC entre 16,99 e 16) e grau 3 (IMC inferior a 16,0).

Entretanto, a aplicação do IMC em casos isolados apresenta grande resistência. Tal posicionamento, quase consensual entre os profissionais, reside no fato de que o IMC, ou qualquer outro índice baseado em massa corporal, estatura/altura, não possibilita a distinção entre gordura ou adiposidade e massa muscular, sendo comum que um atleta com significativa hipertrofia muscular seja situado num extrato de sobrepeso ou que, mesmo com grande concentração de gordura abdominal, mas grande comprimento de membros inferiores, não apresente escore desfavorável no IMC (Ackland et al., 2012).

Outras tentativas têm sido observadas com base nas medidas antropométricas para situar condições não desejadas em relação à obesidade ou ao sobrepeso, como é o caso do Índice de Conicidade (ic), ou da circunferência de cintura (Cc), ou da Relação Cintura/Quadril, calculada pela fórmula:

RCQ = Cc/Cq

Em que:

Cc = circunferência de cintura (em cm)
Cq = circunferência de quadril (em cm)

A RCQ foi, durante muito tempo, aceita como um indicador de obesidade, sustentada na suposição de indicar uma maior concentração de gordura na região centrípeta do corpo. Alguns estudiosos sugerem que essa localização do tecido adiposo está associada à gordura intravisceral, considerada muito mais prejudicial para a saúde humana. Entretanto, atualmente, não há um consenso, pois estudos epidemiológicos têm defendido a utilização isolada apenas da circunferência de cintura, associando-a a doenças degenerativas, obesidade e morbidade com valores de risco em ≥88 cm para mulheres e ≥102 cm para homens (Bigaard et al., 2005).

Tabela 1.2 Relação entre IMC e circunferência de cintura para predizer doenças degenerativas

Circunferência de cintura	IMC		
	Normal $18,5 - 24,9$ kg/m²	Sobrepeso $25 - 29,9$ kg/m²	Obeso I $30 - 34,9$ kg/m²
Homens: < 102 cm Mulheres: < 88 cm	Risco mínimo	Risco aumentado	Alto risco
Homens: ≥ 102 cm Mulheres: ≥ 88 cm	Risco aumentado	Alto risco	Altíssimo risco

Fonte: Douketis et al., 2005, p. 997, tradução nossa.

Entretanto, tendências mais recentes apontam para a utilização de um conjunto dos indicadores, como podemos observar na Tabela 1.2. Nesse caso, a combinação entre o IMC e a circunferência de cintura sugere o risco para doenças degenerativas.

O Índice de Conicidade (IC), ou *índice C*, foi proposto pelo epidemiologista venezuelano PhD Rodolfo Valdez e é baseado no pressuposto da distribuição da gordura corporal: ao concentrar maiores quantidades de gordura na região central (cintura), o corpo apresenta um formato próximo a um duplo cone de base comum, enquanto menores concentrações de gordura nessa região formam um conceito de formato cilíndrico. Valores de IC próximos de 1,0 sugerem um baixo risco para doenças cardiovasculares e metabólicas associadas, principalmente, à obesidade, enquanto valores próximos de 1,73 sugerem um alto risco para a saúde.

O IC é calculado pela seguinte fórmula:

$$IC = CC/0{,}109 \times \sqrt{MC/Est}$$

Em que:

CC = circunferência de cintura (em m)
MC = massa corporal (em kg)
Est = estatura (em m)

As medidas antropométricas podem ser empregadas para predição da composição corporal em dois, três ou até quatro compartimentos, assim como também são utilizadas para avaliar o crescimento e desenvolvimento e o formato predominante do corpo humano por meio da avaliação de somatotipia. As dobras cutâneas permitem a predição da gordura corporal, largamente utilizada em ambientes próprios das academias e por *personal trainers*, direcionadas para saúde ou estética. No esporte de rendimento, valores referenciais de gordura corporal e massa magra são desejados para o ótimo desempenho. Nos anexos (Anexo 7), você encontrará uma tabela autorizada pela autora, PhD Analiza M. Silva, do Departamento de Esporte e Saúde da Universidade de Lisboa, com valores desejados para diversas modalidades (Santos et al., 2014). Essas técnicas, metodologias e possibilidades são bem acessíveis e serão discutidas nos próximos capítulos.

Síntese

Como você pôde compreender, a antropometria, além de ser uma ciência muito antiga, também é um campo de conhecimento aplicado às diversas áreas da saúde humana.

Seus conceitos e técnicas são fundamentais para a educação física no contexto da saúde porque medidas básicas, como massa corporal e estatura, podem auxiliar no controle do sobrepeso e da obesidade. O conhecimento e a experimentação de práticas como as de circunferências corporais e a distinção dos planos anatômicos são determinantes para o completo entendimento das respostas ao esforço, assim como para a prescrição do exercício, tanto no âmbito escolar como no alto rendimento.

Portanto, tão importante quanto a execução das medidas e avaliações, saber interpretar essas informações na especificidade de cada modalidade desportiva é fator-chave para o sucesso do profissional de Educação Física.

Atividades de autoavaliação

1. Assinale a alternativa correta em relação aos planos corporais:
    a) O plano horizontal divide o corpo em porção superior e inferior.
    b) O plano transverso divide o corpo em região anterior e posterior.

c) O plano sagital divide o tronco em porção interna e externa.
d) O plano coronal divide o tronco em lateral direita e lateral esquerda.
e) Os planos coronal e horizontal delimitam as mesmas porções.

2. Assinale a alternativa que não está relacionada a medidas associadas ao desenvolvimento e ao crescimento físico:
   a) Estatura.
   b) Massa corporal.
   c) Envergadura.
   d) Gordura corporal.
   e) IMC.

3. Assinale a alternativa que indica a região corporal que pode apresentar medidas de circunferência com o segmento relaxado ou contraído:
   a) Panturrilha, ou perna.
   b) Braço.
   c) Coxa.
   d) Quadril.
   e) Antebraço.

4. Assinale a alternativa correta sobre diâmetros ósseos:
   a) O diâmetro ósseo de joelho deve ser medido com o indivíduo em pé, com as pernas em extensão.
   b) O diâmetro ósseo de cotovelo deve ser medido com braço em extensão, posicionado em pronação ao lado do tronco.
   c) O diâmetro ósseo de tornozelo deve ser medido com o avaliado sentado sobre uma mesa e com os pés em suspensão.
   d) O diâmetro ósseo de punho refere-se à distância entre as apófises estiloides do rádio e da ulna, mensurados com o punho na mesma linha do antebraço.
   e) O diâmetro biiliocristal deve ser realizado com o avaliado sentado com os pés totalmente apoiados no chão.

5. Assinale a alternativa incorreta em relação às medidas antropométricas associadas à aptidão física e ao alto rendimento:

   a) O Índice de conicidade está associado à capacidade de potência, principalmente nos esportes de combate.
   b) O IMC pode, eventualmente, estar associado à obesidade.
   c) Medidas de envergadura acima da média são desejadas em esportes de raquete, como o tênis, e em esportes de combate, como esgrima, judô e boxe.
   d) A dermatoglifia é uma medida utilizada como indicador genético sugestivo de características funcionais e de biotipologia muscular.
   e) Futebolistas considerados talentosos tendem a apresentar estatura acima da média populacional.

III Atividades de aprendizagem

Questões para reflexão

1. Qual a importância e o espaço ocupado pelas medidas antropométricas (massa corporal, estatura, envergadura) na sociedade e no cotidiano que nos cerca? Vamos discutir esse tema considerando aspectos sociais, como a preocupação com a estética e a importância que o acompanhamento de indicadores antropométricos pode assumir no ciclo escolar, identificando situações de sobrepeso ou atraso no desenvolvimento físico.

2. Como os indicadores antropométricos podem favorecer o desempenho nas modalidades esportivas de alto rendimento? Como as medidas podem sugerir diagnósticos e desempenho e de que maneira podem ser feitos os acompanhamentos? Discuta com seus colegas alguns casos e exemplos.

Atividade aplicada: prática

1. Junte-se a mais dois colegas e, em trios, construam uma ficha com as medidas antropométricas básicas de cada membro do grupo. Com o objetivo de exercitar as medidas, façam a coleta das medidas antropométricas básicas. Procure identificar, claramente, as técnicas e os protocolos apresentados nesta obra. Ao final, compare os valores e procure associar essas medidas aos padrões observados em algumas modalidades.

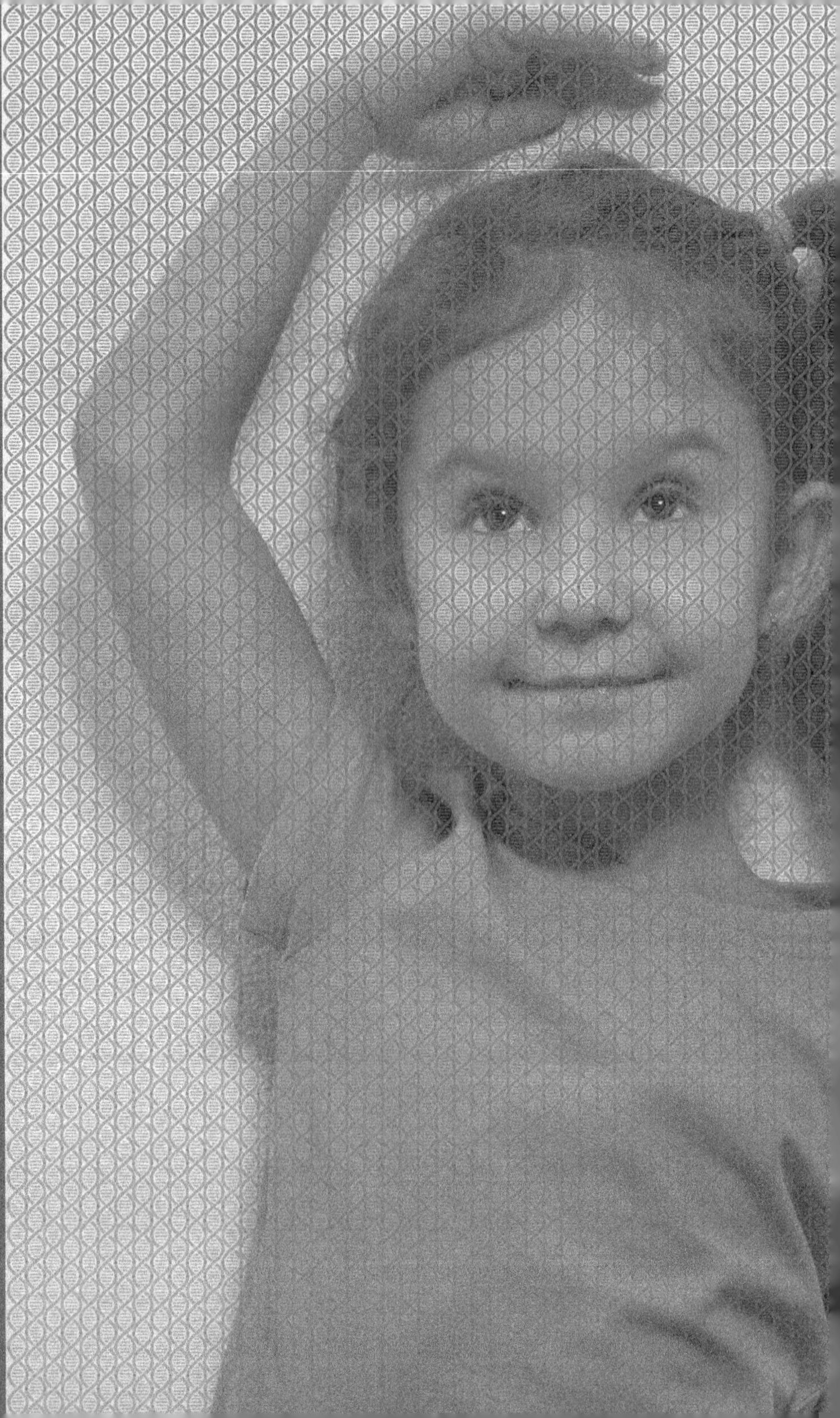

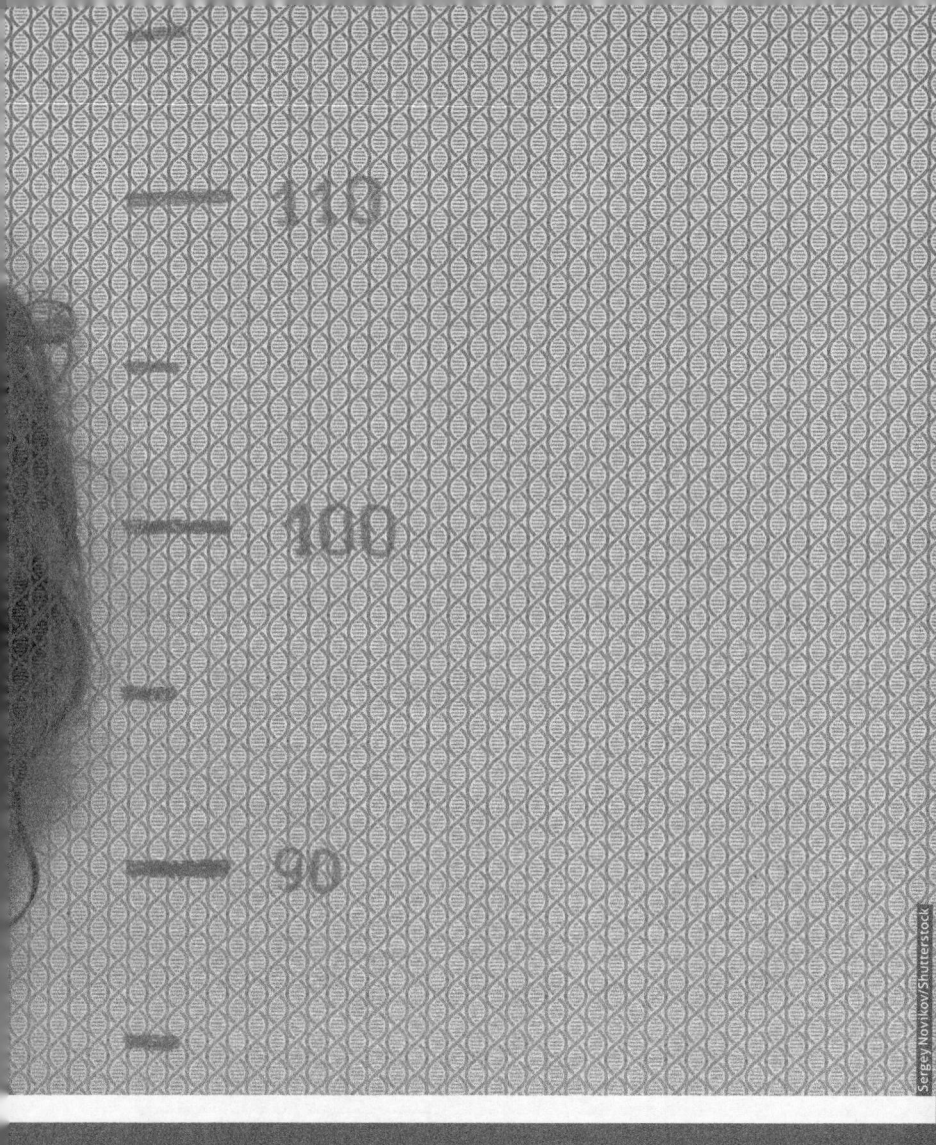

Capítulo 2

Crescimento, maturação e desenvolvimento físico

Neste capítulo, você conhecerá as diferenças entre crescimento e maturação no contexto do desenvolvimento humano. Crescimento, maturação e desenvolvimento físico são três conceitos distintos que frequentemente são confundidos. Apresentaremos as metodologias mais utilizadas no campo da educação física e do esporte e sua aplicabilidade tanto no contexto da aptidão física quanto do alto rendimento.

Crescimento refere-se ao aumento físico do corpo em sua totalidade ou em suas partes e pode ser definido como a atividade biológica dominante nas primeiras duas décadas de vida (Beunen, citado por Eston; Reilly, 2009). Ele inicia na concepção e avança até, aproximadamente, o final da segunda década de vida. É resultado de um aumento no número de células (hiperplasia), aumento no tamanho da célula (hipertrofia) ou aumento no volume intercelular. Esses três fenômenos acontecem de maneira diferente nos diversos tecidos orgânicos e são mais evidenciados conforme a idade ou a fase do desenvolvimento humano.

Já a **maturação** é um processo que marca o progresso até se atingir a idade ou o estado de adulto, também chamado de *maduro* ou *maturação completa* (Beunen; Rogol; Malina, 2006). Podemos dizer que maturação é um estado. Todos os tecidos, sistemas e órgãos apresentam sua maturação em diferentes momentos; sendo assim, ela varia de acordo com o sistema orgânico.

Por sua vez, o **desenvolvimento** abrange um conceito mais amplo, englobando maturação, crescimento, aprendizado e experimentação e pode estar relacionado a uma série de competências. O desenvolvimento motor, por exemplo, é elaborado por meio da experimentação de padrões motores e consequente aprendizagem das habilidades. Podemos dizer que o desenvolvimento é acompanhado por mudanças contínuas, associadas à maturação músculo-esquelética, neurológica e física.

Entender práticas comuns às ciências da saúde, como as curvas de crescimento, é fundamental para quem trabalha no ambiente escolar ou para a prática desportiva na infância e na adolescência. Da mesma maneira, é imprescindível interpretar fenômenos como o efeito relativo da idade, que pode trazer sérios prejuízos à prática esportiva precoce.

2.1 Desenvolvimento humano

O desenvolvimento humano refere-se a mudanças quantitativas que acontecem no decorrer da vida e compreende oito períodos: período pré-natal, primeira infância, segunda infância, terceira infância, adolescência, adulto jovem, meia-idade e terceira idade.

O estudo dessas fases ampara diversas ciências sociais e da saúde. As características de cada uma dessas fases estão descritas no Quadro 2.1, num compilado de diversos autores, que apresentamos para iniciar o estudo do crescimento, do desenvolvimento e da maturação humana.

Quadro 2.1 Fases do desenvolvimento humano

Fase/ Período	Faixa etária	Características
Pré-natal	Pré-natal	Interação entre a herança genética e os estímulos ambientais.
		Desenvolvimento dos sistemas e órgãos corporais, com crescimento acelerado de todos os tecidos com diferenciação celular.
		Desenvolvimento do sistema nervoso.
		O feto é altamente responsivo a toda estimulação sensorial.
Primeira infância	0-3 anos	Compreende a lactância (primeiro ano de vida), quando o crescimento físico é o mais acelerado em comparação a todos os outros.
		O sistema nervoso central apresenta acelerado desenvolvimento e é altamente responsivo a todos os estímulos ambientais.
		Apresenta rápido desenvolvimento físico, motor geral e da linguagem e compreensão. O desenvolvimento físico caracteriza-se por um padrão, predominantemente, céfalo-caudal.
		Apresenta longos períodos de sono.

(continua)

(Quadro 2.1 – continuação)

Fase/ Período	Faixa etária	Características
Segunda infância	3-6 anos	O crescimento físico assume um ritmo mais constante, ainda com predominância céfalo-caudal. Observa-se maior desenvolvimento das habilidades motoras finas. Há maior complexidade, imaginação e sociabilização no brincar. Problemas de perturbação do sono são aceitáveis.
Terceira infância	6-11 anos	Grande evolução no desempenho de força muscular. A velocidade de crescimento diminui de maneira bem significativa. O desenvolvimento cognitivo é bem mais evidente, assim como alguns talentos começam a se destacar. O autoconceito e a autoestima se manifestam de maneira mais intensa.
Adolescência	11-20 anos	O crescimento físico e as alterações morfológicas são impactantes e acompanhados de mudanças comportamentais e de convívio social. Ao final do período, o músculo esquelético responderá por, aproximadamente, 40% da massa corporal entre os homens e 32% entre as mulheres. O desempenho motor sofre grandes variações, com favorecimento da força e da potência muscular. Pensamentos, atitudes e comportamentos imaturos são frequentes.

(Quadro 2.1 – conclusão)

Fase/ Período	Faixa etária	Características
Adulto jovem	20-40 anos	O crescimento físico se estabiliza. O desempenho motor e físico alcança seu desenvolvimento máximo, obedecendo a momentos de pico distintos para cada uma das capacidades físicas, sofrendo influência dos hábitos de vida e potencial genético pessoal. Capacidades cognitivas apresentam maior complexidade.
Meia-idade	40-65 anos	Mulheres apresentam a menopausa. Muitas das funcionalidades orgânicas e físicas começam a apresentar deterioração. As capacidades cognitivas e mentais atingem o seu pico de desenvolvimento. A resolução de problemas práticos fica acentuada.
Terceira idade	> 65 anos	Os desempenhos neuromotor e reativo apresentam queda. Memória e cognição podem apresentar deterioração, mas mecanismos de compensação podem ser elaborados.

Fontes: Elaborado com base em Eston; Reilly, 2009; Papalia; Olds; Feldman, 2006; Robergs; Roberts, 1997.

O desenvolvimento humano sofre influência direta de diversos fatores, dentre os quais talvez o mais significativo seja o fator genético. A herança hereditária transmite ao indivíduo muitas características associadas, diretamente, ao seu desenvolvimento, entretanto, fatores ambientais, como alimentação, cultura, atividade física e sociabilização, assumem papel determinante no desenvolvimento humano. Quando falamos em *desenvolvimento humano* de forma global, devemos considerar que estamos diante de um fenômeno complexo, contínuo, influenciado por nossas experiências e que envolve a manifestação integrada e a interação entre domínios cognitivos, socioemocionais e motores, e não apenas o físico corporal.

O Quadro 2.2 enuncia os domínios do desenvolvimento humano e a caracterização de cada um deles.

Quadro 2.2 Domínios do desenvolvimento humano

Domínio	Caracterização
Cognitivo	Está associado à capacidade cognitiva na retenção do conhecimento e a como manejá-lo nas atividades rotineiras. Sofre influência dos aspectos culturais e educativos.
Afetivo	Inclui aspectos emocionais e sociais. Os sentimentos associados à autoestima, à habilidade para interagir com as pessoas próximas e a como o indivíduo se situa nessas relações interpessoais e nos grupos sociais que o cercam.
Psicomotor	Enfatiza o movimento humano e os fatores que o inter-relacionam com o desenvolvimento geral. Considera a capacidade de se expressar pelo movimento, assim como a maturação e a habilidade para executar e dominar padrões motores básicos, como o correr e o saltar, e específicos, como as diversas técnicas desportivas e as habilidades rítmicas, por exemplo.
Físico	Inclui todas as mudanças das estruturas corporais, como a estatura, os diferentes componentes da massa corporal, os diferentes órgãos e sistemas orgânicos, como o sistema nervoso, o tronco e os membros superiores e inferiores.

2.2 Crescimento humano e idade cronológica

O primeiro estudo enfocando crescimento humano foi desenvolvido no século XVIII por um nobre francês e muito se assemelha a estudos recentes que sustentam instrumentos, padrões e referências internacionalmente utilizados, como as curvas de crescimento. Philibert Guéneau de Montbeillard deixou importante legado aos estudos do desenvolvimento humano quando construiu a curva de crescimento do seu filho, mensurada a cada seis meses, desde o nascimento até os 17 anos de idade. Inicialmente, o garoto era avaliado em posição supina, de maneira similar ao que os pediatras fazem atualmente; depois, na posição vertical em pé. No estudo que publicou em 1777, Guéneau de Montbeillard descrevia as curvas de crescimento com princípios bem parecidos com as desenvolvidas recentemente em escala mundial. O acompanhamento regular de seu filho permitiu identificar o momento inicial e final do estirão da adolescência, quando o garoto apresentou uma velocidade de crescimento média de 12 cm, com pico máximo de velocidade em 31 cm, conceitos que na época foram discutidos pela primeira vez e que são abordados até hoje. O nobre francês teve um fim triste, morto na guilhotina, mas deixou importante legado para as gerações futuras que trabalham com as ciências da saúde (Hall, 2006).

Significativos ganhos na estatura e na massa magra, sobretudo em garotos, são característicos da fase conhecida como *puberdade*, período em que o desenvolvimento e o crescimento são evidentes, acompanhados também do aparecimento das características sexuais secundárias (Robergs; Roberts, 1997). Em meninos, a fase do estirão é marcada por progressões nos indicadores fisiológicos associados ao desempenho físico e, principalmente, à notória diferença entre meninas e meninos, com mais destaque à composição corporal.

A idade cronológica pode ser representada pelo tempo de vida de um indivíduo e tem como referência inicial a sua data de nascimento, porém a idade biológica é um conceito mais complexo que, além de ser relativa para os diversos sistemas orgânicos, sofre bastante influência da herança genética e dos hábitos de vida em determinado ambiente. Um indivíduo com uma idade cronológica de 50 anos pode apresentar uma idade biológica de 35 anos, baseada no seu estilo de vida e em suas condições de saúde. Dessa forma, podemos, facilmente, mensurar a idade cronológica; entretanto, em relação à idade biológica, deparamo-nos com um elemento muito mais complexo e sobre o qual podemos intervir de forma a preservá-la.

Diferenças morfológicas observadas em indivíduos da mesma idade cronológica podem sugerir que eles se encontram em distintos estágios de desenvolvimento biológico, orgânico e funcional. O desempenho físico, por sua vez, está associado, principalmente, à maturação sexual e hormonal. A produção de testosterona nos homens é a principal responsável pela adição de massa muscular e consequente força na puberdade e que será marcante por boa parte da vida (Garret; Kirkendall, 2000).

O crescimento é rápido na primeira infância, seguido de uma relativa estabilidade até a adolescência, quando volta a apresentar rápida evolução nos primeiros anos – período conhecido como *estirão da adolescência* –, seguida de desaceleração até alcançar estabilidade e, por fim, cessar, ao término da adolescência. O estirão entre as meninas inicia-se entre os 11 e os 12 anos e, nos meninos, um pouco depois, entre os 12 e os 13 anos. Após o estirão, a velocidade do crescimento diminui de forma muito evidente, sendo que 98% da estatura final é alcançada aos 16,5 anos entre as garotas e, aos 17,75 anos, entre os garotos. Essa diferença se dá pela maturação hormonal distinta entre homens e mulheres.

Para identificar condições patológicas ou preocupantes, desde o nascimento até a adolescência são usados padrões e curvas de crescimento. Nessas referências, não se encaixam indivíduos que possam apresentar desenvolvimento acelerado para determinada idade, chamados *precoces*, ou indivíduos com um desenvolvimento, aparentemente, mais atrasado, chamados *tardios*. Esses indivíduos, muitas vezes, se afastam da prática desportiva por frustração causada pelo insucesso nas disputas com adversários ou colegas favorecidos pelo desenvolvimento físico, principalmente em esportes de contato ou de potência, como futebol, basquete, tênis e voleibol. Não há dúvida de que, nessas situações, o jovem atleta necessitará de mais atenção do seu professor, técnico ou preparador físico.

O Gráfico 2.1, reproduzido de Lloyd et al. (2014), confronta o desenvolvimento linear da idade cronológica com o desenvolvimento não linear da maturação sexual em homens e mulheres. Observam-se também as diferenças teóricas para os estados individuais de maturação precoce a tardia. A incompatibilidade relativa e a ampla variação na maturação biológica entre indivíduos da mesma idade reforçam as limitações da idade cronológica como fator sugestivo da atividade física na idade escolar.

É importante notar que o avanço no processo de maturação inicia-se antes nas meninas em relação aos meninos, de forma que o estágio de desenvolvimento completo é atingido também em idade mais precoce. Não obstante a diferença entre os sexos na idade cronológica, a curva de mudanças físicas e orgânicas apresenta uma velocidade similar.

Gráfico 2.1 Diferenças nas tendências de desenvolvimento da idade cronológica e maturação biológica tardia e precoce em homens (esquerda) e mulheres (direita), com base em dados teóricos

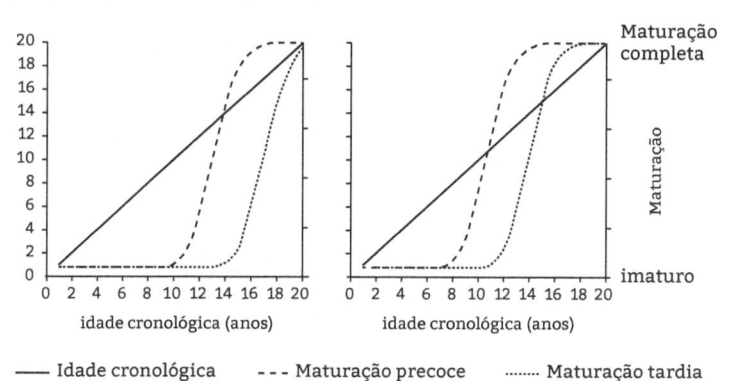

Fonte: Lloyd et al., 2014, p. 1455, tradução nossa.

O Gráfico 2.1 também apresenta as curvas de desenvolvimento maturacional em homens e mulheres associadas com a idade cronológica. Notamos, claramente, o primeiro ponto de inflexão marcando o início da maturação e o segundo ponto marcando o momento em que se atinge a maturação completa. A linha contínua aponta para um processo maturacional dentro de uma velocidade típica de normalidade; a linha tracejada representa a antecipação do processo maturacional, que identifica os indivíduos chamados de *precoces*; por sua vez, a linha pontilhada representa o atraso no processo maturacional, ou os indivíduos considerados de maturação tardia.

Velocidade de crescimento consiste no crescimento em determinado momento do desenvolvimento e pode ser mensurada, anualmente, pela taxa de centímetros ganhos em estatura. O Gráfico 2.2 apresenta a velocidade de crescimento para cada uma das faixas etárias, dos 2 aos 20 anos de idade, quando o crescimento atinge seu estado completo.

Gráfico 2.2 Variações na taxa de crescimento em centímetros/ano em relação à idade cronológica para indivíduos com *status* de precoce, normal e tardio, baseado em dados teóricos.

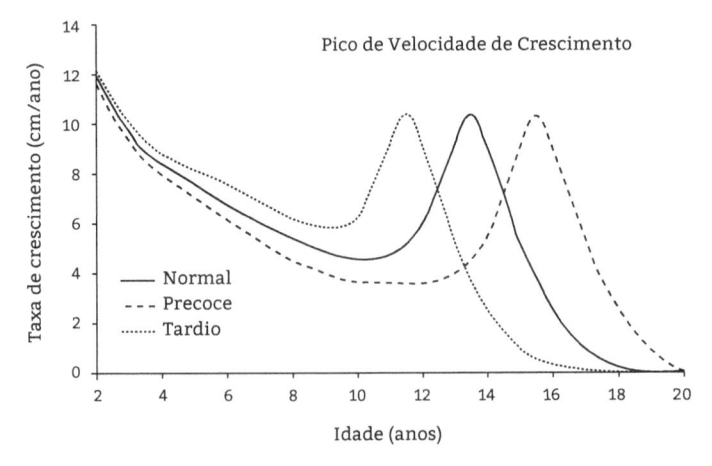

Fonte: Lloyd et al., 2014, p. 1458, tradução nossa.

No Gráfico 2.2, observamos a curva de condição de desenvolvimento normal; aproximadamente dois anos à sua esquerda, o padrão precoce; e dois anos à direita, o padrão tardio. Os desvios de um ano para mais ou para menos da linha de normalidade são considerados aceitáveis. Também notamos dois momentos de crescimento mais acelerado: inicialmente, até os 2 ou 3 anos de idade, com ganhos na grandeza entre 10 e 12 cm ao ano; depois, no início da adolescência, no momento do estirão, quando o crescimento pode voltar a atingir 10 cm anuais. Esses momentos são chamados de *pico de velocidade de crescimento*. O pico de velocidade do crescimento no "estirão" da adolescência ocorre próximo dos 12 anos de idade nas meninas e dos 14 anos de idade nos meninos, momento que coincide com variações na maturação sexual, marcada por mudanças endócrinas e, também, das estruturas ósseas.

A verificação do comportamento do crescimento corporal normalmente é documentada por pediatras ou profissionais de Educação Física. Entretanto, é comum verificarmos pais fazendo, periodicamente, a mensuração da estatura de seus filhos, prática, relativamente, simples e corriqueira.

2.3 Maturação biológica

A maturação biológica varia de acordo com o sistema biológico considerado, são eles: sexual, dental, esquelético e somático. A maturação **sexual** refere-se à capacidade funcional de reprodução; maturação **dental** refere-se ao padrão de dentição apresentado; a maturação **esquelética** diz respeito ao padrão de ossificação apresentado em um dado momento da vida; a maturação **somática** refere-se à estatura que o indivíduo alcançou em certa idade ou o índice de crescimento físico observado em determinada faixa etária, considerando-se curvas populacionais de crescimento físico.

Além dessas, a maturação hormonal e bioquímica também pode ser considerada e está associada à variabilidade na secreção de hormônios e a fatores de crescimento que atuam no desenvolvimento estrutural e funcional orgânico, como testosterona, GH e IGF – que não serão discutidos em nosso contexto atual.

É comum observarmos casos em que a idade maturacional difere em muito da idade cronológica, caracterizando uma relação de independência entre elas, ou seja, um indivíduo pode apresentar uma idade cronológica de 16 anos, mas uma idade maturacional de 14 anos. É importante ressaltar que tanto a idade cronológica como a maturacional sofrem influência de inúmeros fatores, entre os quais se destacam a herança genética e fatores de ordem nutricional, hormonal, bioquímica, além de estímulos ambientais.

2.3.1 Maturação esquelética

A maturação esquelética (ou óssea) é, geralmente, aceita como a melhor metodologia para indicação do estado maturacional biológico. Os seres humanos, inicialmente, têm um esqueleto cartilaginoso que, gradativamente, progride para alcançar uma condição óssea sólida, ou *axial adulta*. No caso de ossos tubulares, a maturação é atingida quando as epífises se fundem com as suas respectivas diáfises; para os ossos irregulares, a maturação é atingida quando o formato alcança a referência adulta. As estruturas ósseas do crânio e da face diferem significativamente das outras estruturas ósseas e, por isso, não são referências para a maturação esquelética.

A maturação do sistema esquelético é alcançada após um longo período de transição, iniciado por estruturas cartilaginosas pré-natais e seguindo até o desenvolvimento completo dos ossos, na fase adulta.

Embora as regiões do quadril e os membros inferiores possam ser consideradas indicadoras da maturação, são os ossos da mão e do punho os mais utilizados para indicar a maturação biológica. A utilização de radiografias do punho e mão são referências para o monitoramento e a avaliação do crescimento, apresentando variações constantes até se alcançar o estado adulto. Conforme Malina, Bauchard e Bar-Or (2009), três métodos são os mais empregados internacionalmente para avaliação da maturação óssea: Greulich-Pyle, Tanner-Whitehouse e Fels.

O princípio aplicado nesses métodos é praticamente o mesmo, entretanto, há diferenças observadas nos indicadores, nas escalas maturacionais e nas referências. Enquanto o método de Tanner-Whitehouse considera vários critérios de idades ósseas, os de Greulich-Pyle e Fels consideram apenas um critério. De fato, um mesmo indivíduo poderá apresentar níveis maturacionais distintos para cada um dos métodos.

O princípio da utilização da maturação esquelética reside, muitas vezes, na relação com a idade cronológica. Dessa forma, ela poderá ser expressada como uma diferença entre a idade óssea e a cronológica (por exemplo, idade óssea abaixo da cronológica) ou, ainda, como uma razão idade óssea/cronológica. O desvio-padrão considerado normal pelo método Tanner-Whitehouse é de um ano para mais ou para menos entre 5 e 14 anos em meninas e 16 anos em meninos.

Algumas vantagens e desvantagens são atribuídas ao se considerar a maturação esquelética como indicadora da maturação biológica. Entre os pontos positivos para sua aceitação, há a precisão e a confiabilidade, além de sua aplicabilidade e por refletir a real maturação do sistema esquelético, que dá sustentação ao aparelho locomotor. Como pontos negativos, há a exposição à radiação, embora baixa, e a necessidade de pessoal especializado, treinado e com rigoroso controle de qualidade, bem como a utilização de aparelhos específicos que exigem locomoção até laboratórios e, por fim, a utilização de critérios para os estágios maturacionais um pouco arbitrários.

Uma alternativa aos métodos que envolvem radiografia óssea é o método Khamis-Roche, que utiliza equações de regressão em que a estatura média dos pais, combinada com idade cronológica, estatura e massa corporal atual são empregadas para predição da estatura madura do indivíduo (Khamis; Roche, 1994). Metodologias preditivas da estatura final serão discutidas adiante.

2.3.2 Maturação dental

A maturação dental é caracterizada pela idade de erupção dos dentes transitórios ou permanentes, ou ainda pelo número de dentes apresentados em determinado momento (Demirjian; Goldstein; Tanner, 1973). É uma técnica indicada, principalmente, para crianças porque é menos afetada pelos padrões nutricional e endócrino (Priyadarshini; Puranik; Uma, 2015).

Os métodos empregados na avaliação da maturação dental são divididos em três categorias: morfológicos, bioquímicos e radiológicos.

Estudos associando atividade física e maturação dental são raros e restritos a crianças.

2.3.3 Maturação sexual

A maturação sexual refere-se ao grau de desenvolvimento biológico, que atinge seu ápice com a máxima capacidade funcional reprodutiva. A maturação sexual foi, inicialmente, discutida no final da década de 1950 e popularizada a partir da década de 1960 nos estudos do endócrino-pediatra britânico Dr. James Mourilyan Tanner, considerado o maior estudioso do assunto e pai da Escala de Tanner. A metodologia proposta por Tanner considera o desenvolvimento das características sexuais secundárias, identificadas por diferenças nos pelos pubianos e no desenvolvimento e formato dos seios nas mulheres e da genitália nos homens, descrevendo cinco estágios para a maturação sexual (Eston; Reilly, 2009). De maneira geral, o estágio 1 diz respeito à pré-puberdade, sem qualquer desenvolvimento das características sexuais secundárias; o estágio 2 aponta para o desenvolvimento inicial dessas características; os estágios 3 e 4 apresentam as alterações mais significativas; e o estágio 5 é marcado pelo fechamento completo da maturação sexual, quando o indivíduo se encontra com o sistema reprodutivo maduro (Robergs; Roberts, 1997).

Os estágios/fases de Tanner e suas respectivas características estão descritos no Quadro 2.3.

Quadro 2.3 Estágios de Tanner: referências e características

	Estágio	Características
Desenvolvimento das mamas	1	Pré-adolescência. Mudanças mínimas em relação à infância, com discreta elevação dos mamilos.
	2	Alargamento da aréola. Pequena elevação e discreta firmeza das mamas.
	3	Elevação das mamas e aréola, mas sem separação do contorno. O volume das mamas é mais evidente e assume já um formato feminino.
	4	Projeção da aréola e do mamilo, formando uma área distinta sobre a mama. Maior deposição de tecido adiposo.
	5	Estágio de maturação completa. Projeção do mamilo e contorno bem evidente e diferenciado da aréola. Volume e firmeza das mamas alcançam o maior aspecto.
Pelos pubianos	1	Pré-adolescência. Não há pelos. A pigmentação pubiana é similar à do abdômen.
	2	Mínimo surgimento de pelos alongados, principalmente, na base do pênis dos meninos e ao longo dos lábios genitais femininos.
	3	Maior volume, com formato enrolado
	4	Os pelos assumem o formato adulto, mas a área coberta ainda é inferior ao padrão adulto e não cobre a região das virilhas.
	5	Os pelos pubianos atingem o padrão adulto, com distribuição, inclusive, pela região das virilhas.

(continua)

(Quadro 2.3 – conclusão)

	Estágio	Características
Genitália masculina	1	Pré-adolescência. Testículos, escroto e pênis apresentam, praticamente, o mesmo formato e volume da infância.
	2	Aumento dos testículos e escroto. A pele do escroto apresenta outra textura e coloração avermelhada. Há pequeno aumento no volume peniano.
	3	Observa-se alargamento dos testículos, posicionados mais abaixo do pênis, que apresenta aumento mais evidente.
	4	Pênis apresenta maior desenvolvimento em largura e o formato da glande fica mais marcado. O aumento dos testículos e do escroto é acompanhado de um escurecimento da pele escrotal.
	5	Desenvolvimento completo da genitália, atingindo tamanho e formato adulto.

Fonte: Elaborado com base em Tanner, 1962; Eston; Reilly, 2009; Lloyd et al., 2014.

Embora relativamente simples, a utilização e a aplicação da avaliação por maturação sexual proposta é delicada porque o contato visual entre avaliador e avaliado é considerado um procedimento muito invasivo e pode não ser bem-conduzido por ambas as partes. Sendo assim, o protocolo e os procedimentos da avaliação de Tanner devem ser conduzidos por profissionais clinicamente treinados, bem como sua realização deve estar condicionada ao consentimento, esclarecimento total e aceite do avaliado e de seus responsáveis legais.

Uma alternativa à delicada questão operacional e legal seria a autoavaliação. Ela ocorre por comparação das características sexuais observadas por meio de esquemas de referência, figuras ou fotografias. Entretanto devemos atentar para o fato de que, muitas vezes, os meninos tendem a superestimar o seu desenvolvimento, enquanto as meninas tendem a subestimá-lo. Essa situação recomenda que, para sua adoção, haja uma conversa com o jovem sobre a importância em ser fidedigno às características de cada um dos estágios, garantindo exatidão na identificação do padrão da maturação sexual.

2.3.4 Maturação somática

A maturação (ou avaliação) somática consiste no grau de crescimento representado pela estatura ou por dimensões específicas do corpo. O crescimento somático apresenta comportamento não linear, com momentos de maior evolução intercalados com platôs relativos. As práticas mais adotadas de avaliação somática compreendem a utilização de prognóstico da velocidade de pico do crescimento, porcentagens e predição da estatura adulta e a aplicação de curvas de crescimento, como o Padrão NCHS e o Child Growth Standards, proposto pela Organização Mundial de Saúde (OMS).

O tamanho corporal não pode ser considerado o indicador mais apropriado da maturação biológica. Entretanto, práticas como a verificação entre idade cronológica e estatura ou massa corporal são utilizadas internacionalmente. Dois momentos podem ser julgados como importantes na maturação somática do adolescente: o momento de início do crescimento acelerado (indicado por uma inflexão da curva de crescimento) e o momento de pico máximo de velocidade de crescimento (segundo ponto de inflexão da curva de crescimento).

Considerando a diversidade de fatores que podem intervir no desenvolvimento do adolescente, é mais aceitável e segura a aplicação das curvas de crescimento nos períodos próprios da infância (Beunen; Rogol; Malina, 2006). Referências somáticas podem também ser originadas de outras medidas que não apenas a estatura e a massa corporal, como a altura sentado e o diâmetro crânio-cefálico, este muito utilizado por pediatras no monitoramento do crescimento infantil até os três anos de idade.

Um exercício interessante relacionado à maturação somática é a identificação do crescimento atingido em determinado período. Para isso, é necessário trabalhar com medidas de predição. Inicialmente, fazemos a predição da provável estatura de um indivíduo e, posteriormente, verificamos qual é o percentual da estatura predita que já foi atingida.

Várias equações são encontradas na literatura para estimar a estatura adulta de uma criança ou adolescente. A mais simples considera apenas a estatura final alcançada pelos pais (Lloyd et al., 2014), como segue:

Estatura em meninos = (EM + EP + 13) / 2
Estatura em meninas = (EM + EP − 13) / 2

Em que:

EM = estatura da mãe em cm
EP = estatura do pai em cm

Khamis e Roche (1994) desenvolveram um modelo considerando massa corporal, estatura e idade atual do avaliado e a estatura de seus pais. Beunen et al. (1997) apresentaram um modelo preditivo a partir de estatura, altura sentada e dobras cutâneas de tríceps e subescapular. Essa proposta é conhecida como *método Beunen-Malina* e foi, originalmente, desenvolvida somente para meninos. O cálculo é feito assim:

Estatura adulta = 147,99 + 0,87 × E + 0,77 × AS + 0,54 × DbT − 0,64 × DbSE − 3,39 × I

Em que:

E = estatura em cm
AS = altura sentado em cm
DbT = dobra cutânea de tríceps em mm
DbSE = dobra cutânea de subescapular em mm
I = idade em anos

Devemos considerar que o número final apontado é uma predição, sendo que é comum encontrar diferentes valores quando aplicados os dois protocolos a um mesmo indivíduo. Identificada a estatura predita, calculamos o quanto, em termos de porcentagem, da estatura final já foi atingida pelo indivíduo.

De maneira geral, métodos que objetivam predizer a estatura adulta apresentam erro padrão estimado entre 3 e 5 cm; entretanto, representam uma ferramenta alternativa bem interessante por sua praticidade em relação aos procedimentos que exigem avaliação óssea.

Outro método bem difundido para avaliação da maturação somática é a predição do *timing* para o pico de velocidade de crescimento, proposto por Mirwald et al. (2002) em um estudo longitudinal de sete anos com estudantes canadenses. Esse método tem por finalidade predizer a idade cronológica em que ocorre o pico de velocidade de crescimento de estatura a partir de variáveis antropométricas (estatura, altura sentado e comprimento/altura de perna) e idade cronológica. O resultado encontrado sugere o momento em que se encontra o crescimento em estatura ou a distância (MO ou *maturity-offset*) em que o indivíduo se encontra do pico de velocidade do crescimento (PHV). As fórmulas para cálculo em meninos e meninas são as seguintes:

MO (em meninos) = −9,236 + (0,0002708 × (AP × AS)) + (−0,001663 × (I × AP)) + (0,007216 × (I × AS) + (0,02292 × (MC/E × 100))

MO (em meninas) = −9,376 + (0,0001882 × (AP × AS)) + (0,0022 × (I × AP)) + (0,005841 × (I × AS)) − (0,002658 × (I × MC)) + (0,07693 × (MC/E × 100))

Em que:

AP = altura da perna em cm
AS = altura sentado em cm
I = idade em anos
MC = massa corporal em kg
E = estatura em cm

Com base no MO, Sherar et al. (2005) propuseram um método para predição da estatura final utilizando plotagens e tabelas. O método é bem simples. Consulte o artigo original!

2.4 Curvas de crescimento e sua aplicação

As curvas de crescimento são instrumentos utilizados, principalmente, para monitoramento do desenvolvimento físico de determinada população, sendo, para alguns, sugestivos da qualidade de vida e das condições de saúde populacionais. Isso se torna ainda mais válido se lembrarmos que o crescimento sofre grande influência dos fatores ambientais e das peculiaridades observadas nas diversas regiões de um país (Silva; Silva Júnior; Oliveira, 2005).

Quando discutidas as curvas de crescimento, é importante definir as diferenças entre padrão e referência: *referência* é um retrato descritivo de determinado grupo, ou seja, trabalha com dados reais e mensurados; *padrão*, por sua vez, está associado a informações prescritivas, ou seja, refere-se a valores desejáveis e considerados aceitáveis para uma característica qualquer.

A primeira e mais conhecida curva de crescimento é o padrão NCHS (National Center for Health Statistics, em português, Centro Nacional para Estatísticas de Saúde, que a desenvolveu em parceria com o Centro de Controle de Doenças dos Estados Unidos. Essa curva foi elaborada com base em dados longitudinais coletados pelo Ohio Fels Research Institute com crianças norte-americanas entre 1929 e 1975, complementados por dados transversais do National Health and Nutrition Examination Survey (NHANES), com crianças e adolescentes entre 2 e 18 anos. Essas informações eram originárias de uma população residente em uma área geográfica dos Estados Unidos de ótimo nível socioeconômico, boa qualidade de vida, bem alimentada e com descendência europeia. Sendo assim, essa referência de crianças e adolescentes norte-americanos passou a ser utilizada como um padrão internacional.

As características próprias e muito favoráveis da amostra acompanhada geraram muitas críticas em relação a sua extensão para outras regiões do mundo. Em resposta a essa polêmica, a OMS criou um grupo de estudos multicêntrico para elaboração de novas referências. Dessa forma, entre 1997 e 2003, seis países – Brasil, Gana, Índia, Noruega, Omã e Estados Unidos – tiveram dados coletados, longitudinalmente, de 882 crianças, do nascimento até os 2 anos, e transversalmente de 6.669 crianças com idade entre 1,5 e 6 anos. Mães e crianças viviam em condições adequadas para o crescimento e foram visitadas por grupos de avaliadores em 21 oportunidades (Onis et al., 2009, 2007).

Com critérios rígidos de inclusão e exclusão, novas tabelas, em que constam dados de massa corporal, estatura, massa corporal/estatura, IMC e escore-Z, foram desenvolvidas e, desde então, são aplicadas e utilizadas como padrão de crescimento e desenvolvimento físico para todas as populações. As tabelas e os gráficos do *WHO Child Growth Standards* (WHO/CGS) estão à disposição no *website*[1] da OMS/WHO em vários idiomas. Posteriormente, novas

---

[1] WHO – World Health Organization. **Child Growth Standards**. Disponível em: <http://www.who.int/childgrowth/en/>. Acesso em: 9 ago. 2018.

medidas foram incorporadas aos padrões, como a circunferência da cabeça (ou diâmetro crânio-cefálico), a circunferência do braço, as dobras cutâneas de tríceps e subescapular e, até mesmo, indicadores de desenvolvimento motor.

A utilização das curvas é relativamente simples. Com a informação de qualquer uma das medidas do indivíduo entre estatura, massa corporal ou IMC, marcamos o valor e o relacionamos com a idade cronológica. O aceitável é que a posição esteja entre as linhas de percentis superior a 97 e inferior a 3; ou o equivalente a 3 desvios-padrão da média para cima ou para baixo, respectivamente. Valores que não estejam nesse intervalo são considerados "fora da curva" de normalidade e, principalmente no percentil inferior, sugerem atenção para uma condição patológica ou não compatível com os padrões normais de crescimento humano.

Inicialmente, os novos padrões propostos pela OMS, em 2006, focavam a faixa etária de 0 a 5 anos de idade; entretanto, outros padrões foram desenvolvidos e propostos no ano seguinte, contendo dados de 22 países para referência de estatura, massa corporal e IMC na idade escolar entre 5 e 19 anos.

Nessa proposta, os valores médios recomendados aos 19 anos de idade para o IMC são de 25,4 kg/m^2 para meninos e 25,0 kg/m^2 para meninas, +1 desvio-padrão. Os gráficos a seguir apresentam valores comparativos entre o padrão NCHS de 1977 e o mais recente WHO/CGS, em que os valores aceitáveis estão entre os percentis de 5% e 95% (Onis et al., 2007).

Gráfico 2.3 Comparação entre os padrões de curvas escore-Z de 1977 e 2007 para estatura pela idade em meninos

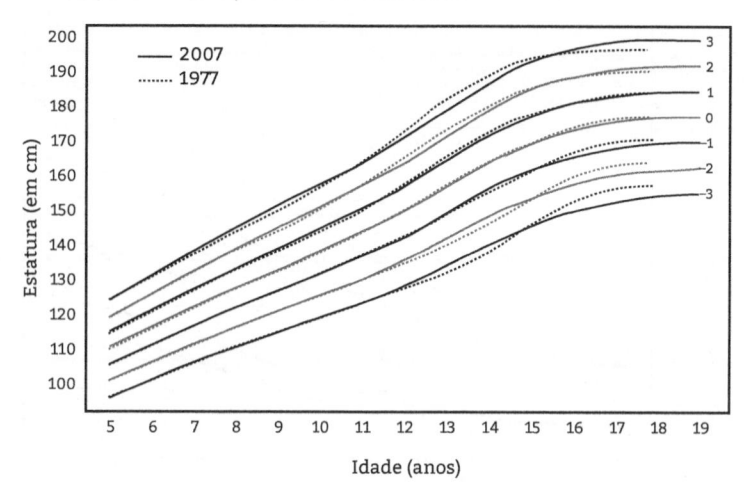

Fonte: Onis et al., 2007, p. 662, tradução nossa.

Gráfico 2.4 Comparação entre os padrões de curvas escore-Z de 1977 e 2007 para estatura pela idade em meninas

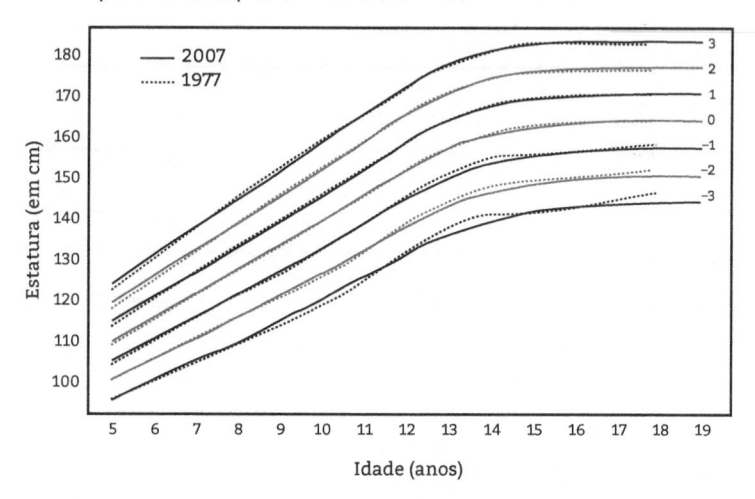

Fonte: Onis et al., 2007, p. 663, tradução nossa.

Gráfico 2.5 Comparação entre os padrões de curvas escore-Z de 1991 e 2007 para IMC pela idade em meninos

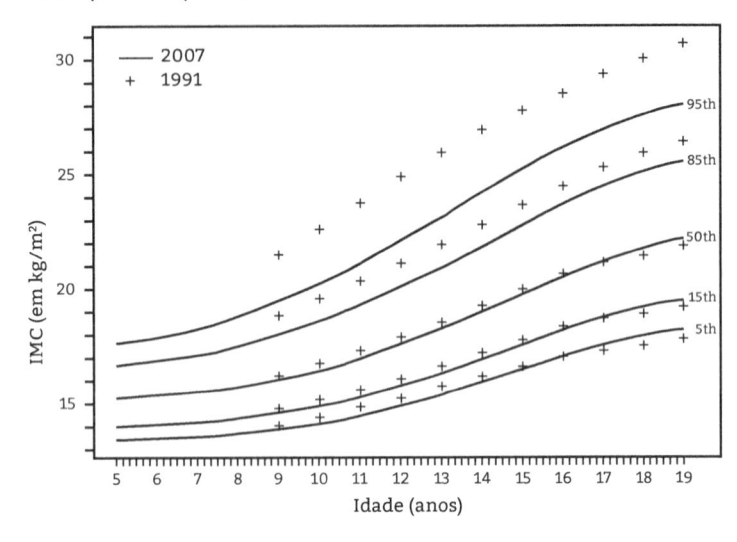

Fonte: Onis et al., 2007, p. 664, tradução nossa.

Gráfico 2.6 Comparação entre os padrões de curvas escore-Z de 1991 e 2007 para IMC pela idade em meninas

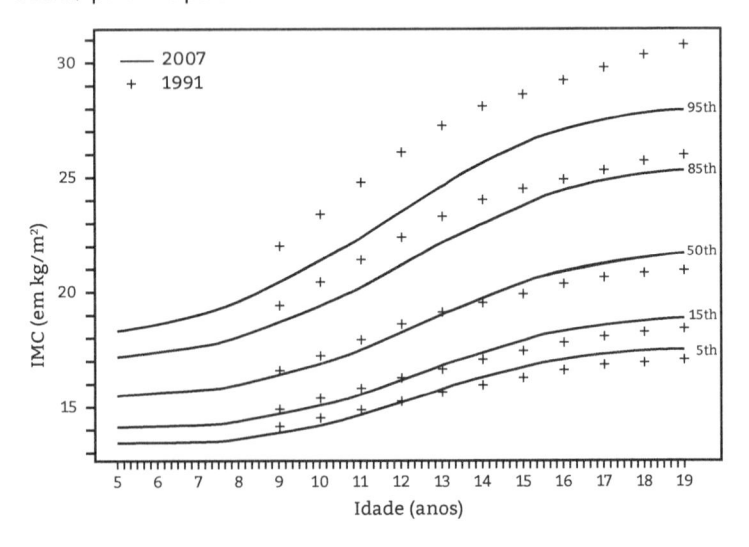

Fonte: Onis et al., 2007, p. 664, tradução nossa.

Como pudemos observar, os Gráficos 2.3 a 2.6 apresentam linhas comparativas entre o padrão WHO/CGS de 2007 (linhas contínuas) para estatura em relação à idade e ao IMC em meninos e em meninas e o padrão NCHS de 1977 (linhas pontilhadas) para estatura e de 1991 para IMC (cruz).

Gráfico 2.7 Padrões motores esperados para crianças entre 0 e 21 meses

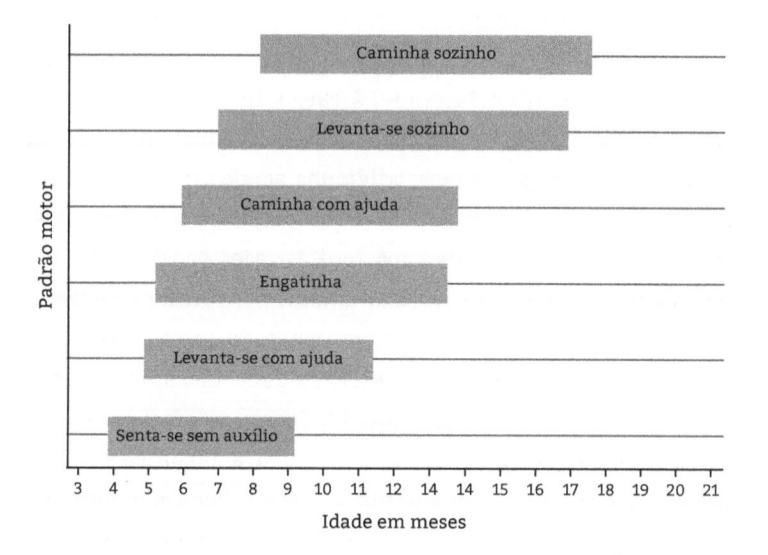

Fonte: Onis et al., 2006, p. 92, tradução nossa.

O Gráfico 2.7 apresenta padrões motores básicos (ou grosseiros) para uma criança de até 21 meses de idade, propostos para avaliar o desenvolvimento motor considerado aceitável para esse momento da primeira infância

2.5 Maturação biológica, crescimento e desempenho

Aumentos na força e na resistência podem estar associados ao crescimento, ao desenvolvimento e ao treinamento físicos, mas a verdade é que a relação entre exercício físico e crescimento ainda é inexata. Embora haja uma crença de que a prática da atividade física favoreça o crescimento em estatura, as evidências científicas não sustentam, de forma absoluta, essa ideia.

A tese de que a atividade física favorece o crescimento somático está associada ao fato de que o exercício físico promove o aumento nos níveis circulantes de hormônios anabólicos, como o GH, o que poderia auxiliar o aumento em estatura. Entretanto tudo indica que a maior estatura observada em jovens atletas provavelmente está associada muito mais à maturação sexual precoce do que, propriamente, à carga de treinamento. Essa característica, obviamente, pode incorrer numa vantagem nas disputas atléticas para esses indivíduos, sendo um equívoco comparar jovens sedentários com jovens atletas. Uma evidência desse erro é que indivíduos mais altos, muitas vezes, são direcionados para a atividade competitiva, exatamente por apresentarem essa característica, e não por ela ser um resultado dessa prática.

No esporte, uma estatura elevada pode, claramente, beneficiar o desempenho em modalidades como voleibol, provas de velocidade na natação ou no tênis de quadra; no outro extremo, ginastas de estatura baixa parecem ter um favorecimento nas modalidades envolvendo aparelhos. Em contraponto a essas constatações, jogadores de futebol apresentam estatura próxima dos indicadores populacionais gerais. Diferenças em relação aos referenciais populacionais podem, eventualmente, aparecer com mais ênfase nas categorias de iniciação desportiva (Baxter-Jones et al., 1995). Um alerta deve ser feito em relação ao prejuízo causado ao crescimento em resultado a dietas hipocalóricas associadas à prática em modalidades caracterizadas pelo rígido controle do peso corporal e que pode, precocemente, atingir jovens atletas (Kraemer; Fleck; Deschenes, 2016).

Em relação à atividade física, é necessário esclarecer que a maturação biológica, muitas vezes, é um determinante mais poderoso do que o próprio treinamento no desempenho físico ou, até mesmo, do que o risco de lesões observado em crianças e adolescentes. O mais correto é aceitar que o fato de algumas modalidades apresentarem jovens atletas com aptidão física e indicadores de crescimento acima das médias populacionais está associado muito mais às demandas do esporte propriamente dito do que considerar essas características como uma resposta direta à prática desportiva (Silva; Petroski; Gaya, 2013).

Os momentos de estirão de crescimento devem ser tratados com atenção e cuidado redobrado pelos profissionais não apenas porque pode haver deterioração da técnica, mas também por ser uma fase na qual a incidência e a severidade de lesões tem se apresentado mais significativa em modalidades de competição como o futebol (Read et al., 2018).

Curiosamente, é possível verificar, na prática desportiva entre os meninos, uma relativa vantagem naqueles com maturação precoce; entretanto, entre as meninas, observa-se, justamente, o oposto. Garotas com maturação tardia tendem a apresentar maior aderência, estabilidade e excelência na *performance* de alto rendimento do que garotas precoces (Manna, 2014).

Em relação ao sucesso relacionado à faixa etária, a prática dentro do treinamento desportivo com jovens atletas mostra que, nas categorias de iniciação desportiva mais jovem, indivíduos precoces levam certa vantagem, principalmente nas modalidades que valorizam o desempenho de força e potência muscular. Porém, na categoria adulta, o desempenho de indivíduos com maturação tardia é muito satisfatório. Ao que tudo indica, as idades de ápice do desempenho físico estão se apresentando cada vez mais tardias, de certa forma prolongando também a carreira desportiva dos atletas.

Recentemente, estudo de Mazzilli (2017) com nadadores olímpicos mostrou um avanço na idade média de participação nos Jogos Olímpicos, inclusive com aumento na idade média dos medalhistas, e, principalmente, nos últimos 20 anos, uma diminuição de atletas com menos de 20 anos de idade; adicionalmente, observou-se um aumento na participação de medalhistas em duas ou três edições dos Jogos.

O treinamento com pesos, ou musculação, pode se tornar um importante aliado no desenvolvimento físico do adolescente, sendo que diversos estudos rigorosamente conduzidos mostram que, desde que adequadamente orientado por profissionais de Educação Física, não provocará qualquer comprometimento ao crescimento somático do indivíduo (Malina, 2006).

Em relação ao componente ósseo, a prática de atividades físicas competitivas ou com intensidades elevadas parece estar associada à maior densidade óssea, exceção feita às atividades em meio aquático. Isso sugere uma relação com impacto ou tensão gerada pela prática contínua da atividade física, independentemente da maturação (Agostinete et al., 2017; Ito et al., 2016).

Um dos fenômenos associados à maturação somática e biológica encontrados no esporte é o efeito **relativo da idade**, cujos primeiros estudos foram de Barnsley, Thompson e Barnsley (1985) com jogadores de hóquei. Esse efeito é caracterizado quando se verifica uma relação linear entre a data de nascimento e a probabilidade de o indivíduo atuar numa competição ou equipe desportiva e descreve as consequências de diferenças, principalmente físicas, nas idades físicas entre indivíduos que competem dentro do mesmo grupo etário anual (Stracciolini et al., 2016). Indivíduos nascidos no mês de janeiro ou no primeiro trimestre de um determinado ano quase sempre competem na mesma categoria de indivíduos nascidos no mês de dezembro ou no quarto trimestre do mesmo ano.

Categorização similar pode ser feita considerando o primeiro e o segundo semestre do ano. Esse fenômeno é mais evidente nas categorias entre 13 e 15 anos e beneficia, principalmente, as categorias masculinas: garotos mais altos, com mais massa corporal e, consequentemente, com maturação mais precoce. À medida que se avança nas categorias de competição, o efeito relativo da idade perde sua força e a participação bem-sucedida nos esportes de nascidos no primeiro semestre equivale-se ao segundo; entretanto o impacto negativo pode estar representado na perda precoce de potenciais talentos tardios na prática competitiva.

A prática de alto rendimento tem sido associada com o efeito relativo da idade em esportes como hóquei, basquete, vôlei, natação, atletismo, tênis e tantos outros, todavia, os estudos com futebol se destacam. No Brasil, esse efeito foi observado nas categorias de base, evidenciando maior frequência de jogadores nascidos no primeiro semestre (Rabelo et al., 2016). De maneira geral, as equipes europeias têm atentado para o fenômeno, por isso sua incidência tem sido menos verificada e apenas em categorias mais precoces (González-Víllora; Pastor-Vicedo; Cordente, 2015). No futebol espanhol, embora o fenômeno tenha sido observado, sua incidência vem diminuindo nos últimos anos (Campo et al., 2010). Por sua vez, a realidade alemã apresenta o efeito relativo da idade em todas as categorias masculinas competitivas nas faixas etárias entre 16 e 21 anos. Curiosamente, essa vantagem em relação aos nascidos principalmente no primeiro trimestre do ano não se repete nos parâmetros antropométricos e associados ao desempenho (Skorski et al., 2016).

Talvez mais grave do que o efeito relativo da idade na prática desportiva competitiva é a verificação desse fenômeno nas práticas da educação física escolar ou em turmas de iniciação esportiva, nas quais, costumeiramente, observamos atividades em que a vantagem e o favorecimento é dado aos alunos "maiores" e "mais fortes", mesmo que essa condição seja mais frequente entre os meninos. Situações como essa, obviamente, desestimulam a prática esportiva em momentos cruciais em que se deveria criar o gosto e o prazer pela prática física, e não sua repulsa (Dalen et al., 2017).

Síntese

Como você pôde verificar, crescimento, desenvolvimento e maturação são fenômenos com conceitos e caracterizações distintas. Seu acompanhamento e suas interações com a prática esportiva são fundamentais na orientação dos conteúdos organizados pelos profissionais de Educação Física e do esporte, preferencialmente de maneira multidisciplinar.

Enquanto o crescimento é um indicador muito mais somático, morfológico e associado ao corpo, como quando nos referimos à estatura e à envergadura, a maturação está relacionada a uma condição, um estado, como quando qualificamos alguém como atrasado, adiantado ou precoce para a sua idade. Adicionalmente, o desenvolvimento refere-se a um conceito mais complexo e que é influenciado por elementos biológicos e experimentação. Como exemplo podemos situar o desenvolvimento motor, que será um produto das condições físicas e das experiências motoras e cognitivas, sejam elas involuntárias, sejam orientadas.

As atividades devem estar adequadas às fases etárias, os fenômenos associados ao desenvolvimento e à idade cronológica, como o efeito relativo da idade, devem ser evitados e as situações extremas, como no caso dos indivíduos tardios ou precoces, devem ser entendidas com cuidado e conduzidas para que não ocorram prejuízos ao desenvolvimento do atleta nas "categorias de base" e seu desempenho desportivo.

Atividades de autoavaliação

1. Em relação ao desenvolvimento humano, assinale a associação **incorreta** entre a fase do desenvolvimento e a respectiva característica:
    a) Na fase pré-natal, há intenso desenvolvimento do sistema nervoso.

b) Na terceira infância, observa-se grande evolução na força muscular.
c) Na segunda infância, o crescimento apresenta grande instabilidade, com inversão no desenvolvimento céfalo-caudal.
d) No adulto jovem, o crescimento físico se estabiliza.
e) Na fase de adulto jovem, as capacidades cognitivas atingem sua maior complexidade.

2. Assinale a afirmação correta em relação ao crescimento físico:
   a) O crescimento é estável durante toda a infância, sendo que o único pico no estirão de crescimento acontece na adolescência.
   b) A idade cronológica está associada diretamente à idade maturacional, sem qualquer variação quando comparados dois indivíduos distintos.
   c) Velocidade de crescimento consiste no crescimento em determinado momento do desenvolvimento e pode ser mensurada, anualmente, pela taxa de centímetros ganhos em estatura
   d) O avanço no processo de maturação acontece igualmente em meninos e meninas.
   e) As características sexuais secundárias surgem na idade considerada adulta.

3. Dentre as técnicas utilizadas para quantificar a maturação biológica, assinale a alternativa que **não** se aplica:
   a) Maturação dental.
   b) Maturação somática.
   c) Maturação óssea.
   d) Maturação sexual.
   e) Maturação muscular.

4. Em relação às curvas de crescimento, é incorreto afirmar:
   a) Sua utilização é um pouco complexa, o que é um obstáculo na maior parte dos países.
   b) Podem ser utilizadas para monitoramento do crescimento físico.
   c) Dentre as curvas de crescimento, a mais popular é o padrão NCHS.
   d) Inicialmente, os padrões propostos pela OMS eram aplicados à faixa etária entre 0 e 5 anos e, posteriormente, foram estendidos a outras faixas etárias.
   e) Podem ser construídas, entre outras, com medidas de estatura e massa corporal.

5. Assinale a alternativa correta em relação ao crescimento e à maturação associados à atividade física:
   a) O treinamento com pesos é contraindicado na adolescência por afetar negativamente o crescimento físico.
   b) A prática de atividades físicas competitivas ou com intensidades elevadas não apresenta qualquer associação com uma maior densidade óssea.
   c) A tese de que a atividade física favorece o crescimento somático está relacionada, principalmente, às respostas hormonais medidas pelo esforço.
   d) O efeito relativo da idade caracteriza-se quando se verifica uma relação linear entre a maturação biológica e a probabilidade de o indivíduo atuar em competição ou equipe desportiva.
   e) Não há qualquer metodologia indireta para predição da estatura adulta.

ııı *Atividades de aprendizagem*

Questões para reflexão

1. Todos nós convivemos com indivíduos que se encontram nas diversas fases do desenvolvimento humano, da infância à terceira idade. Considerando a teoria das fases do desenvolvimento e suas características, discuta com seus colegas o quanto esses aspectos teóricos refletem nas características reais que observamos? Discuta possíveis exemplos de indivíduos tardios ou precoces. Uma dica: procure na internet casos de atletas talentosos que tiveram projeção precoce e, no outro extremo, atletas que se destacam por apresentar excelência de desempenho em idades mais tardias.

2. Quais fatores associados ao crescimento físico e à maturação parecem estar relacionados ao desempenho precoce nas diversas modalidades desportivas? Discuta exemplos e manifeste sua opinião com seus colegas.

Atividade aplicada: prática

1. Obtenha medidas de um grupo formado por, pelo menos, 10 indivíduos com idades distintas. Na sequência, classifique-os dentro das curvas do padrão NCHS. Atente para exemplos de pessoas que possam ser alocadas nas extremidades superiores e inferiores das curvas. Opte por indicadores de estatura e massa corporal.

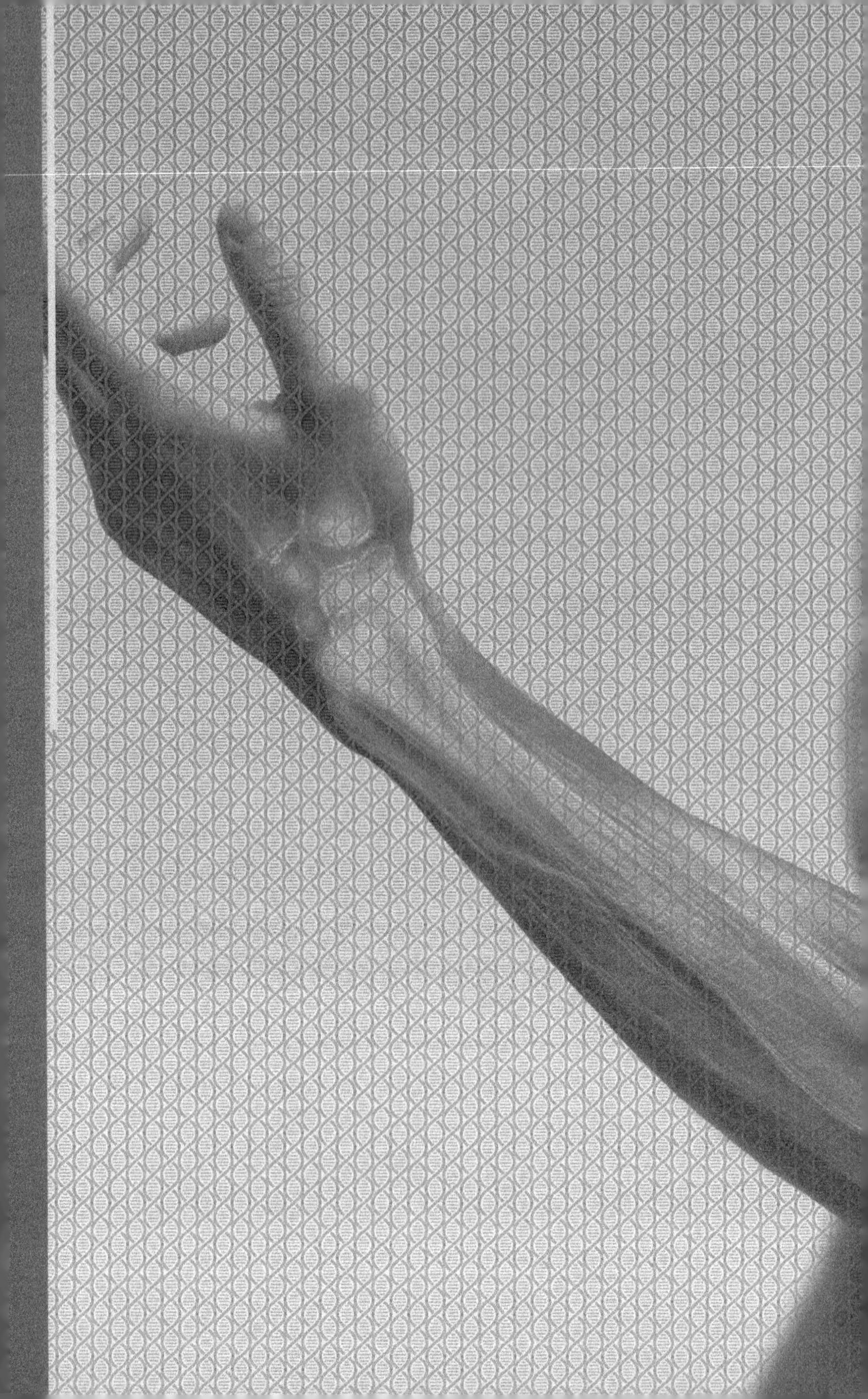

Capítulo 3

Composição corporal

A **composição** corporal é um indicador importantíssimo no contexto da saúde pública e da aptidão física, por isso sua investigação é recomendada em todos os momentos da vida humana. Na perspectiva do esporte de alto rendimento, é fundamental o controle da composição corporal, uma vez que valores inadequados podem desfavorecer o desempenho, pois, em algumas modalidades, como o fisiculturismo, a composição corporal tem interferência direta no sucesso competitivo.

Neste capítulo, você vai conhecer os modelos utilizados para definir a composição corporal e suas possibilidades de fracionamento. Após exercitar algumas práticas, discutiremos sua análise e aplicabilidade no campo da aptidão física, da saúde e do alto rendimento. As proporcionalidades corporais e os biótipos serão discutidos associados à avaliação de somatotipia, prática utilizada por outras profissões, como a psicologia, e que, para ser mensurada, necessita de medidas antropométricas, como estatura, circunferências segmentares e dobras cutâneas.

Cada um dos modelos considera o corpo em diferentes compartimentos, com destaque para a percentagem de gordura corporal, a massa muscular e a massa óssea. Como boa parte das metodologias adotadas em nossa rotina diária são diretas, optar por protocolos desenvolvidos para populações específicas, atender as recomendações e dominar os seus detalhes na coleta das informações é fundamental para se obter fidedignidade nas avaliações.

3.1 Técnicas e modelos aplicados à avaliação da composição corporal

O corpo humano é formado por diversos tecidos, que são compostos por várias estruturas biológicas, como gordura, proteína, carboidratos, água, entre outras. Na educação física e nos esportes, quando tratamos da composição corporal, fazemos isso considerando o corpo, ou sua massa, em componentes ou compartimentos; para isso, alguns modelos moleculares – de quatro, três e dois componentes – são adotados.

O modelo mais simples é o que divide o corpo em dois componentes: a massa de gordura (MG) e a massa livre de gordura (MLG). O modelo de três componentes considera a MG, a massa mineral óssea (MMO) e os outros tecidos magros. O modelo de quatro componentes considera a composição corporal subdividida em MG, proteínas, água e peso residual.

Outro modelo adotado é o anatômico de quatro componentes, subdividido em tecido adiposo, tecido esquelético, tecido muscular e os componentes residuais. Entre todos, o modelo mais utilizado na prática diária da educação física é o modelo de dois componentes. Quando conhecemos algumas informações, relativamente simples, podemos facilmente determinar esses componentes por meio de fórmulas matemáticas.

As metodologias também podem ser classificadas em diretas, quando o componente é estimado de forma direta, como na dissecação de cadáveres; indiretas, quando uma variável é empregada para a estimativa de um determinado tecido ou componente molecular; e duplamente indiretas, quando uma variável indireta é adotada para estimar outra variável indireta, como nas equações de predição.

Você pode até se perguntar qual seria a nomenclatura padrão nessa prática. A terminologia adotada está associada a alguma das diversas técnicas empregadas, evidenciando a inexistência de termos padronizados.

Entre os métodos empregados para a determinação da composição corporal, podemos citar os de referência, como a dissecação de cadáveres, e os exames médicos por imagem, como a ressonância eletromagnética e a tomografia computadorizada. Outro grupo de métodos são os laboratoriais, como a densitometria, por meio da pesagem hidrostática; a plestimografia, pelo deslocamento de ar; a absortometria de raios X de dupla energia (Dexa); e a ultrassonografia. Há ainda os métodos de campo, como a bioimpedância, a predição por dobras (ou pregas) cutâneas ou por medidas antropométricas.

Outros métodos bioquímicos têm apresentado boa aceitação, como a água duplamente marcada e o método de diluição do bicarbonato. Entretanto ambos são de alto custo, considerados invasivos e de difífil interpretação, o que compromete sua aplicabilidade.

Exceto os métodos de campo, os outros são de alto custo e requerem o emprego de aparelhagem de alta tecnologia em ambiente laboratorial específico ou são totalmente inviáveis, como a dissecação de cadáveres. No entanto, seu padrão de erro é muito menor, apresentando alta fidedignidade e validade, sendo que a densitometria, a ressonância eletromagnética e o Dexa são utilizados para obtenção de padrões de referência em diversos estudos.

3.1.1 Ressonância eletromagnética e tomografia computadorizada

A ressonância eletromagnética e a tomografia computadorizada são métodos altamente sofisticados e de custo elevado, além de apresentarem outras barreiras, como o deslocamento até laboratórios de imagens clínicas, o longo tempo necessário para sua realização e a exposição a altas doses de radiação.

São métodos que permitem o escaneamento corporal total e por regiões, porém carecem de valores de referência, principalmente para atletas.

3.1.2 Dexa

O Dexa utiliza um modelo químico de três componentes para determinar a composição corporal. Sua utilização no meio clínico é elevada, principalmente por ser muito empregado para diagnosticar a osteoporose, pela investigação da densidade óssea. Outra propriedade favorável é sua menor dose de radiação, o que o faz ser utilizado também para observação da gordura corporal e dos tecidos moles. Tudo isso tem contribuído para considerá-lo um método laboratorial de referência, principalmente quando associado a um modelo compartimental que envolva o tecido esquelético.

Nas avaliações por Dexa, os modelos multicompartimentais e os equipamentos e sistemas recentemente desenvolvidos apresentam um erro padrão estimado entre 2% e 3% para a gordura corporal. As avaliações tendem a ser mais rápidas e, no caso de atletas, os resultados são pouco afetados por variações na hidratação corporal. Da mesma forma que as metodologias de referência, as imagens coletadas pelo Dexa permitem um fracionamento dos componentes anatômicos por regiões ou ainda sua forma generalizada pelo corpo.

Atualmente, o Dexa tem sido considerado um método confiável e fidedigno para a investigação da composição corporal. O fato de focar em regiões específicas é muito bem recebido tanto em relação ao diagnóstico de patologias quanto no que diz respeito às questões de estética corporal.

Mesmo assim, há alguns fatores negativos, como a capacidade limitada de peso sobre a cama de exames, inviabilizando a utilização por atletas muito pesados (acima de 120 kg) ou obesos, e a ausência de referências normativas para atletas e, também, para análises das regiões corporais, como o tronco.

3.1.3 Densitometria

A densitometria utiliza a densidade corporal (DC) para estimar a composição e sua forma mais clássica é a pesagem hidrostática. O princípio básico da pesagem hidrostática é que a densidade corporal é um produto da massa corporal total dividida pelo volume corporal e pode ser mensurada pela pesagem hidrostática ou pela pletismografia, por meio do deslocamento de ar. Na pesagem hidrostática, o indivíduo é submerso em um compartimento cheio de água, onde se observa uma escala associada ao deslocamento de água no recipiente e consequente verificação da DC. A DC varia com a composição corporal, sobretudo pela MG e pela MLG. A gordura tem densidade inferior à da água e, portanto, flutuará, enquanto a MLG tende a afundar por ter densidade maior. Uma pessoa com a mesma massa corporal de outra, mas com mais gordura corporal, apresentará maior flutuabilidade e menor massa corporal submersa, ou seja, menor DC.

Além do desconforto de ser mergulhado em um tanque específico, outra limitação em sua aplicação é que variações na água corporal e no conteúdo mineral ósseo afetam, significativamente, a densidade.

Dessa forma, a DC é utilizada para estimativa do percentual de gordura corporal (%G), sendo que vários protocolos de campo, com suas devidas equações para verificação da gordura corporal, foram desenvolvidos com base nos conceitos da DC. A equação mais usada para determinação da gordura corporal em termos percentuais é a proposta por Siri (1956), para homens e mulheres entre 20 e 80 anos:

%G = (495/DC) – 450   (homens)
%G = (501/DC) – 457   (mulheres)

Há outra fórmula alternativa para cálculo do %G com base na DC proposta por Brozek et al. (1963):

%G = (4,57/DC) – 4,142

Em vez da água, o deslocamento do ar é utilizado para verificação da DC na pletismografia. Nessa situação, o indivíduo avaliado entra em uma cápsula hermeticamente fechada; a quantidade de ar deslocada pelo corpo é comparada com a quantidade de ar total existente na câmara antes do teste e, por meio de fórmulas específicas, permite determinar a DC e o %G.

Valores observados em populações de atletas na pesagem hidrostática e na pletismografia apresentaram correlação muito forte, embora essa associação não tenha sido observada em mulheres – atletas ou não –, crianças e populações especiais (Kraemer; Fleck; Deschenes, 2016; Ackland et al., 2012).

Além do alto custo, a pletismografia exige um espaço físico apropriado e há a necessidade de o indivíduo ficar imóvel dentro da cápsula, o que dificulta sua aplicação com crianças.

A referência em tecnologia disponível para essa metodologia é o BodPod, equipamento produzido pela empresa californiana Life Measurement Inc.

3.1.4 Ultrassonografia

A ultrassonografia é possível pela aplicação de um pulso curto de ultrassom que percorre um determinado tecido na velocidade do som. A velocidade com que as ondas sonoras se propagam pelos tecidos e os ecos provocados são variados, permitindo identificar o tipo de tecido e sua quantidade no corpo.

Relativa precisão tem sido atribuída às técnicas de ultrassom na avaliação do componente adiposo dos tecidos e órgãos corporais com equipamentos mais sofisticados, entretanto, aparelhos portáteis e de fácil manipulação têm sido desenvolvidos para a verificação da gordura corporal subcutânea. Essas práticas simplificadas e localizadas ainda geram questionamento quanto à predição do componente da MG corporal.

3.1.5 Bioimpedância elétrica (BIA)

Bastante utilizada no ambiente de consultórios e academias, a bioimpedância elétrica (BIA) é uma metodologia que consiste na estimativa dos compartimentos corporais com base na resistência por eles oferecida a uma corrente alternada.

A BIA parte do princípio de que um corpo condutor pode ter seu volume estimado pelo comprimento e pela resistência apresentados a um estímulo elétrico de frequência simples.

Considerando que o corpo humano apresenta um formato cilíndrico, favorecendo a propagação do estímulo de maneira uniforme, a BIA seria uma metodologia aplicada à verificação da composição corporal.

A avaliação por BIA consiste na colocação de eletrodos em pelo menos duas regiões do corpo, geralmente o punho e o tornozelo – nesse caso, seria uma BIA por dois canais. Entre os eletrodos, ocorre a passagem de uma corrente elétrica de baixa intensidade, praticamente indetectável pelo avaliado. Por ter mais água em sua estrutura, a MLG apresentará maior velocidade na condução do estímulo, enquanto a MG deverá impor maior resistência ao mesmo estímulo. Esse é o princípio básico que permite à BIA quantificar MLG, MG e água em um avaliado.

Embora a aderência a essa metodologia pelos profissionais do esporte seja relativamente alta, sua acurácia e sua fidedignidade têm sido questionadas pela resistência oferecida pela água corporal, bem como pela distribuição da gordura no corpo, o que poderia provocar erros e interferências na condução do estímulo elétrico. O alto erro padrão estimado para as mensurações da gordura corporal pode apontar, por exemplo, um %G entre 5 e 11 em um mesmo indivíduo, o que, certamente, implica sérias dúvidas na sua aplicação e interpretação. Para minimizar essa ampla margem de erro, aparelhos com mais canais, mas que apresentam custos mais elevados, têm sido desenvolvidos.

3.1.6 Dobras cutâneas

A metodologia de dobras (ou pregas) cutâneas é utilizada em múltiplas populações, tanto em adultos como em crianças, e baseia-se no argumento de que o conjunto da concentração de gordura corporal no tecido subcutâneo pode predizer o %G por meio da DC calculada por equações específicas, caracterizando, assim, uma metodologia duplamente indireta.

Nessa prática, com o uso de aparelhos chamados de *adipômetro*, ou *compasso de dobras cutâneas*, a espessura da dobra cutânea é mensurada em determinadas regiões do corpo e predita a GC por meio de equações específicas. Inúmeras fórmulas foram desenvolvidas para as mais diversas populações e etnias, o que tanto pode auxiliar, pela variabilidade de protocolos, como também pode gerar grande confusão. A aplicabilidade nas mais diversas populações, o baixo custo e sua fácil e vasta utilidade faz das dobras cutâneas a metodologia mais adotada para determinar a composição corporal em populações de atletas e não atletas. Em razão de ser prática e bastante utilizada pelos profissionais, vamos discutir a metodologia de dobras cutâneas de forma mais abrangente no próximo tópico.

3.2 Componente gordura corporal

Porcentagens satisfatórias de gordura corporal têm sido sugeridas entre 12 e 20 para homens e 20 e 30 para mulheres, considerando, obviamente, que fatores como etnia, raça, ambiente podem interferir nessa predição. Valores extremos, tanto para mais como para menos, podem indicar patologias de ordem metabólica, como obesidade, desnutrição ou anemia. Também é muito importante considerar que há significativa variação da massa magra e da gordura corporal ao longo da vida. A gordura corporal tende a ser proporcionalmente elevada nos primeiros anos de vida, apresentando pequenas quedas até a idade de 6 a 8 anos, seguida, então, de uma tendência em se elevar progressivamente até os 50 anos para os homens e 60 anos para mulheres, quando tende a diminuir novamente.

A massa livre de gordura tende a diminuir 2% por década de vida nos homens, mas não em mulheres, enquanto a quantidade de gordura corporal tende a aumentar de forma similar em ambos os sexos, em 7% a cada década (Hughes et al., 2002).

A preocupação com a gordura corporal é um fenômeno associado não apenas aos indicadores de aptidão física e saúde, mas também à estética corporal. Pelas academias em todo o mundo, as pessoas se preocupam em manter baixos níveis de gordura corporal, muitas vezes buscando um padrão corporal e estético não muito saudável e, por vezes de difícil acesso.

No campo desportivo, padrões de gordura corporal e massa livre de gordura vêm sendo associados ao desempenho de alto rendimento, inclusive como variável de controle e observação contínua nos programas de treinamento.

Nessa prática comum de investigação, a adoção da predição da gordura corporal pela mensuração de dobras cutâneas é a mais empregada, amplamente utilizado para predição da gordura corporal pela densidade corporal, calculada por fórmulas específicas.

Outro indicativo possível na perspectiva estética é a observação da gordura localizada em determinadas regiões e segmentos corporais. Tal metodologia, entretanto, pode apresentar erros de medida e limitações que podem ser minimizados pela adequação, pela habilidade e pelo cuidado do avaliador na tomada das medidas.

Uma prática adotada com base nas medidas das dobras cutâneas é o controle da variação da gordura corporal pela simples observação do somatório de dobras. Quando adotamos esse modelo, não devemos ter qualquer preocupação na estimativa de um percentual exato para a quantidade de gordura corporal, entretanto sua aplicabilidade é aceita apenas quando o objetivo é fazer uma comparação, entre antes e depois de uma intervenção ou treinamento.

Diversos fatores devem ser considerados para que seja garantida a fidedignidade e a acurácia dos resultados obtidos. A habilidade e a qualificação do avaliador, a calibragem do material utilizado, a padronização do ponto anatômico e a adequada preensão das dobras, bem como a escolha de protocolos validados e adequados à população avaliada e suas respectivas características são alguns desses fatores (Cruz et al., 2005).

Historicamente, a maior parte das equações preditivas da DC pelas dobras cutâneas é derivada da pesagem hidrostática, porém, nos últimos anos, muitas outras equações foram propostas com derivação de metodologias que apresentam maior validade e precisão, como o Dexa (Santos et al., 2014). O erro padrão estimado da maior parte dos protocolos de dobras cutâneas situa-se entre 1,5% e 3%, mas, caso não sejam considerados os cuidados mencionados anteriormente, pode alcançar valores superiores a 5%, o que seria considerado inaceitável.

Ao realizar uma avaliação da composição corporal pelas dobras cutâneas, você deve atentar para o protocolo a ser utilizado, o que sugere usar um modelo desenvolvido para a população específica que será avaliada, bem como para as dobras que serão utilizadas.

Também é importante lembrar de padronizar os pontos de pinçamento das dobras. Esse é o fator mais básico e importante para o sucesso do profissional que conduz uma avaliação de dobras cutâneas. Os protocolos preditores da composição corporal são desenvolvidos considerando, primariamente, esse aspecto fundamental.

O Quadro 3.1, a seguir, apresenta algumas das equações preditivas mais utilizadas no âmbito da Educação Física e do esporte. É importante verificar qual a característica da população antes de optar pela utilização de qualquer uma delas.

Quadro 3.1 Equações preditivas da densidade corporal (DC) ou percentual de gordura (%G) com suas respectivas populações e autores

Fórmula	População	Referência
$DC = 1,1610 - 0,0632 \times Log\sum_4$	Homens	Durnin e Womersley (1974)
$DC = 1,1581 - 0,0720 \times Log\sum_4$	Mulheres	Durnin e Womersley (1974)

(continua)

(Quadro 3.1 – conclusão)

Fórmula	População	Referência
DC = 1,10938 − 0,0008267×($\sum_3$) + 0,0000016×($\sum_3$)² − 0,0002574×Id	Homens	Jackson e Pollock (1978)
DC = 1,099421 − 0,0009929×($\sum_3$) + 0,0000023×($\sum_3$)² − 0,0001392×Id	Mulheres	Jackson, Pollock e Ward (1980)
DC = 1,112 − 0,00043499×($\sum_7$) + 0,00000055×($\sum_7$)² − 0,00028826×Id	Homens	Jackson e Pollock (1978)
DC = 1,097 − 0,00046971×($\sum_7$) + 0,00000056×($\sum_7$)² − 0,00012828×Id	Mulheres	Jackson, Pollock e Ward (1980)
DC = 1,1714 − 0,0671×Log10($\sum_3$)	Homens	Guedes e Guedes (1991)
DC = 1,1665 − 0,0706×Log10($\sum_3$)	Mulheres	Guedes e Guedes (1991)
%G = 5,783 + 0,153×($\sum_4$)	Nadadores homens	Faulkner (1968)
%G = 5,174 + 0,124×Db_1 + 0,147×Db_2 + 0,196×Db_3 + 0,13×Db_4	Jogadores de futebol	Reilly et al. (2009)
%G = 20,94878 + Id×0,1166 − Est×0,11666 + ($\sum_4$)×0,42696 − ($\sum_4$)²×0,00159	Homens	Peterson, Czerwinski e Siervogel (2003)
%G = 22,18945 + Id×0,06368 + IMC×0,60404 − Est×0,14520 + ($\sum_4$)×0,30919 − ($\sum_4$)²×0,00099562	Mulheres	Peterson et al. (2003)
%G = 0,735×($\sum_2$) + 1,0	Meninos	Slaughter et al. (1988)
%G = 0,610×($\sum_2$) + 5,1	Meninas	Slaughter et al. (1988)
MG = 6,371 + 0,488×MC + 0,128×Db_3 (11,138×Est + 0,645×S − 0,188×Id)	Crianças brasileiras	Hoffman et al. (2012)

Em que:

DC = densidade corporal

%G = percentual de gordura

MG = massa de gordura (em kg)

Id = idade (em anos)

Est = estatura (em metros)

IMC = índice de massa corporal (kg/m²)

Db_1 = dobra de coxa

Db_2 = dobra de abdominal
Db_3 = dobra de tríceps
Db_4 = dobra de panturrilha
S = sexo (masculino = 0, feminino = 1).

A seguir, descrevemos a localização anatômica das dobras cutâneas, que, por padrão, são mensuradas do lado direito do corpo do avaliado:

- **Subescapular**: tomada na posição oblíqua, aproximadamente, 1 centímetro abaixo do ângulo inferior da escápula.
- **Tríceps**: tomada na posição vertical sobre o tríceps, no ponto médio entre o processo do olecrano e o acrômio.
- **Bíceps**: tomada na posição vertical, no plano anterior do bíceps, procurando manter-se na mesma altura do ponto anatômico do tríceps.
- **Peitoral**: tomada na posição oblíqua, no ponto médio anterior entre o mamilo e a axila.
- **Mid-axial**: tomada na posição oblíqua, tendo como referência o processo xifoide do esterno, junto à linha média axilar. Para facilitar a tomada da dobra, o avaliado poderá colocar seus braços para cima ou com projeção para trás.
- **Crista-ilíaca**: tomada na posição horizontal e logo acima da crista ilíaca, lateralmente ao tronco.
- **Suprailíaca**: tomada na posição diagonal e acima da crista ilíaca, logo à linha axilar anterior. É uma alternativa à prega da crista-ilíaca e sua utilização dependerá do protocolo a ser adotado.
- **Abdominal**: tomada na vertical, aproximadamente, 2 centímetros à direita do umbigo.
- **Coxa medial**: tomada na posição vertical, no ponto médio entre a crista inguinal e a borda superior da patela. O avaliado deve fazer uma ligeira flexão plantar, com os pés apoiados no chão, na perna avaliada.

- **Perna medial**: tomada na posição vertical, na face medial da panturrilha, no ponto de maior circunferência. O avaliado deve ficar em pé, com a perna da dobra avaliada em flexão de 90°, com o pé apoiado sobre um banco ou cadeira.

Figura 3.1 Locais de mensuração das dobras cutâneas.

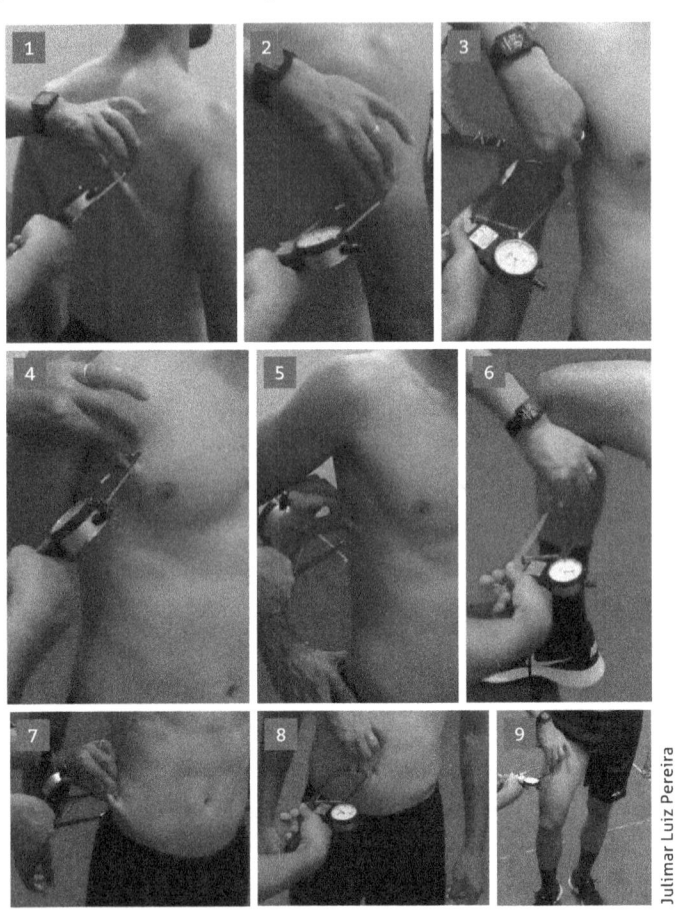

1. Subescapular. 2. Tríceps. 3. Bíceps. 4. Peitoral. 5. Mid-axial. 6. Perna medial. 7. Crista-ilíaca. 8. Abdominal. 9. Coxa medial.

Cada um dos protocolos para predição da gordura corporal utiliza dobras específicas. O Quadro 3.2, a seguir, complementa o quadro anterior, no sentido de que indica as dobras que são consideradas para cada um dos protocolos anteriormente citados.

Quadro 3.2 Dobras utilizadas por diversos protocolos de composição corporal

		Abdominal	Crista-ilíaca	Supraailíaca	Subescapular	Tríceps	Bíceps	Coxa medial	Perna medial	Peitoral	Mid-axial
Durnin e Womersley (1974)	M/F			x	x	x	x				
Jackson e Pollock (1978)	3Db	x						x		x	
	7Db	x		x	x	x		x		x	x
Jackson, Pollock e Ward (1980)	3Db			x		x		x			
	7Db	x		x	x	x		x		x	x
Guedes e Guedes (1991)	M	x		x		x					
	F			x	x			x			
Faulkner (1968)	M	x		x	x	x					
Reilly et al. (2009)	M	x				x		x	x		
Peterson, Czerwinski e Siervogel (2003)	M/F		x		x	x		x			
Slaughter et al. (1988)	M/F					x			x		
Hoffman et al. (2012)	M/F					x					

Em que: M = masculino, F = feminino, 3Db = 3 dobras, 7Db = 7 dobras.

3.2.1 Cálculo da gordura corporal

Estimar a gordura corporal é uma prática associada à saúde, à estética e à aptidão física. Há um consenso entre os estudiosos de que a massa corporal e o IMC isolado não são as técnicas mais indicadas para monitorar alterações na massa livre de gordura e na gordura corporal.

Índices inadequados de gordura corporal são, muitas vezes, associados a doenças degenerativas e limitantes, seja em um extremo muito baixo, caso da desnutrição, seja em um extremo muito alto, caso da obesidade. Ambos os casos surgem como problemas sociais de saúde pública, porém, no caso da obesidade, vivemos uma epidemia mundial que leva a grandes gastos e prejuízos econômicos.

Pelo mundo todo, encontramos uma verdadeira legião de indivíduos que buscam as academias de ginástica e centros esportivos para alcançar uma forma física que os agrade. Nesse desafio, a avaliação da gordura corporal surge, muitas vezes, como uma obsessão, em que valores demasiadamente baixos tornam-se alvos quase inatingíveis.

Finalmente, no esporte de rendimento, inúmeros autores e profissionais da área associam o desempenho dos atletas a níveis satisfatórios de gordura corporal. Realmente, apresentar valores elevados de gordura corporal pode depreciar o desempenho, significando um peso excedente, desgastando ainda mais o atleta em situações de exigência física máxima. Por sua vez, apresentar baixos valores pode implicar falta de substrato energético em modalidades de intensidade estabilizada, sobrecarregando outros sistemas bioenergéticos e comprometendo, de maneira incisiva, o desempenho atlético.

O cálculo da gordura corporal é relativamente simples. Após ter optado por um protocolo adequado, deve-se coletar as dobras e aplicar a fórmula para identificação do %G ou da DC, que, por sua vez, permitirá chegar ao %G relativo. Aplicado o %G à massa corporal, se chegará ao valor absoluto da gordura corporal do avaliado.

Vamos ver um exemplo de cálculo:

Avaliada do sexo feminino, 34 anos, 1,74 m, 58 kg
Protocolo utilizado: Jackson Pollock e Ward (1980) com 3 dobras
Dobras: suprailíaca = 10,5 / Tríceps = 11,7 / Coxa = 15,0 / $\sum^3$ db = 37,2

Aplicando a fórmula:

DC = $1,099421 - 0,0009929 \times (\sum_3) + 0,0000023 \times (\sum_3)^2 - 0,0001392 \times Id$
DC = $1,099421 - 0,0009929 \times (37,2) + 0,0000023 \times (37,2)^2 - 0,0001392 \times 34$
DC = $1,099421 - 0,0369358 + 0,0031828 - 0,0047328$
DC = $1,0609352$

Agora, com a DC, vamos predizer o %G com a fórmula de Siri (1956):

%G = (501/DC) − 457
%G = (501/1,0609352) − 457
%G = 15,22

Estimada a %G em 15,2, vamos classificar conforme a recomendação do Colégio Americano de Medicina do Esporte/ American College of Sports Medicine (ACSM, 2000), apresentada na Tabela 3.1, a seguir.

Tabela 3.1 Classificação para % de gordura corporal em homens e mulheres

Idade	20-29		30-39		40-49		50-59		60-69	
Sexo	H	M	H	M	H	M	H	M	H	M
Excelente	5-10	12-17	6-14	14-18	7-16	16-21	8-18	18-25	10-18	18-25
Muito bom	10-14	17-21	14-18	18-22	16-20	21-25	18-21	25-29	18-22	25-29
Bom	14-17	21-24	18-21	22-25	20-23	25-28	21-24	29-32	22-25	29-33
Fraco	17-22	24-28	21-24	25-29	23-26	28-32	24-28	32-36	25-29	33-37
Muito fraco	>22	>28	>24	>29	>26	>32	>28	>36	>29	>37

Concluímos que nossa avaliada se encontra numa condição excelente de gordura corporal no extrato entre 14 e 18 para mulheres, na faixa etária de 30 a 39 anos.

Mudanças na GC e na massa livre de gordura variam com a estatura, o peso e a idade, dificultando ainda mais sua correta interpretação (Kyle et al., 2003). Isso sugere, inclusive, que resultados e análises mais confiáveis são alcançados com a escolha de instrumentos e procedimentos personalizados e substancialmente com um acompanhamento longitudinal.

No próximo tópico, vamos explicar como o cálculo da gordura corporal pode levar à predição da massa magra.

3.3 Componente massa muscular

O cálculo da massa muscular passa por uma questão conceitual associada ao modelo de fracionamento da composição corporal. Dentre esses modelos, vamos considerar duas possibilidades: a que considera dois compartimentos – a GC e a massa livre de gordura (MLG) – e a que considera mais de dois componentes, sendo dois, necessariamente, a GC e a massa muscular (MM).

Inicialmente, vamos tratar do conceito da MLG.

3.3.1 Cálculo da massa livre de gordura (MLG)

Como é fácil deduzir, a MLG é constituída pela massa corporal subtraída do peso de gordura. Quando tratamos de indivíduos adultos, apenas dois componentes tendem a variar na composição corporal em resposta a um programa sistemático de exercícios físicos: a gordura corporal e a massa muscular. Cada um deles poderá responder de maneira mais destacada, conforme o tipo de atividade física praticada, como exercícios contínuos no objetivo prioritário de diminuir a gordura corporal, ou a musculação, no caso de priorizar o ganho da massa muscular.

Vejamos um exemplo: considerando uma aluna que tenha uma massa corporal de 65 kg com um %GC de 20%, apresentará MLG relativa de 80% e de valor absoluto estimado em 52 kg.

Como você observou, de maneira simplificada, a estimativa da MLG compreende a massa corporal excluída a MG, entretanto, encontramos protocolos que sugerem a estimativa da massa muscular. Vamos conhecê-los.

3.3.2 Cálculo da massa muscular (MM)

Os modelos que consideram mais de dois compartimentos direcionam para o cálculo da MM, estimada também por meio de fórmulas. O pico da massa magra, ou muscular, acontece entre a terceira e quarta década de vida. A partir dessa idade, há uma tendência em se observar uma queda nesse indicador morfológico, embora esse fenômeno esteja associado, também, à prática de exercícios físicos, à dieta e aos hábitos de vida.

A partir de estudo com 12 cadáveres, Martin et al. (1990) desenvolveram fórmulas para predição da massa muscular ($r = 0,98$, EPE = 1,53 kg):

$$MM = Est \times (0,0553 \times CTG^2 + 0,0987 \times FG^2 + 0,0331 \times CCG^2) - 2,445$$

EST = estatura (em cm)
CTG = circunferência de coxa corrigida (medial posterior)
FG = circunferência de antebraço
CCG = circunferência de perna corrigida

Importantes estudos de predição para estimativa da massa muscular (MM) realizados por Lee et al. (2000), considerando medidas antropométricas de 224 indivíduos de ambos os sexos e não obesos (IMC < 30) por meio de imagens de ressonância magnética, produziram a seguinte fórmula com um r = 0,91 e um EPE = 2,2 kg.

$$MM = Est \times (0,00587 \times CAG^2 + 0,00138 \times CTG^2 + 0,00574 \times CCG^2) + 2,4 \times S - 0,026 \times I \times R + 4,4$$

Em que:

EST = estatura (em cm)
CAG = circunferência de braço corrigida
CTG = circunferência de coxa corrigida (medial posterior)
CCG = circunferência de perna corrigida
S = sexo (0 para mulheres e 1 para homens)
I = idade (em anos)
R = raça (0 para brancos ou hispânicos; 1,2 para negros; e –1,6 para asiáticos)

Vamos testar essa fórmula com nossa avaliada anteriormente citada. Recapitulando:

Avaliada do sexo feminino, branca, 34 anos, 1,74 m, 58 kg.
Variáveis: CAG = 21,63/CTG = 43,49/CCG = 29,39/S = 0/ I = 34/R=0

Aplicando a fórmula:

MM (em kg) = Est × (0,00587 × CAG^2 + 0,00138 × CTG^2 + 0,00574 × CCG^2) + 2,4 × S − 0,026 × I × R +4,4

MM = 1,74 × (0,00587 × $21,63^2$ + 0,00138 × $43,49^2$ + 0,00574 × $29,39^2$) + 2,4 × 0 − 0,026 × 34 × 0 + 4,4

MM = 1,74 × (0,00587 × 467,8 + 0,00138 × 1891,3 + 0,00574 × 863,7) + 4,4

MM = 22,34 kg ou 38,5%

O protocolo proposto por Lee et al. (2000), além de ter utilizado como referência dados de imagem de ressonância magnética e ter apresentado uma amostra mais significativa, permite ainda considerar a raça e é aplicável tanto a homens como a mulheres, diferindo de outras metodologias que apresentam aplicação generalizada e que foram construídas tendo como referência métodos controversos e de menor confiabilidade.

Valores adequados para atletas situam-se entre 45 e 55% da massa corporal. Para homens saudáveis, os valores encontram-se próximos a 40%. Martin et al. (1990) sugerem que a massa muscular se encontra entre 36% e 60% com valores médios próximos de 50% da massa livre de gordura.

3.4 Componente massa óssea

A massa óssea é uma porção da massa corpórea que, na ausência de patologias, tende a apresentar variações significativas na infância e puberdade, quando há crescimento e aumento do tecido mineral ósseo, e no envelhecimento, quando se nota uma queda da densidade óssea, situação que, muitas vezes, caracteriza a osteoporose.

MO (em kg) = ((DOC + DOP + DOJ + DOT)/4)^2 × Est × 1,2 × 0,001 (Matiegka, 1921)

MO (em kg) = ((DOC + DOP + DOJ + DOT)/4)^2 × Est × 0,92 × 0,001 (Drinkwater et al., 1986)

MO (em kg) = Est × (0,0553 × CCC^2 + 0,0987 × CAB^2 + 0,0331 × CCP^2) − 2445 (Martin et al., 1990)

%MO = (MO/MC) × 100

Em que:

DOC = diâmetro ósseo de cotovelo (em cm)
DOP = diâmetro ósseo de punho (em cm)
DOJ = diâmetro ósseo de joelho (em cm)
DOT = diâmetro ósseo de tornozelo (em cm)
CCC = circunferência corrigida de coxa medial (em cm)
FG = circunferência de antebraço (em cm)
CCP = circunferência corrigida de perna medial (em cm)
Est = estatura em cm
MC = massa corporal em kg

De maneira indireta, o cálculo da MO é obtido tendo como referência determinante primária os diâmetros ósseos. Entretanto os modelos matemáticos sugeridos podem considerar também estatura, raça, idade, circunferências e dobras cutâneas. Os protocolos mais clássicos são os de Matiegka (1921), para homens e mulheres, e Martin et al. (1990), exclusivamente para homens, pesando sobre eles a crítica de terem sido desenvolvidos *in vitro* a partir de cadáveres dissecados e com predominância de idosos.

Vamos observar um cálculo da MO.

Para a mesma avaliada dos componentes anteriores, vamos utilizar a equação de Drinkwater et al. (1986), que consiste em uma revisão da equação de Matiegka (1921):

> Avaliada do sexo feminino, 34 anos, 1,74 m, 58 kg.
> Diâmetros ósseos: DOC = 6,3/ DOP = 4,8/ DOJ = 8,5/ DOT = 6,0

Aplicando a fórmula:

> MO (em kg) = ((DOC + DOP + DOJ + DOT)/4)^2 × Est × 0,92 × 0,001
> MO (em kg) = ((6,3 + 4,8 + 8,5 + 6,0)/4)^2 × 174 × 0,92 × 0,001
> MO = 6,55 kg ou 11,3%

3.4.1 Cálculo do peso-alvo

Agora que você já sabe como identificar os diferentes componentes da massa corpórea, é importante saber como calcular um peso-alvo, comum nas rotinas de controle da massa corporal, seja no direcionamento para saúde, seja no alto rendimento.

A identificação da massa corporal alvo, ou peso desejado (PD), baseia-se no conceito de que variações na massa corporal estão associadas a mudanças mais evidenciadas da MG e da MM.

Logo, é necessário estimar um %G desejado, seja por questões estéticas, seja pelas características da modalidade desportiva. Além disso, a MM deve permanecer invariável ou, em resposta ao programa de treinamento e à dieta, apresentar aumento. Nessa perspectiva, você deve verificar os níveis iniciais de GC e MM e, na maior parte dos casos, considerar a MM inalterada e calcular a MD para um %G alvo.

Cálculo do peso/massa corporal desejada – MD

MLG = MC – (MC × (%G/100))
MD = MLG/(1–(%Ga/100))

Em que:

MLG = massa/peso corporal livre de gordura (em kg)
MC = massa corporal (em kg)
MD = peso/massa corporal desejada (em kg)
%Ga = % de gordura alvo

Vamos, agora, considerar um homem de 75 kg, com %G estimado em 20%, com objetivo de baixar seu %G para 15%. Observe os passos que vamos seguir.

Cálculo da MLG:

MLG = MC – (MC × (%G/100))
MLG = 75 – (75 × (20/100))
MLG = 75 – (75 × 0,2)
MLG = 60 kg

O segundo passo é calcular a MD:

MD = MLG/(1 – (%GD/100))
MD = 60/(1 – (15/100))
MD = 60/(1 – 0,15)
MD = 60/0,85
MD = 70,5 kg

A massa corporal em excesso (MCE) é calculada em kg pela seguinte fórmula:

MCE = MC − MD

Assim:

MCE = MC − MD
MCE = 75 − 70,5
MCE = 4,5 kg

Ou seja, o homem avaliado tem MCM de 60 kg e, para reduzir sua MC, com 15% de GC, deverá perder 4,5 kg, tendo como objetivo uma massa corporal alvo de 70,5 kg.

Um dos efeitos do avanço da idade e do envelhecimento é o aumento da gordura corporal e o desenvolvimento da sarcopenia, caracterizada pela perda de massa muscular. Muitas vezes, um ganho de peso após os 60 anos de idade está relacionado, muito mais, ao aumento na MG do que da MLG, porém esses padrões podem ser minimizados com a atividade física regular, principalmente quando baseada em treinamento com pesos. Segundo Hughes et al. (2002), mulheres tendem a apresentar melhores respostas do que homens.

Outro importante componente do nosso organismo é a água. O corpo humano tem de 50 a 70% de sua massa total composta por água. A MLG apresenta 70 a 80% de água em sua composição total. De maneira bem diferente, nosso tecido adiposo tem apenas 10% a 20% de água em sua estrutura. A água pode ser utilizada também para estimar a gordura corporal por meio de exames bioquímicos e pouco utilizados no esporte.

A variação na água corporal é relativamente alta – sugere-se uma taxa próxima de 2 a 3 litros diários de perda e consequente reposição para o ser humano. Quando considerada a prática de atividade física, além do estresse térmico causado pelo ambiente, essa reposição torna-se ainda mais intensa. O desempenho físico pode ser comprometido em condições de desidratação, que, em condições extremas, pode ocasionar riscos à saúde e até mesmo óbito.

É importante ter claro que alterações muito profundas no padrão de hidratação corporal podem levar a erros na predição da composição corporal em qualquer uma das metodologias aqui discutidas.

Dentre as formas de verificação da hidratação corporal, as mais utilizadas são: **variações agudas da massa corporal**, sendo que pode haver deterioração do desempenho desportivo quando há uma queda próxima de 2-3% da massa corporal durante o esforço físico; **alterações nos índices urinários**, como coloração mais escura, volume, conteúdo protéico, osmolaridade e gravidade; **diminuição do volume plasmático**, com prejuízo da estabilidade cardiovascular; **sensação de sede**; e **variação aguda da frequência cardíaca**.

Armstrong et al. (1994) desenvolveram uma cartela com referências coloridas observadas na urina e que, por comparação, sugerem o grau de desidratação. Convidamos você a conhecer a cartela indicadora do padrão de hidratação e utilizá-la, evitando a desidratação induzida pela atividade física. As colorações de referência[1] foram propostas pelo PhD. Lawrence Armstrong, professor do Laboratório de Performance Humana da Universidade de Connecticut e uma das mais reconhecidas autoridades nos estudos envolvendo desidratação durante o exercício.

Um exemplo de presumida desidratação associada à perda de peso e que recomenda cuidados e ingestão imediata de líquidos é

---

[1] Você pode acessar as relações entre coloração da urina e *status* de hidratação no site UrineColors.com. Disponível em: <http://www.urinecolors.com/urine-health/dehydration>. Acesso em: 14 ago. 2018.

o caso real de um futebolista profissional que iniciou uma partida de futebol com massa corporal de 70,9 kg e, após o jogo, estava com 67,6 kg. A perda ponderal foi equivalente a 4,7% da massa corporal e pode comprometer não apenas o desempenho, mas também a saúde do atleta. Já ressaltamos que a perda ponderal aguda entre 2% e 3% sugere desidratação preocupante e pode afetar o funcionamento orgânico com efeitos nocivos, principalmente, nos sistemas cardiovascular e bioenergético. A condição apresentada pelo futebolista pode ser causada não apenas pelo estresse físico e térmico induzido pelo esforço, mas também por uma hidratação insuficiente durante a atividade.

Pesquisas e procedimentos associando composição corporal e atividades físicas são infinitas e sempre suscitam polêmicas. Um estudo comparando os efeitos agudos do exercício na composição corporal sugeriu que uma atividade intensa (5 minutos de aquecimento, 5 minutos de alongamento, 20 minutos de corrida na esteira e uma sequência de exercícios calistênicos) não apresenta influência significativa nos indicadores de composição corporal (dobras cutâneas e gordura corporal) (LaPlante et al., 2016). Entretanto, respostas crônicas são muito favoráveis às adaptações morfológicas ao esforço, principalmente quando combinadas a estratégias nutricionais adequadas. Ademais, não se pode negar a importância da atividade física no combate ao sobrepeso e à obesidade, um desafio à saúde pública numa escala mundial, especialmente na infância e adolescência.

3.5 Somatotipia corporal

Tentativas de classificar o biótipo são muito antigas e há registros, inclusive, da Grécia Antiga, em filósofos como Platão e Hipócrates. É atribuída a Platão a afirmação: "Somos limitados pelo nosso corpo, assim como a ostra é pela sua concha" (Carter; Heath, 1990). Desde então, muitas polêmicas foram criadas sobre o formato do corpo e de seus membros. Sabe-se que o formato do corpo humano e de seus segmentos é bastante influenciado por fatores genéticos e que, em determinadas modalidades esportivas, alguns tipos físicos são mais desejáveis em razão da busca pelo melhor desempenho, como é o caso do voleibol, do tênis, da natação e das lutas (Krawczyk; Sklad; Jackiewicz, 1997).

Somatotipia, uma técnica empregada para avaliar o formato corporal e sua composição, pode ser definida como a quantificação do formato atual e a composição do corpo humano (Carter, 2002). A somatotipia é produto da expressão de três números que refletem três componentes. O primeiro é o **endomorfo**, associado à gordura relativa; o segundo é o **mesomorfo**, que sugere predominância de robustez musculoesquelética; o terceiro é o **ectomorfo**, que está relacionado à linearidade ou à predominância do componente magro do corpo.

Atente para o exemplo da expressão dos componentes: 2-3-5. Esses números significam a expressão de cada um dos componentes, ou seja, qual é a dominância de cada um deles em um indivíduo. Observe que valores entre 0,5 e 2,5 sugerem uma participação ou expressão baixa do componente; entre 3 e 5, moderado; entre 5,5 e 7, o componente apresenta uma participação alta; igual ou superior a 7,5, a expressão é muito alta.

O primeiro estudioso a empregar o termo e os conceitos da somatotipia cientificamente foi o médico e psicólogo norte-americano Wiliam H. Sheldon nos anos 1930 e 1940. Sheldon não apenas propôs o termo *somatotipia* como também os três componentes, que eram ranqueados em escalas de até sete pontos. O conceito básico era de que os componentes são derivados dos tecidos embrionários e que a somatotipia é uma característica permanente. A partir daí, associações foram feitas entre forma corporal, características físicas, personalidade e delinquência, sendo que, posteriormente, associações com o desempenho esportivo foram feitas com as proposições do médico inglês Richard W. Parnell, da doutora norte-americana Bárbara H. Heath Roll e do doutor neozelandês J. E. Lindsay Carter.

O método mais utilizado para avaliação da somatotipia é o Heath-Carter, baseado no método de Sheldon, proposto nos anos 1960, e que pode ser calculado utilizando-se, basicamente, três técnicas: a primeira é a antropométrica, na qual medidas antropométricas são empregadas para estimar o somatotipo; a segunda é a fotoscópica, que utiliza fotografias padronizadas; a terceira é a combinação dos dois métodos, utilizada como critério para avaliação somatotípica (Heath; Carter, 1967).

Em função de sua praticidade, a técnica mais empregada é a antropométrica, que se utiliza de 10 medidas antropométricas: estatura, massa corporal, quatro dobras cutâneas (tríceps, subescapular, suprailíaca e panturrilha medial), dois diâmetros ósseos (biepicondilar de úmero e fêmur) e duas circunferências (braço flexionado e panturrilha).

A expressão da somatotipia de forma numérica sempre é feita nessa ordem: endomorfo, mesomorfo e ectomorfo. É a combinação desses números que confere poder ao conceito da somatotipia e a classificação por eles sugerida caracteriza o tipo físico do indivíduo e sua aparência. Vamos ao cálculo de cada um desses componentes.

O endomorfo é calculado com base no elemento endomorfo corrigido pela estatura (X). Esse cálculo é feito pela soma de três dobras (em mm) multiplicada por 170,18/estatura em cm.

Endomorfo = $-0,7182 + (0,1451 \times X) - (0,00068 \times X^2) + (0,0000014 \times X^3)$

Sendo:

X = (Db tríceps + subescapular + supraespinal) × (170,18/Est)

Em que: Est = estatura em cm.

A dobra supraespinal é a equivalente à dobra cutânea suprailíaca, descrita por Durnin e Womersley (1974, citado por Norton; Olds, 2005).

O segundo componente, o mesomorfo, é calculado pela seguinte fórmula:

Mesomorfo = $(0{,}858 \times DU) + (0{,}601 \times DF) + (0{,}188 \times CBcor) + (0{,}161 \times CPcor) - (Est \times 0{,}131) + 4{,}5$

Em que

DU = diâmetro biepicondilar de úmero (em cm)
DF = diâmetro biepicondilar de fêmur (em cm)
CBcor = circunferência corrigida de braço contraído (em cm)
CPcor = circunferência corrigida de panturrilha (em cm)
EST = estatura (em cm)

O terceiro e último componente é o ectomorfo, calculado por três fórmulas, empregadas conforme a relação estatura (em cm)/ raiz cúbica da massa corporal (em kg) ou REM:

Se REM for igual ou maior a 40,75:
Ectomorfo = $(0{,}732 \times REM) - 28{,}58$
Se REM ficar entre 40,74 e 38,26:
Ectomorfo = $(0{,}463 \times REM) - 17{,}63$
Se REM for igual ou menor a 38,25:
Ectomorfo = $0{,}1$

Conforme Heath e Carter (1967), o cálculo dos três componentes do somatotipo permite identificar 13 categorias classificatórias de biótipo físico, apresentadas no quadro a seguir.

Quadro 3.3 Categorias de somatotipia baseadas nos três componentes

Categoria	Medida
Central	Nenhum componente difere dos outros mais do que 1,0.
Endomorfo equilibrado	Endomorfo dominante; mesomorfo e ectomorfo são iguais ou não diferem mais do que 1,0.
Mesomorfo endomórfico	Mesomorfo dominante; endomorfo é maior do que ectomorfo em 1,0.
Mesomorfo/ endomorfo	Mesomorfo e endomorfo são iguais ou não diferem em mais do que 0,5; ectomorfo é inferior.
Endomorfo mesomórfico	Endomorfo dominante; mesomorfo é maior do que ectomorfo em 1,0.
Mesomorfo equilibrado	Mesomorfo dominante; endomorfo e ectomorfo são iguais ou não diferem mais do que 1,0.
Ectomorfo mesomórfico	Ectomorfo dominante; mesomorfo é maior do que endomorfo em 1,0.
Mesomorfo/ ectomorfo	Mesomorfo e ectomorfo são iguais ou não diferem em mais do que 0,5; endomorfo é inferior.
Mesomorfo ectomórfico	Mesomorfo dominante; ectomorfo é maior do que endomorfo em 1,0.
Ectomorfo equilibrado	Ectomorfo dominante; endomorfo e mesomorfo são iguais ou não diferem mais do que 1,0.
Endomorfo ectomórfico	Endomorfo dominante; ectomorfo é maior do que mesomorfo em 1,0.
Endomorfo/ ectomorfo	Endomorfo e ectomorfo são iguais ou não diferem em mais do que 0,5; mesomorfo é inferior.
Ectomorfo endomórfico	Ectomorfo dominante; endomorfo é maior do que mesomorfo em 1,0

De maneira geral, as 13 categorias podem ser sumarizadas em apenas quatro:

- **Central**: nenhum componente difere mais do que 1,0 dos outros.
- **Endomorfo**: endomorfo domina mais do que 0,5 dos outros.
- **Mesomorfo**: mesomorfo domina mais do que 0,5 dos outros.
- **Ectomorfo**: ectomorfo domina mais do que 0,5 dos outros.

Carter (1970) defende que o tipo físico pode ser um fator que contribui para o sucesso na prática de muitas modalidades desportivas. Inúmeros estudos têm procurado identificar o somatotipo predominante entre os atletas bem-sucedidos em cada uma das modalidades esportivas.

A Figura 3.2 é uma reprodução da cartela somatotipica 2-D com as coordenadas X e Y, original do Manual de Instrução do método Heath-Carter, cedido pelo PhD. Lindsay-Carter (Carter, 2002).

Figura 3.2 Cartela somatotípica (somatotipograma) com coordenadas X e Y

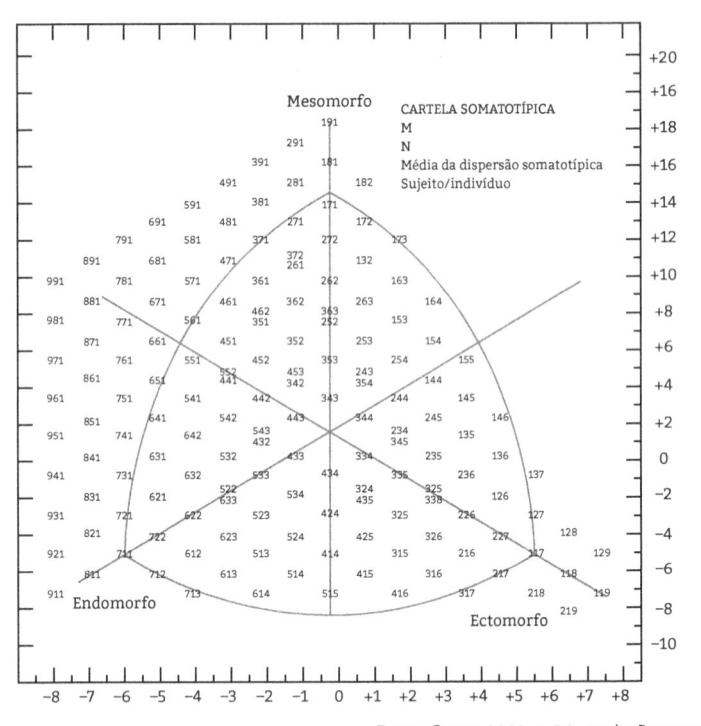

Fonte: Carter, 2002, p. 24., tradução nossa

No Anexo 6, você encontrará um formulário desenvolvido por Carter e Heath para registro das medidas antropométricas para cálculo do somatotipo (Carter, 2002); entretanto, outra forma utilizada é o somatotipograma, uma cartela/mapa para melhor visualização gráfica do somatotipo avaliado.

Vamos, agora, observar um exemplo de cálculo, considerando as medidas antropométricas!

Considere um avaliado do sexo masculino, 37 anos, estatura de 175 cm, massa corporal de 75 kg, com as seguintes dobras cutâneas: tríceps = 18,4; subescapular = 26,2; supraespinhal = 12,2; com diâmetros ósseos úmero = 7,2 e fêmur = 9,7; e com circunferências de braço contraído = 36 e perna = 36,2.

Inicialmente, calculamos o componente endomorfo:

Endomorfo = $-0{,}7182 + (0{,}1451 \times X) - (0{,}00068 \times X^2) + (0{,}0000014 \times X^3)$

Em que:

X = 56,8
Endomorfo = $-0{,}7182 + (0{,}1451 \times 56{,}8) - (0{,}00068 \times 3.226{,}2) + (0{,}0000014 \times 183.250{,}4)$
Endomorfo = 5,58

O segundo passo é calcular o componente mesomorfo:

Mesomorfo = $(0{,}858 \times DOU) + (0{,}601 \times DOF) + (0{,}188 \times CBcor) + (0{,}161 \times CPcor) - (EST \times 0{,}131) + 4{,}5$
Mesomorfo = $(0{,}858 \times 7{,}2) + (0{,}601 \times 9{,}7) + (0{,}188 \times 30{,}32) + (0{,}161 \times 32{,}1) - (175 \times 0{,}131) + 4{,}5$
Mesomorfo = 4,45

E, finalmente, calculamos o componente ectomorfo, com a fórmula adequada pelo REM.

Ectomorfo = (0,732 × REM) − 28,58

Em que:

REM = 41,4
Ectomorfo = (0,732 × 41,4) − 28,58
Ectomorfo = 1,72

Expressamos, então, o perfil somatotípico do avaliado:

5,5 − 4,4 − 1,7
Ou um endomorfo dominante.

Dentre suas aplicações, conforme Norton e Olds (2005), a somatotipia permite comparar atletas de modalidades similares ou não e caracterizar mudanças ao longo da vida ou em resposta ao treinamento, além de ser uma alternativa para análise da imagem corporal.

A Tabela 3.2, a seguir, mostra registros dos dados no formulário em sua versão original, sugerido para a avaliação somatotípica, extraída do Manual de Instruções do método Heath-Carter (Carter, 2002, p. 22), gentilmente cedido pelo PhD Lindsay-Carter e aqui preenchida. Você poderá encontrar esse formulário em sua versão não preenchida nos anexos.

Tabela 3.2 Registro de avaliado no formulário para somatotipia

Formulário de registro somatotipia heath-carter

Nome: José Luis Idade: 37 Sexo: M Número:
Ocupação: Advogado Etnia: Branca Data: 10/09/1997
Projeto/Equipe: Da casa Avaliador:

Espessura das dobras										Somatória das 3 dobras												
Tríceps = 18,4	Lim. Sup.	10,9	14,9	18,9	22,9	26,9	31,2	35,8	40,7	46,2	52,2	58,7	65,7	73,2	81,2	89,7	98,9	108,9	119,7	131,2	143,7	157,2	171,9	187,9	204,0
Subescapular = 26,2	Méd.	9,0	13,0	17,0	21,0	25,0	29,0	33,5	38,0	43,5	49,0	55,5	62,0	69,5	77,0	85,5	94,0	104,0	114,0	125,5	137,0	150,5	164,0	180,0	196,0
Supra-ilíaca = 12,2	Lim. Inf.	7,0	11,0	15,0	19,0	23,0	27,0	31,3	35,9	40,8	46,3	52,3	58,8	65,8	73,3	81,3	89,8	99,0	109,0	119,8	131,3	143,8	157,3	172,0	188,0
Soma = 56,8	× (170,18/) =																								
	Endomorfo	1	1½	2	2½	3	3½	4	4½	5	5½	6	6½	7	7½	8	8½	9	9½	10	10½	11	11½	12
Estatura = 1,75		139,3	143,5	147,3	151,5	154,9	158,8	162,6	166,4	170,2	174	177,8	181,6	185,4	189,2	193,0	196,9	200,3	204,5	208,3	212,1	215,9	219,7	223,5	227,3
D.O Fêmur = 7,2		5,19	5,34	5,49	5,64	5,78	5,93	6,07	6,22	6,37	6,51	6,65	6,80	6,95	7,09	7,38	7,53	7,67	7,82	7,97	8,11	8,25	8,40	8,55	
D.O Úmero = 9,7		7,41	7,62	7,83	8,04	8,24	8,45	8,66	8,87	9,08	9,28	9,49	9,70	9,91	10,12	10,33	10,53	10,7	10,95	11,16	11,36	11,57	11,78	11,99	12,21
Circ. Braço = 36,0																									
Db. Tríceps = 18,4		23,7	24,4	25,0	25,7	26,3	27,0	27,7	28,3	29,0	29,7	30,3	31,0	31,6	32,2	33,0	33,6	34,3	35,0	35,6	36,3	37,0	37,6	38,3	39,0
Circ. Perna = 36,2																									
Db. Perna = 13,2		27,7	28,5	29,3	30,1	30,8	31,6	32,4	33,2	33,9	34,7	35,5	36,3	37,1	37,8	38,6	39,4	40,2	41,0	41,7	42,5	43,3	44,1	44,9	45,6
	Mesomorfo	½	1	1½	2	2½	3	3½	4	4½	5	5½	6	6½	7	7½	8	8½	9
Massa = 75	Lim. Sup	39,65	40,74	41,43	42,13	42,82	43,48	44,18	44,84	45,53	46,23	46,92	47,58	48,25	48,94	49,63	50,33	50,99	51,68
	Médio e		40,20	41,09	41,79	42,48	43,14	43,84	44,50	45,19	45,89	46,32	47,24	47,94	48,60	49,29	49,99	50,68	51,34
Estatura/peso =	Lim. Inf.	abaixo	39,66	40,75	41,44	42,14	42,83	43,49	44,19	44,85	45,54	46,24	46,93	47,59	48,26	48,95	49,64	50,34	51,00
	Ectomorfo %	1	1%	2	2%	3	3%	4	4%	5	5%	6	6%	7	7%	8	8%	9

Endomorfo	Mesomorfo	Ectomorfo
5,5	4,4	1,7

Composição corporal

▮▮▮ Síntese

Como você pôde perceber, a avaliação da composição corporal é uma prática frequente e muito valorizada no âmbito da Educação Física e do esporte. As técnicas, os modelos e as metodologias empregados devem ser elencadas com base em sua praticidade, adequação ao público-alvo e viabilidade financeira e temporal.

Por sua simplicidade e aplicação, tanto funcional como estética, a metodologia de predição duplamente indireta com base nas dobras cutâneas tem sido a rotina mais empregada, seja nos esportes de rendimento, seja no fitness, podendo ser complementada ainda pela predição do componente ósseo e muscular.

Outra metodologia utilizada em larga escala é a somatotipia, baseada na forma e composição do corpo, conceito, inclusive, já adotado pelos antigos gregos. Embora um pouco trabalhoso, o método de Heath-Carter é a prática mais empregada para o cálculo da somatotipia.

Como você pode concluir, alternativas não faltam para a avaliação da composição corporal.

▮▮▮ Atividades de autoavaliação

1. Considerando a análise de um modelo de quatro componentes anatômicos para a composição corporal, assinale a alternativa que **não** se refere a um dos componentes:
   a) Tecido muscular.
   b) Tecido ósseo.
   c) Tecido nervoso.
   d) Tecido adiposo.
   e) Peso residual.

2. Assinale, entre os métodos de avaliação da composição corporal o mais simples para aplicação diária no campo da educação física:
   a) Dobras cutâneas.
   b) Dexa.
   c) Ultrassonografia.
   d) Pesagem hidrostática.
   e) BIA.

3. Assinale a alternativa que **não** se enquadra entre as rotinas utilizadas na avaliação da composição corporal no ambiente esportivo:
   a) Massa livre de gordura (MLG).
   b) Massa óssea (MO).
   c) Massa corporal (MC).
   d) Massa muscular (MM).
   e) Índice de envergadura (IE).

4. Assinale a alternativa correta:
   a) De todos os componentes da composição corporal, a massa óssea é a única que não varia em proporcionalidade no decorrer da vida.
   b) A massa muscular atinge seu pico máximo durante a adolescência, mantém-se por 10 anos e, na sequência, apresenta significativa queda.
   c) O processo de desidratação aguda após a atividade física apresenta pouco impacto funcional e anatômico sobre os componentes da composição corporal.

d) A identificação de um peso desejado parte, basicamente, do conceito de que variações na massa corporal estão associadas a mudanças mais evidenciadas da massa de gordura e da massa muscular, principalmente em indivíduos adultos.

e) Independentemente da modalidade, para o desempenho de alto rendimento, não há qualquer influência da gordura corporal.

5. Assinale a alternativa que aponta uma medida utilizada para cálculo da somatotipia de Heath-Carter:

a) Circunferência de cintura.
b) IMC.
c) Dobra cutânea de abdômen.
d) Massa corporal.
e) Envergadura.

Atividades de aprendizagem

Questões para reflexão

1. Considerando a sua realidade social, qual é sua opinião em relação ao valor atribuído pelas pessoas aos componentes gordura corporal e massa muscular na perspectiva estética? Relacione esse comportamento social com a exploração de elementos midiáticos ou pessoas famosas e qual a importância desses exemplos na formação de um conceito coletivo associado à estética. Como o profissional de Educação Física deve lidar com esses conceitos?

2. Em toda modalidade desportiva há atletas de destaque. Cite cinco atletas e tente identificar o possível padrão dominante de somatotipia em cada um deles. Discuta com seus colegas qual é a predominância de uma referência somatotípica nas modalidades esportivas e se elas podem determinar o sucesso ou o fracasso nas competições.

Atividade aplicada: prática

1. Em pequenos grupos de dois, três ou quatro colegas, recolha dados que permitam predizer a gordura corporal e a massa livre de gordura individualmente, conforme os exemplos apresentados no capítulo. Atente para o protocolo a ser utilizado, pois ele deve se adequar à população. Após o cálculo da gordura corporal, classifique-o conforme as tabelas de referência. Caso algum dos componentes do grupo esteja fora da referência adequada, calcule também o peso alvo a ser alcançado.

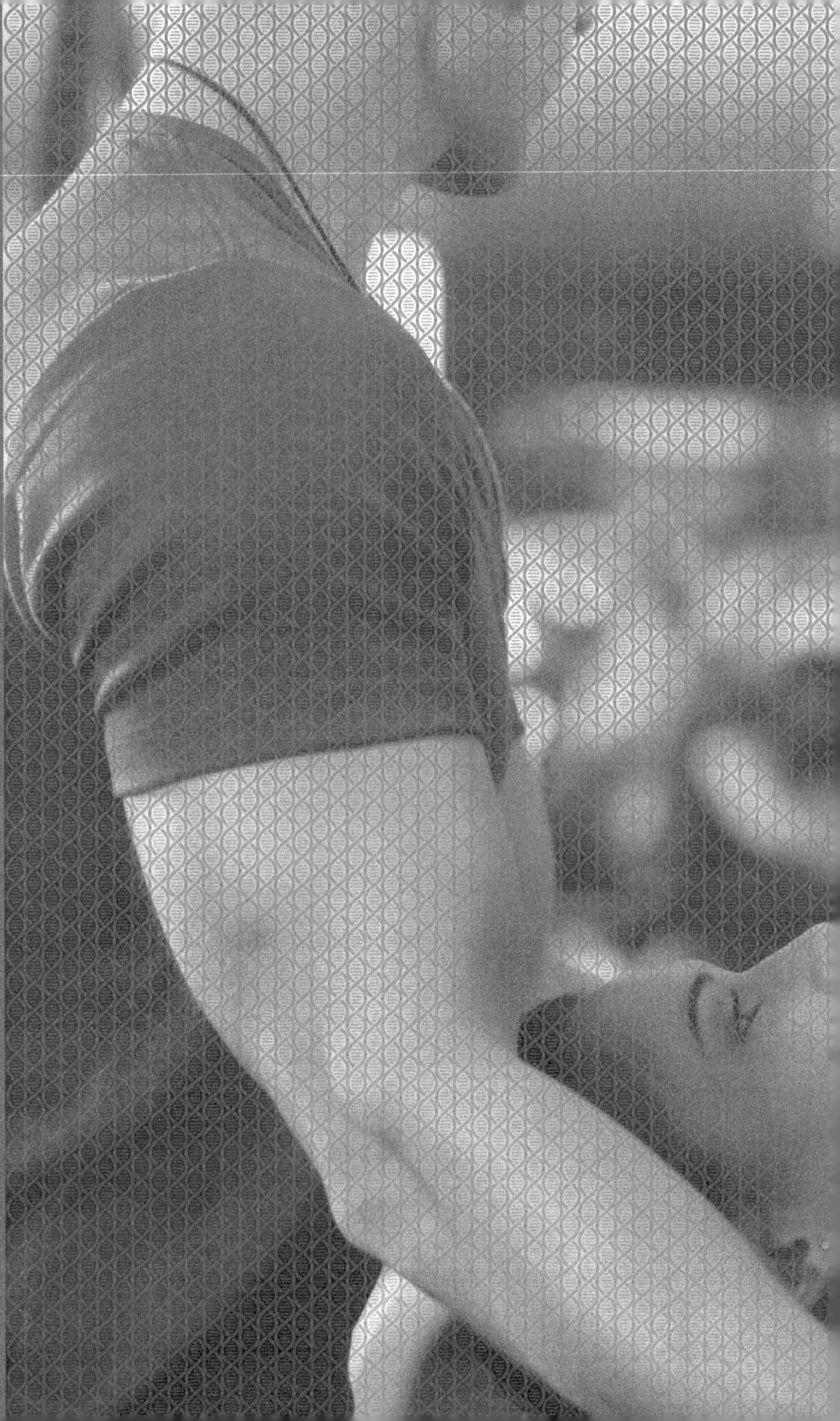

Capítulo 4

Avaliação do componente neuromuscular

As avaliações neuromusculares são caracterizadas pelo desempenho muscular associado, em maior ou menor grau, ao controle pelo sistema nervoso. Embora o movimento humano necessite, obviamente, da bioenergética e do controle metabólico, quando avaliamos o componente neuromuscular da manifestação física, estamos colocando os componentes anaeróbios e aeróbios em um plano secundário.

Neste capítulo, você conhecerá as manifestações neuromusculares no esporte com base nos protocolos de avaliação física, entendendo os diferentes componentes com suas devidas particularidades e interpretações. Os componentes, neuromusculares serão discutidos na perspectiva da força muscular, velocidade, potência e flexibilidade, além da agilidade e do equilíbrio.

É fácil observar que as ações neuromusculares podem estar associadas tanto à capacidade de ceder a uma determinada carga ou à gravidade quanto à capacidade de gerar trabalho ou, ainda, fazer isso da maneira mais rápida possível ou controlada com precisão.

Identificamos facilmente a manifestação neuromuscular nas ações desportivas de alto rendimento nos saltos, golpes e trancos, assim como nos movimentos cotidianos de levantar e sustentar um objeto ou subir uma escada. Elementos rotineiros do nosso treinamento, direcionados à perda de peso ou à melhora estética, como os exercícios na ginástica de academia ou na musculação, são ações neuromusculares.

No esporte de alto rendimento, o treinamento neuromuscular em todas as suas manifestações é o mais recomendado, no entanto, a importância atribuída a seus componentes varia de modalidade para modalidade. Os indicadores neuromusculares tanto podem ser fator determinante para o desempenho final como podem ser fator coadjuvante no treinamento, como na prevenção de lesões.

Porém, quando falamos de saúde e aptidão física não relacionadas ao alto desempenho esportivo, as avaliações neuromusculares são fundamentais para refletir indicadores funcionais relacionados às tarefas do dia a dia, seja em nossas casas, seja em nossos momentos de lazer, seja no trabalho. Desempenhos satisfatórios nos testes de força muscular e flexibilidade, principalmente nas regiões de quadril e ombro, refletem nossa autonomia e nossa independência, estando muito associados à qualidade de vida.

4.1 Avaliação da velocidade

Nos esportes, a velocidade é um fator-chave para o sucesso, assim como também tem sido empregada para a identificação de talentos.

Antecipar-se ao adversário nas modalidades esportivas, muitas vezes, é determinar o resultado, seja na busca por um golpe perfeito, seja na disputa por uma bola. Sabemos que boa parte da velocidade é determinada geneticamente e tem muito a ver com o tipo de fibra muscular predominante, principalmente na manifestação da velocidade cíclica.

4.1.1 Avaliação da velocidade geral ou cíclica

A velocidade geral, ou cíclica, é aquela que envolve um padrão de movimentos repetitivos e em sequência, como acontece na corrida, na natação, no remo ou no ciclismo. Alguns indivíduos são geneticamente favorecidos e, desde que adequadamente treinados, têm um desempenho favorável em alguns esportes, razão pela qual verificações da velocidade em populações mais jovens têm sido usadas para a seleção de talentos (Nigro; Bartolomei; Merni, 2016).

4.1.1.1 Testes de *sprints* isolados

Os testes de *sprints* isolados são relativamente fáceis de serem aplicados e consistem, basicamente, em estimar uma distância em linha reta e percorrê-la na sua capacidade máxima de deslocamento. Antes de iniciar, é importante ter a certeza de que o piso seja plano e que permita boa aderência, para evitar, ao máximo, escorregões ou quedas.

Alguns fatores são determinantes no desempenho final do avaliado: a forma de largada pode ser **estacionária** – quando o indivíduo se posiciona logo atrás da linha inicial e larga – ou "**lançada**" – quando o avaliado inicia sua movimentação um pouco antes da linha inicial, normalmente entre 3 e 5 metros, e já inicia a marcação do tempo em um padrão de movimento mais rápido.

É essencial que a largada e a distância inicial sejam padronizadas para permitir comparações com mais precisão e confiança possíveis. Antes de concluída a distância final, possíveis desacelerações também podem depreciar a *performance*, por isso recomendamos que, na montagem do espaço para a corrida, seja posicionado um cone ou qualquer outra marcação 5 metros após a distância avaliada e que seja dada ao avaliado a instrução de desacelerar apenas após ter chegado a essa marca. Além disso, para evitar desacelerações precoces, um espaço físico de, ao menos, 10 metros é o ideal para permitir adequada área de escape.

A cronometragem pode ser feita de forma manual ou eletrônica e o instrumento de cronometragem pode interferir no resultado registrado para o *sprint*. A **cronometragem manual** depende de mais habilidade do avaliador, tanto na manipulação de um bom cronômetro, com precisão de centésimos de segundos, quanto na sensibilidade para iniciar e finalizar a cronometragem. Recomenda-se que o cronometrista se posicione ao lado da marca final e seja responsável por dar a ordem (verbal ou sonora) para a largada do avaliado, quando acionará o cronômetro e travará na passagem do avaliado. Antes de dar o comando para largar, deve-se alertar o avaliado para o início do teste com informações do tipo "atenção" ou "prepara". Sinais visuais, como bandeiras ou movimentações de braço, não são os mais recomendados para orientar o início da movimentação, pois geram mais erro de cronometragem.

Quando é utilizada a **cronometragem eletrônica**, o sistema fotoelétrico a inicia automaticamente no momento em que o avaliado passa pela marca inicial e trava quando ele passa pela marca final. Deve-se ter cuidado no registro dos dados, por isso é importante, inclusive na cronometragem eletrônica, a anotação manual em segundos. Recentemente, temos presenciado a proposição de arquivos para *smartphones* ou *tablets*, capazes de cronometrar *sprints*, que exigem apenas um aparelho com boa câmera colocado sobre um tripé. Entretanto essas ferramentas carecem ainda de validação científica satisfatória para confiança dos dados.

A opção pela distância a ser mensurada depende das características da modalidade desportiva, assim como do material e do espaço físico utilizado. As distâncias mais utilizadas pelos avaliadores estão entre 10 e 50 metros (Bianco et al., 2015). Em termos práticos, a distância de 10 metros sugere muito bem a capacidade de aceleração do avaliado e pode ser, consideravelmente, influenciada pela força, situação bem evidenciada no tênis; a distância de 30 metros permite melhor observação da velocidade de *sprint* em situações típicas das modalidades de campo, como o futebol, o rugby e o futebol americano; já os esportes de quadra, como futsal e handebol, adotam bastante as distâncias de 20 metros. Isso se dá, principalmente, pela especificidade do esporte, por isso sugere-se, sempre que possível, a realização do teste na área reservada para a sua prática, quase sempre campo ou quadra. Recentemente temos observado a utilização de monitoramento das ações motoras de *sprint* em velocidade, entretanto, esse é um assunto a ser discutido no capítulo de medidas da atividade física e exercício.

Fazer um bom aquecimento com ativação neuromuscular e específica é importante para a avaliação de atletas, porém essa ação não nos parece imprescindível para estudantes. Recomendamos a realização de 3 a 5 tentativas, considerando o melhor tempo como indicativo da velocidade.

4.1.2 Avaliação da velocidade segmentar ou acíclica

Avaliações biomecânicas com recursos de informática são as metodologias mais empregadas, podendo partir desde *softwares* de alto custo, que exigem sistemas computadorizados com requisitos especiais, até aplicativos mais simples e a custo bem acessível, utilizados em *smartphones* e *tablets*.

4.2 Avaliação da força muscular

A força muscular consiste na capacidade que o aparelho locomotor tem para realizar trabalho. Sua manifestação é de suma importância para as modalidades desportivas e, no contexto da saúde, é o principal indicador físico de funcionalidade, pois, além de garantir autonomia, é necessária para as diversas fases do desenvolvimento humano.

Em rotinas de avaliação em academia, sua aplicação é exigência não apenas para verificação da capacidade neuromuscular, mas também para direcionamento da prescrição do treinamento.

4.2.1 Avaliação da força com aparelhos

As avaliações da força muscular com utilização de aparelhos são bem variadas: há desde aparelhos relativamente simples e fáceis de encontrar – como os utilizados na musculação e as barras fixas, comuns em academias, parques e praças –, aparelhos de custo um pouco maior e de aplicabilidade específica, como os dinamômetros, até equipamentos de custo altíssimo e com utilização especializada, como os equipamentos de avaliação isocinética.

Independentemente da sua facilidade de manuseio, do custo e da tecnologia envolvida, todo e qualquer protocolo para avaliação da força será sempre específico para avaliação de uma determinada região/grupamento muscular.

4.2.1.1 Teste de carga máxima (teste de uma repetição máxima ou 1 RM)

O teste de carga máxima é, certamente, a metodologia mais sensível e recomendada entre os testes de campo para apresentar respostas crônicas ao treinamento neuromuscular e indicar melhora na força muscular.

Consiste em encontrar, em um determinado aparelho/exercício, a carga máxima que podemos suportar em apenas uma repetição. O conceito de repetição única é de fácil entendimento: caso sejamos capazes de mobilizar certa carga por duas ou três repetições, obviamente esse peso não significará mais 100% da nossa capacidade máxima. O teste de 1 RM é recomendado apenas para pessoas que já tenham um grau mínimo de força muscular e, mais do que isso, a vivência prática e o conhecimento do plano motor do exercício. Outro fator importante é que o avaliado esteja organicamente favorável para o esforço máximo, com adequada nutrição e repouso. Você já experimentou fazer atividades físicas após uma noite mal dormida ou ainda com glicemia baixa ou com fome? Certamente sua *performance* foi comprometida.

O procedimento padrão sugere que, após um breve aquecimento, o indivíduo seja convidado pelo avaliador a mobilizar um determinado peso por duas repetições. O objetivo do teste, obviamente, é encontrar a carga máxima para apenas uma repetição, entretanto, recomenda-se que o avaliado seja provocado a fazer uma segunda repetição que, em tese, não deverá ser feita. Caso a segunda repetição seja possível, o teste deverá ser interrompido e uma nova manipulação das cargas será necessária, com pequenas elevações na resistência a ser mobilizada na segunda tentativa. O período de recuperação entre as tentativas deve ser em torno de três minutos.

Embora esse teste seja muito recomendado, a discussão sobre sua validade ainda gera muita controvérsia. A principal polêmica reside nos fatores circunstanciais que determinam o desempenho de força. Quando comparamos atletas e não atletas, essa condição se torna menos questionável. Em tese, um atleta apresenta um estilo de vida mais padronizado, em que os fatores determinantes no seu desempenho têm menor flutuação, como a dieta e o sono; porém, o aluno tradicional que encontramos numa academia, por exemplo, tem hábitos de vida mais diversificados, capazes de alterar de forma significativa seu desempenho físico. Em situações de estresse, desgaste orgânico ou desequilíbrio metabólico, o ser humano tende a significativa queda no desempenho neuromuscular, comprometendo o desempenho no teste de 1 RM.

Por isso, para garantir a confiabilidade, é imprescindível assegurar condições físicas satisfatórias na execução do teste. Um atleta ou aluno retornando à prática física regular logo após uma lesão talvez não esteja em condição recomendada para realização do teste; o mais recomendado seria passar por um breve processo de recondicionamento para, então, ser submetido ao teste de carga máxima.

O resultado do teste de 1 RM sugere a capacidade máxima voluntária de produzir trabalho muscular. Essa informação permite ao profissional de educação física estimar cargas proporcionais de treinamento em percentuais. Por exemplo, se um determinado aluno mobilizou uma carga de 50 kg no supino, ele poderá trabalhar com 80% da capacidade máxima de trabalho, ou o equivalente a 40 kg. O percentual de carga aplicado dependerá do objetivo momentâneo da periodização do respectivo aluno.

4.2.1.2 Teste de repetições máximas

O teste de repetições máximas, assim como o teste de carga máxima, é executado nos exercícios e aparelhos de musculação. Entretanto, diferente do anterior, a carga é fixa e o número de repetições feitas é que apresenta variação.

Escolhido o exercício, você deve estabelecer a carga e solicitar ao avaliado o número máximo possível de repetições, ou seja, até a falha funcional.

Estudos sugerem que o número de repetições máximas nesse teste seja próximo de 7 a 10, para conferir mais fidedignidade à predição (Reynolds; Gordon; Robergs, 2006; Whisenant et al., 2003).

Depois de registrada a carga tracionada e o número de repetições máximas executadas, é possível predizer a carga máxima do avaliado. Várias são as formas para esse cálculo, mas a mais utilizada é a de Brzycki (1993):

$$1RM = PT/(1{,}0278 - (0{,}0278 \times Rep))$$
PT = peso ou carga tracionada em kg
Rep = número total de repetições

Outra fórmula para cálculo da carga máxima parte do pressuposto de que a carga de trabalho tende a diminuir em torno de 2% a cada repetição em relação à repetição máxima. Essa relação sugere o cálculo da carga máxima por meio da seguinte fórmula, proposta por Adams (1994):

$$1RM = PT/((100 - (2 \times Rep))/100)$$

4.2.1.3 Teste de dinamometria

Testes de dinamometria são muito usados para avaliar o desempenho de força em condições laborais e, necessariamente, utilizam aparelhos específicos. Ultimamente, sua exigência em testes de aptidão física em concursos públicos tem apresentado mais frequência e os índices, teoricamente, devem estar de acordo com as demandas do cargo ou da função laboral.

O teste de dinamometria mais utilizado é o de preensão manual (ou dinamometria manual), por ser de fácil execução. O objetivo da preensão manual é avaliar a força gerada pelas mãos, punhos e antebraços. Acredita-se que ele tenha forte correlação com a força geral, tanto em crianças/adolescentes como em adultos.

O avaliado deve posicionar-se em pé, com afastamento lateral dos pés. Os braços devem estar em leve rotação medial, com as palmas das mãos voltadas para a coxa. Ao segurar na manopla do dinamômetro, a mão deverá estar em posição neutra. O avaliado, então, aplicará a maior força muscular possível na preensão manual, permanecendo com o cotovelo em extensão. Ao cessar a contração, o avaliado deverá colocar o seu braço em posição anatômica e flexionar o cotovelo, deixando claramente o visor do dinamômetro à mostra para o avaliador, que registrará a marca obtida.

O resultado pode ser representado pela melhor marca em três tentativas do braço dominante ou, ainda, pela soma entre a melhor marca obtida pelos braços direito e esquerdo. Um fator favorável ao desempenho é a regulagem da pegada ao tamanho da mão do avaliado.

O teste de dinamometria dorsal (ou lombar) é utilizado para verificar a aptidão muscular da região lombar. O avaliado posiciona-se em pé sobre uma plataforma própria do dinamômetro, com os joelhos em extensão completa e o tronco levemente flexionado. A empunhadura poderá estar em pronação ou mista (uma das mãos em pronação e outra em supinação). Partindo dessa posição, o avaliador solicitará que o indivíduo aplique a maior força muscular possível nos músculos da região lombar, no sentido de deixá-la ereta. Para melhor desempenho e segurança, recomenda-se manter toda a musculatura de cinturão abdominal e região pélvica em ativação motora.

Durante a realização do movimento, o candidato não poderá inclinar-se para trás ou realizar qualquer movimentação extra com braços e pernas, como flexão dos joelhos e/ou dos cotovelos. O desempenho no teste será registrado pela melhor marca entre três execuções.

O teste de dinamometria escapular é empregado na avaliação de força da região escapular ou torácica. O avaliado deverá colocar-se em pé com afastamento lateral das pernas. Tronco ereto, olhando para frente, segurando o dinamômetro na altura do peito com o visor voltado para frente, braços em abdução e cotovelos posicionados na altura dos ombros. Partindo dessa posição, deverá aplicar a maior força possível no sentido de afastar as mãos, lançando os cotovelos para trás e mantendo-os elevados.

Esse é um teste menos difundido e, por isso, muitos profissionais não o conhecem. Sua recomendação se dá para a avaliação de atividades laborais. Assim como nos testes anteriores, de dinamometria manual e dorsal, o desempenho será registrado pela melhor marca entre três execuções, considerando-se como referência a maior das marcas alcançadas.

Figura 4.1 Dinamometria manual, escapular (visão frontal e lateral) e dorsal (abaixo)

WatcharesHansawek/Shutterstock
Julimar Luiz Pereira

4.2.1.4 Teste de barra fixa

O teste de barra fixa é de complexidade motora baixa, mas de exigência motora relativa. Existem duas formas de testes na barra fixa: a mais difícil é **dinâmica**, que se constitui de uma tração na barra, e a outra forma de execução é **estática**, quando o avaliado mantém uma posição suspensa na barra, em isometria.

O teste de tração na barra fixa inicia-se com o avaliado suspenso na barra, com pegada livre (pronação ou supinação) e braços estendidos, mantendo o corpo na vertical e sem qualquer contato com o solo. O avaliador poderá auxiliar o avaliado para atingir a posição de início. Estabelecida a posição, sem qualquer balanceio adicional, o indivíduo flexionará simultaneamente os cotovelos até a passagem do queixo pela parte superior da barra. Em seguida, estenderá novamente os cotovelos até assumir a posição inicial. O avaliado deverá repetir o movimento tantas vezes quanto possível.

Figura 4.2 No sentido horário: fase inicial/final e passagem do queixo pela linha da barra. Na sequência, detalhe das pegadas em supinação e pronação

Movimentos incompletos, caracterizados pela não extensão dos cotovelos ou pela não passagem do queixo pela linha superior da barra, não devem ser computados. Ao avaliado, também não é permitido colocar os pés no chão ou apoiar o queixo na barra.

O teste de tração estática na barra fixa é uma modificação do teste anterior para possibilitar uma avaliação na barra fixa para mulheres, indivíduos com funcionalidade reduzida e sedentários. O avaliado dependura-se na barra, com pegada livre (pronação ou supinação) e com os braços flexionados, queixo posicionado acima da barra, olhar direcionado para o horizonte ou para cima, mantendo o corpo verticalizado e sem qualquer contato com o solo. O avaliador também poderá auxiliar o avaliado para atingir a posição de início. Estabelecida a posição, sem qualquer balanceio adicional, o indivíduo manterá a posição em isometria pelo maior tempo possível, após comando verbal do avaliador acusando o início da cronometragem do teste. O teste encerra quando não for mais possível manter o queixo por sobre a barra, terminando, assim, a cronometragem. O desempenho será dado pelo tempo total no qual o candidato conseguiu manter a posição estática.

4.2.1.5 Teste de avaliação isocinética

Nos testes de barra fixa, embora a pegada possa ser de livre escolha do avaliado, a posição em supinação tende a favorecer a ação motora, seja dinâmica, seja estática. Isso ocorre em função do melhor recrutamento da musculatura de cintura escapular e de braço e pela diminuição da dependência da musculatura de antebraço, que, teoricamente, é mais fraca e apresenta menor capacidade de força. Essa condição um pouco mais desfavorável é observada quando a execução do movimento é realizada com pegada em pronação.

Avaliações de força feitas em aparelhos isocinéticos são realizadas em planos uniaxiais, com velocidades angulares constantes, mas com resistência variável. De custo elevado, os ergômetros são acoplados a computadores e exigem um ambiente laboratorial satisfatório, além de avaliadores qualificados na condução dos testes.

Figura 4.3 Avaliação isocinética de futebolista profissional

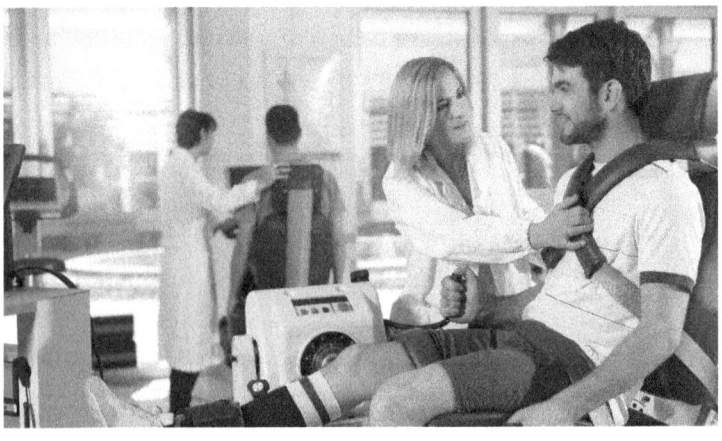

Procedimentos isocinéticos são recomendados para indivíduos em processo de reabilitação ou para identificar desequilíbrios funcionais bilaterais ou de grupos musculares antagônicos. Recentemente, os aparelhos passaram a ser utilizados no processo de treinamento para reequilíbrios musculares. Isso é possível porque a velocidade dos movimentos pode ser reproduzida e controlada conforme a necessidade.

Entre os resultados obtidos com o teste, destacamos déficits, picos de força e torques em diversas amplitudes de movimento de maneira segura e confiável. A execução do teste está condicionada a um protocolo padrão e a procedimentos como postura, fixação corporal e aquecimento (Baltzopoulos; Brodie, 1989). Em virtude da variabilidade, da complexidade e do volume das informações oferecidas pelo teste, recomenda-se o auxílio de um especialista familiarizado e qualificado para sua realização e interpretação dos dados alcançados.

4.2.2 Avaliação da força sem utilização de aparelhos

Avaliações da força muscular sem necessidade de aparelhos tendem a apresentar padrões motores simples e praticamente sem qualquer custo, portanto, acessível a maior parte das pessoas.

4.2.2.1 Teste de flexão de quadril em 60 segundos (teste "abdominal")

O teste de flexão de quadril em 60 segundos, também chamado de *teste de "abdominal"*, é um dos procedimentos avaliativos mais aplicados em todas as populações, atletas ou não atletas, saudáveis em todas as faixas etárias. Você, certamente, já deve ter vivenciado o teste propriamente dito ou uma atividade similar. O teste deve ser feito em terreno plano e confortável, preferencialmente, sobre um colchonete.

O indivíduo é colocado em posição decúbito dorsal, com o quadril flexionado, joelhos flexionados posicionados num ângulo de, aproximadamente, 90° na articulação do joelho e pés apoiados e fixados no chão pelo avaliador. Os pés podem estar afastados, porém esse afastamento não deve ultrapassar a largura do quadril. Os antebraços são cruzados sobre o tronco, de forma que a mão direita toque o ombro esquerdo e a mão esquerda toque o ombro direito. As mãos devem permanecer em contato com o corpo durante toda a execução dos movimentos, assim como manter o contato entre braços e peito.

O teste inicia com a parte média superior das escápulas apoiada no solo e, ao comando de início (verbal ou apito), a cronometragem de 60 segundos é iniciada, finalizando com o comando (verbal ou apito) e o travamento da cronometragem. O movimento realizado consiste na flexão do tronco até que os cotovelos toquem na região anterior proximal da coxa, retornando à posição inicial até que as escápulas toquem o solo, computando-se, assim, um movimento ou uma flexão. Caso não haja contato total das escápulas com o solo, o movimento estará incompleto e não será computado. Durante os 60 segundos em que o teste é realizado, o avaliado poderá parar ou diminuir a frequência de movimentos, mas a cronometragem não será pausada.

A Tabela 4.1, a seguir, apresenta os valores e a respectiva classificação para o desempenho no teste de flexão de quadril em 60 segundos, recomendado pelo YMCA/Associação Cristã de Moços.

Tabela 4.1 Classificação para o desempenho no teste de flexão de quadril em 60 segundos, conforme o número de repetições, em homens e mulheres pela faixa etária

Idade	15-19		20-29		30-39	
Sexo	H	M	M	M	H	M
Excelente	>38	>32	>35	>29	>29	>26
Muito bom	29-38	25-32	29-35	21-29	22-29	20-26
Bom	23-28	18-24	22-28	15-20	17-21	13-19
Fraco	18-22	12-17	17-21	10-14	12-16	8-12
Muito fraco	<22	<12	<25	<10	<23	<8

Idade	40-49		50-59		60-69	
Sexo	H	M	H	M	H	M
Excelente	>21	>23	>20	>20	>17	>16
Muito bom	17-21	15-23	13-20	11-20	11-17	12-16
Bom	13-16	11-14	10-12	7-10	8-10	5-11
Fraco	10-12	5-10	7-9	2-6	5-7	1-4
Muito fraco	<18	<5	<16	<2	<15	<1

Fonte: ACSM, 2000, p. 98.

Para verificação da resistência muscular localizada, utilizamos em pesquisas um índice de resistência para análise do desempenho no teste de flexão de quadril calculado com base no registro do número de flexões exatamente no meio do teste, no trigésimo segundo. Para esse procedimento, o cálculo em porcentagem poderá ser feito pela fórmula dada a seguir e um rendimento próximo de 100% indica que a resistência muscular está muito satisfatória. Valores de IR baixos, mas com alto número de

FQ no trigésimo segundo, podem sugerir um ótimo desempenho de potência.

IR = ((FQ60/FQ30)/2) × 100

FQ60 = número de flexões completas de quadril em 60 segundos

FQ30 = número de flexões completas de quadril em 30 segundos

Considerando dados observados em estudantes brasileiros, valores críticos de referência associados a risco de saúde foram desenvolvidos em função da faixa etária e do sexo no teste de flexão de quadril em 60 segundos e sugerem desempenho mínimo associado à aptidão física e saúde (Gaya; Gaya, 2016).

Tabela 4.2 Valores críticos para saúde no teste de flexão de quadril em 60 segundos, conforme a faixa etária (medida em centímetros), sugerido pelo Proesp-BR

Idade	Homens	Mulheres
6	20	20
7	20	20
8	20	20
9	22	20
10	22	20
11	25	20
12	30	20
13	35	23
14	35	23
15	35	23
16	40	23
17	40	23

Fonte: Gaya; Gaya, 2016, p. 17.

4.2.2.2 Teste de flexão de braço

O teste de flexão de braço obedece à execução motora do tradicional exercício de flexão de braços.

O avaliado deverá colocar-se em posição decúbito ventral e perpendicular ao solo. Mãos espalmadas e ponta dos pés apoiadas no solo. Tronco, quadril e membros inferiores alinhados. Abertura das mãos além da linha dos ombros. O movimento inicia com a flexão dos cotovelos até que o peito aproxime-se do solo e os ombros fiquem abaixo da altura dos cotovelos. Na sequência, deve ser feita a extensão dos antebraços, retornando à posição inicial. Deve-se ficar atento para que não haja contato do peito com o solo.

É possível fazer uma variação do movimento, recomendada para mulheres e crianças, apoiando os joelhos no chão. O desempenho final pode ser dado pelo maior número possível de repetições, independentemente do tempo, ou, ainda, pelo maior número de repetições em intervalo de tempo de 60 segundos. O número de repetições, assim como controle do tempo, se for o caso, deve ser feito pelo avaliador.

4.3 Avaliação da potência muscular

Potência pode ser definida como a maior taxa em que um determinado trabalho muscular é realizado na menor unidade de tempo (Knuttgen; Komi, citados por Komi, 2006). A potência pode se manifestar em um único movimento e de forma quase instantânea ou em um determinado torque da ação motora. Quanto mais próxima a ação estiver da sua potência máxima, tanto mais curta será sua duração.

Do ponto de vista da física clássica, a potência é um produto da força combinada com a velocidade. Esse conceito torna a avaliação da potência um pouco mais confusa, pois ora observamos forte manifestação da força muscular, ora da velocidade.

4.3.2.1 Teste de salto vertical (teste de impulsão vertical)

O teste de salto vertical é uma das práticas mais comuns para verificação da potência de membros inferiores, com grande aceitação em população de estudantes, atletas e não atletas. Os testes de impulsão vertical podem apresentar variações na sua execução, assim como a utilização ou não de aparelhagem. Independentemente da forma de execução, o objetivo dos testes de impulsão é quantificar a potência dos membros inferiores.

Na sua técnica motora, o que pode diferenciar, basicamente, na execução do salto vertical é o auxílio ou não dos braços. Em relação à forma de mensuração, a principal diferença reside, tradicionalmente, na utilização ou não de plataformas de força.

Na ausência da plataforma de força para saltos, o indivíduo deverá posicionar-se lateralmente a uma fita métrica fixada na parede e estender, ao máximo, o seu braço ao lado do corpo, com a palma da mão voltada para a parede, e marcar a altura máxima que ele atinge mantendo a ponta dos pés no chão. Essa marca pode ser feita com a ponta dos dedos sujas com pó de giz para marcação na parede. Registrada a altura total, o avaliado, partindo da posição anterior, deverá flexionar os joelhos, aproximando o quadril do chão, e executar o maior salto possível com extensão total e ajuda dos braços, no que se chama de *contramovimento*, procurando atingir o ponto verticalmente mais alto possível e distante da marca de sua altura total. Deverão ser feitas três tentativas e o ponto mais alto alcançado entre elas será considerado como indicativo de desempenho no teste.

Na presença de uma plataforma de saltos – equipamento de razoável custo e acoplado a um sistema informatizado – poderá ser feito o mesmo padrão motor do salto com contramovimento (ajuda dos braços), mas sem a necessidade de se identificar a altura total nem de fita métrica fixada na parede. Nesse caso, o avaliado posiciona-se sobre a plataforma de salto, pés paralelos em afastamento lateral, e realiza o salto.

Poderá ser realizada uma variação com o salto acontecendo sem ajuda dos braços; nesse caso, a posição inicial é a mesma, mas o avaliado mantém as mãos posicionadas na cintura.

O teste de salto vertical possibilita o cálculo da potência de salto (PS) em watts gerada no movimento com as fórmulas propostas por Sayers et al. (1999), para a população em geral, ou por Amonette et al. (2012), para crianças e adolescentes. Vejamos:

$$PS = (60{,}7 \times IV) + (45{,}3 \times MC) - 2055 \text{ (Sayers et al., 1999)}$$
$$PS = (63{,}6 \times IV) + (42{,}7 \times MC) - 1865{,}5 \text{ (Amonette et al., 2012)}$$

Em que:

IV = impulsão vertical em cm
MC = massa corporal em kg

Recentemente, a Apple criou um aplicativo para a linguagem IOS capaz de mensurar a potência e a impulsão geradas no salto vertical por meio da filmagem do movimento por iPhone, iPod, ou iPad, associada a outras variáveis, como a massa corporal e outras medidas antropométricas. A metodologia foi cientificamente validada, é motivante e surge como uma opção mais acessível para os proprietários dos aparelhos mencionados (Gallardo-Fuentes, 2015).

4.3.2.2 Teste de salto horizontal

Com uma natureza bem parecida com o salto vertical, o teste de salto ou impulsão horizontal é bem simples, o que atrai muito as crianças para sua realização. Seu objetivo é, basicamente, avaliar a potência muscular de membros inferiores.

O indivíduo deve estar posicionado parado, com os pés paralelos, atrás de uma linha demarcada no solo. Quando sentir-se à vontade, o avaliado deverá, com um único impulso, projetar o mais distante possível o seu corpo à frente. Recomenda-se que, para auxiliar na execução, o avaliado lance os braços à frente, procurando projetar ainda mais a cintura escapular e o tronco, visto que seu desempenho será estimado pela região corporal mais próxima que tocar o solo, registrado em metros ou centímetros.

Nossas experimentações têm indicado uma alta correlação entre os testes de salto horizontal e vertical em estudantes, sugerindo a opção por apenas um deles. Se, para o horizontal, pesa o fato de ter uma execução motora mais fácil, para o vertical, favorece o fato de possibilitar o cálculo da potência muscular dos membros inferiores de forma mais direta.

4.4 Avaliação da flexibilidade

"Flexibilidade pode ser definida como a amplitude de movimento de uma articulação isolada ou uma série de articulações" (Borms; Van Roy, citados por Eston; Reilly, 2009, p. 117). É indiscutível que uma boa flexibilidade é necessária para o bom desempenho desportivo, assim como para manter a capacidade de movimento satisfatória às atividades diárias. Amplitude de movimento comprometida pode depreciar a técnica, acarretar maior desgaste energético e, segundo alguns estudiosos, aumentar a probabilidade de lesões.

As avaliações da flexibilidade podem ser classificadas em três tipos: angulares, lineares e adimensionais. A seguir, você conhecerá cada um deles.

4.4.1 Avaliações angulares

Avaliações angulares calculam a medida da flexibilidade em graus, por meio de aparelhos, entre os quais o principal é o goniômetro.

4.4.1.1 Goniometria

O goniômetro é um aparelho que permite medir o ângulo máximo observado entre dois segmentos corporais. O instrumento consiste em dois braços, um fixo e outro móvel, associados a uma escala circular de 360°.

De maneira geral, cada um dos braços do aparelho acompanha cada um dos dois segmentos. Ao alcançar a amplitude máxima, a grandeza alcançada em graus é registrada. Considere que, para a adequada classificação, cada articulação apresenta referências conforme o plano e o sentido do movimento.

Entre as vantagens da goniometria, estão: a simplicidade, o custo relativamente baixo, a adequação e a aplicabilidade à grande maioria das articulações corporais.

A tecnologia dos *smartphones* oferece hoje várias alternativas de aplicativos ao goniômetro tradicional, que fazem a leitura da amplitude articular mensurada em graus por meio de sensores de movimento ou, ainda, pela captação da imagem em tempo real pela câmera do aparelho celular, apresentando validade e confiabilidade muito alta. Versões podem ser encontradas tanto para o sistema Android como para o IOS (Wellmon et al., 2016).

4.4.2 Avaliações lineares

Avaliações lineares medem a flexibilidade em uma escala de distância e são as mais utilizadas pelo baixo custo, pela praticidade e pela facilidade na aplicação.

4.4.2.1 Teste de sentar e alcançar – Banco de Wells e Dillon

O teste de sentar e alcançar, também conhecido como *Banco de Wells*, é certamente um dos procedimentos avaliativos mais populares e antigos utilizados até hoje. O teste foi proposto no início dos anos 1950 para avaliar estudantes do Wellesley College, em Wellesley, Massachusetts, Estados Unidos, pelas professoras de Higiene e Educação Física PhD Katharyne F. Wells e PhD Evelyn K. Dillon.

Como a denominação já descreve, é um "banco" posicionado contra o chão, sobre o qual o avaliado flexiona seu tronco e quadril buscando avaliar a mobilidade da região posterior de tronco e quadril.

Figura 4.4 Banco de Wells e Dillon

Conforme Wells e Dillon (1952) descrevem, o avaliado deve sentar-se no solo, colocar a planta dos pés em contato direto com a base do banco e, mantendo extensão completa dos joelhos, flexionar tronco e quadril projetando os braços à frente, colocar as mãos lado a lado e afastá-las o mais distante possível do tronco. As mãos deverão mover uma peça sobre uma escala em centímetros para registro da marca mais distante possível. O movimento deverá ser executado quatro vezes e a quarta e última tentativa deverá ser registrada como indicadora do desempenho (Wells; Dillon, 1952).

Em relação ao desempenho considerado para o teste de sentar e alcançar, existem duas escalas relatadas para o banco. Em uma delas, o ponto que coincide com a linha dos pés encontra-se em 26 cm; em outra, a escala coincide na linha dos pés em 23 cm. A primeira é o padrão considerado para a tabela original do YMCA, apresentada a seguir, embora seja muito comum encontrar, no Brasil, bancos com a referência de 23 cm. Caso se utilize um instrumento com essa característica, deve-se subtrair 3 centímetros do valor classificado na Tabela 4.3.

Tabela 4.3 Classificação para o desempenho no teste de sentar e alcançar em homens e mulheres, conforme a faixa etária em centímetros

Idade	20-29		30-39		40-49		50-59		60-69	
Sexo	H	M	H	M	H	M	H	M	H	M
Excelente	>39	>40	>37	>40	>34	>37	>34	>38	>32	>34
Muito bom	34-39	37-40	33-37	36-40	29-34	34-37	28-34	33-38	25-32	31-34
Bom	30-33	33-36	28-32	32-35	24-28	30-33	24-27	30-32	20-24	27-30
Fraco	25-29	28-32	23-27	27-31	18-23	25-29	16-23	25-29	15-19	23-26
Muito fraco	<25	<28	<23	<27	<18	<25	<16	<25	<15	<23

Fonte: ACSM, 2000, p. 107.

Considerando dados observados em estudantes brasileiros, valores críticos de referência, associados a risco de saúde, foram desenvolvidos em função da faixa etária e do sexo (Gaya; Gaya, 2016).

Os valores apresentados na Tabela 4.4 sugerem desempenhos mínimos esperados para a faixa etária.

Tabela 4.4 Valores críticos para saúde no teste de sentar e alcançar, conforme a faixa etária (medida em centímetros), sugerido pelo Proesp-BR

Idade	Homens	Mulheres
6	29,3	21,4
7	29,3	21,4
8	29,3	21,4
9	29,3	21,4
10	29,4	23,5
11	27,8	23,5
12	24,7	23,5
13	23,1	23,5
14	22,9	24,3
15	24,3	24,3
16	25,7	24,3
17	25,7	24,3

Fonte: Gaya; Gaya, 2016, p. 17.

Os indicadores de desempenho apresentados na Tabela 4.4 podem ser aplicados em ambientes esportivos e, principalmente, em rotinas de avaliação próprias da educação física escolar. Além disso têm como ponto positivo o fato de ser uma referência desenvolvida pelos pesquisadores do Projeto Esporte Brasil (Proesp-BRQ) com uma população brasileira. A bateria de teste do Proesp-BR e sua caracterização serão apresentadas e discutidas no Capítulo 6.

4.4.3 Avaliações adimensionais

Avaliações adimensionais calculam a medida da flexibilidade num conceito por observação e comparação baseadas em um protocolo padrão, podendo ainda constituir um resultado produto de várias mensurações em segmentos distintos. Sua aplicação é simples, porém exige bastante atenção e padronização nos procedimentos.

Há uma grande variedade de testes caracterizados como adimensionais, sendo que boa parte deles é bem específica, como o teste de Thomas, que foca a mobilidade dos músculos flexores do quadril (Kendall et al., 2007), enquanto alguns protocolos refletem um somatório da amplitude em diversos segmentos, caso do flexiteste, desenvolvido pelo brasileiro Claudio Gil Soares de Araújo. O flexiteste consiste em atribuir uma pontuação entre 0 e 4 para cada um de 20 movimentos – oito nos membros superiores, três para o tronco e nove nos membros inferiores – e que, posteriormente, geram um valor final indicativo da flexibilidade geral, o flexíndice (Araújo, 2005).

4.4.3.1 *Functional Movement Screen*

O *Functional Movement Screen* (FMS) é uma nova proposta de avaliação da mobilidade por meio da identificação de padrões normais de amplitude ou possíveis encurtamentos. A proposta do FMS é identificar condições inadequadas de mobilidade que possam provocar limitações funcionais ou predisposição de lesões em atletas. Segundo seus autores, o FMS é uma ferramenta de aplicação rápida e simples, desenvolvida nas interações entre a mobilidade e a estabilidade das cadeias cinéticas necessárias à execução de movimentos com padrão funcional (Cook; Burton; Hoogenboom, 2006). Um elemento positivo da metodologia é que, caso condições insatisfatórias sejam observadas, há a recomendação de exercícios corretivos para se atingir a funcionalidade satisfatória.

A metodologia é composta da avaliação de sete movimentos funcionais em uma escala que vai de 0 a 3 pontos, resultando num escore entre 0 e 21 pontos representativos da aptidão neuromuscular associada à mobilidade. Estudos com grupos específicos de atletas seguem no sentido de apontar para um escore representativo de desempenho satisfatório ou para um risco maior de lesões ou comprometimento da *performance* (Teyhen et al., 2012).

O protocolo vem sendo muito difundido entre *personal trainers*, fisioterapeutas e no ambiente de academias e preparação física, que aprendem o método por meio de cursos e de rotinas de treinamento próprias. Os sete movimentos funcionais considerados na avaliação FMS são:

- *in-line lunge*
- *hurdle step*
- *deep squat*
- *quadruped rotary stability*
- *active straight leg raise*
- *shoulder mobility*
- *trunk stability push-up*

4.5 Avaliação da agilidade e do equilíbrio

Testes para avaliar a agilidade são comuns na maior parte das baterias de testes propostas; entretanto, mensurar essa capacidade motora não é uma tarefa tão simples, pois ela sofre influência de outras capacidades, como a velocidade, o equilíbrio e, principalmente, a coordenação. O repertório motor e as experiências vivenciadas por cada indivíduo também serão um fator determinante no desempenho final de agilidade.

Testes específicos são desenvolvidos em diversas modalidades, mas, de forma geral, incluem distâncias curtas, percorridas em intensidade máxima, com mudanças de direção e variação na altura do centro de gravidade, além de poder agregar movimentos próprios do esporte.

Curiosamente, quando comparadas, populações de não atletas, crianças e adolescentes tendem a apresentar um desempenho superior ao de adultos nos testes de agilidade (Bianco et al., 2015).

4.5.1 Testes generalistas

Os testes generalistas quase sempre são esquematizados no modelo *shuttle run*, em que o indivíduo deve correr em vai e vem um determinado percurso, e podem ainda envolver a manipulação de algum objeto. Esses testes avaliam a agilidade geral e, curiosamente, são exigidos em testes de aptidão física (TAFs) para concursos públicos ou funções associadas à segurança pública, como policiais. Alguns profissionais sugerem essas práticas também para verificação e testagem da prontidão motora.

4.5.1.1 Teste de *shuttle run* em 9,14 metros

O *shuttle run* em 9,14 metros (ou *10 jardas*) é o teste mais empregado mundialmente para avaliação da agilidade. Sua execução é simples e consiste, basicamente, em percorrer quatro idas e voltas em uma distância de 9,14 metros, sendo que, nos dois retornos, o avaliado traz consigo dois bastões ou tacos de madeira.

O avaliado deverá se posicionar atrás de uma linha inicial e largar em velocidade máxima, em direção a uma segunda linha, distante 9,14 metros da primeira, onde estarão colocados, no solo, os dois objetos. De posse de um bastão/taco, deverá retornar à linha inicial, onde colocará o primeiro objeto. Sequencialmente, deverá repetir mais uma vez o vai e vem para buscar o segundo objeto.

O desempenho no teste será dado pelo tempo total compreendido entre o início do teste e a colocação do segundo bastão/taco logo atrás da marca inicial, cronometrado em segundos. Importante registrar que o objeto não poderá ser jogado, mas, sim, colocado no chão.

4.5.1.2 Teste de *shuttle run* em 4×10 metros

A execução do teste de *shuttle run* em 4×10 metros é muito similar ao anterior; da mesma forma, há um circuito de vai e vem repetido duas vezes, com o tempo de realização registrado em segundos. As diferenças estão na distância, agora de 10 metros, e no fato de que não será utilizado bastão/taco, mas três esponjas. As esponjas deverão ser colocadas da seguinte forma: uma logo atrás da linha inicial (esponja 2) e duas atrás da segunda linha (esponjas 1 e 3).

O avaliado deverá sair em velocidade máxima do ponto inicial, correr até a segunda linha, pegar a esponja 1 e voltar, deixando-a atrás da linha inicial. Logo em seguida, deverá pegar a esponja 2, levando-a até a segunda linha, colocá-la no chão e pegar a esponja 3, levando-a até a linha inicial. Não é permitido lançar a esponja, mas, sim, colocá-la no chão.

A cronometragem do tempo, indicadora do desempenho em segundos, deve iniciar na passagem dos pés pela linha inicial e terminar logo após a passagem dos pés na entrega da esponja 3, atrás da linha. Como podemos observar, o avaliado terá corrido por 40 metros com três trocas de direção.

4.5.1.3 Teste de agilidade de Illinois

O teste de agilidade de Illinois é muito conhecido e, assim como o *shuttle run* em 9,14 metros, é muito difundido mundialmente no que se refere à *agilidade*. Sua aplicação no ambiente escolar, nas mais diversas faixas etárias, é muito comum na América do Norte. Assim como os outros testes para mensuração da agilidade, têm dinâmica relativamente simples, embora sua duração seja um pouco mais longa do que os anteriores, porque há a combinação de deslocamentos em linha reta e em zigue-zague.

Duas linhas determinam a distância de 10 metros a ser percorrida. O ponto de início deverá estar a 5 metros do ponto de finalização do teste e, entre essa distância, deverão ser posicionados quatro cones, sendo um sobre cada uma das linhas demarcatórias e os outros dois dispostos a cada intervalo de 3,30 metros.

O avaliado deverá iniciar correndo em vai e vem e em linha reta; após essa primeira etapa, deverá correr entre os cones em vai e vem; depois, iniciar um terceiro deslocamento, em vai e vem e em linha reta como o primeiro. Ao final do teste, o tempo total será registrado em segundos. Como você pode observar, a distância total percorrida pelo avaliado é de, aproximadamente, 60 metros, apontando para um volume de movimentação um pouco superior aos testes anteriores, mas sua execução é relativamente simples e não exige qualquer equipamento sofisticado, a não ser a cronometragem.

Na Figura 4.5, você verá a representação esquemática e imagens do teste de agilidade de Illinois.

Figura 4.5 Representação esquemática do teste de agilidade de Illinois e disposição das marcações em quadra polidesportiva

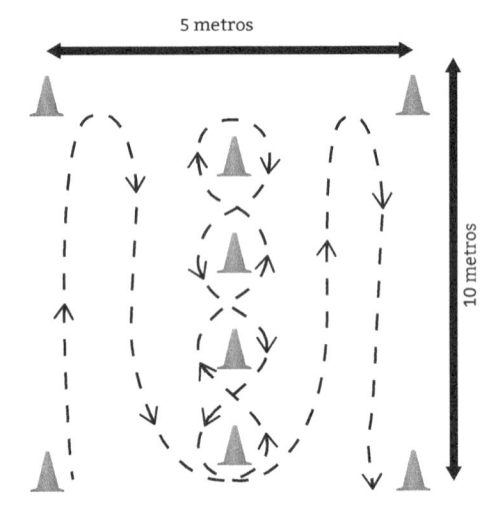

4.5.1.4 Teste T 10/5/5

Assim como os anteriores, o teste T é um procedimento avaliativo da agilidade bem simples e, basicamente, com os mesmos princípios. A trajetória percorrida pelo avaliado, sempre em velocidade máxima e buscando o menor tempo possível, tem o formato da letra T, como você observará na Figura 4.6, a seguir.

O avaliado deve correr, inicialmente, 10 jardas (ou 9,14 metros) em direção ao cone 2; mudar de direção 90° à esquerda, percorrendo 5 jardas (ou aproximadamente 4,5 metros) em direção ao cone 1; girar 180° e correr 10 jardas em direção ao cone 3; girar 180° e correr 5 jardas em direção ao cone 2 e, em seguida, virar 90° e retornar ao ponto inicial (P.I.), percorrendo, por fim, o último trecho de 10 jardas.

Deve-se dar especial atenção à passagem pela marca final do teste, pois muitos avaliados tendem a desacelerar poucos metros antes do término. Para evitar essa desaceleração, sugerimos orientar o avaliado para concluir o teste em máxima movimentação, inclusive, deixando um espaço para "escape" ao final do circuito. Essa recomendação também pode ser aplicada aos testes nateriores.

É preciso atentar que as medidas originais do teste são em jardas – embora comumente se observe a aplicação do teste fazendo a incorreta conversão de 1 jarda = 1 metro –, considerando que 1 jarda equivale a 0,914 metro.

Figura 4.6 Representação esquemática do teste T 10/5/5

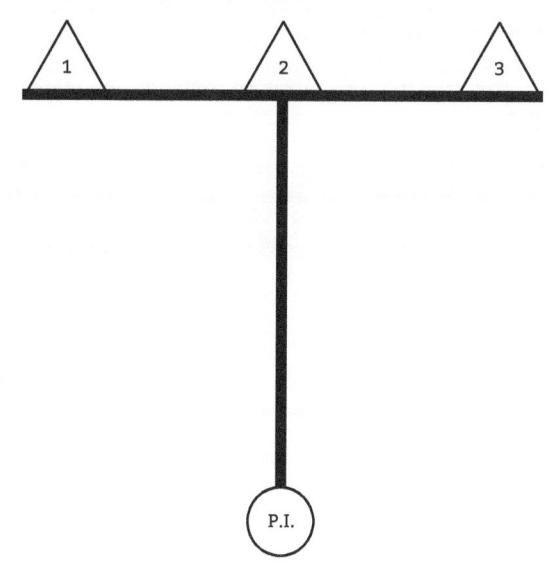

4.5.2 Testes específicos

Os testes específicos de agilidade são direcionados para observar o desempenho motor similar ao da prática esportiva específica. Podem ser feitos com elementos técnicos de modalidades ou ainda envolvendo corridas multidirecionais, comuns aos esportes coletivos. Eventualmente, podem ser utilizados materiais próprios do esporte, como bolas e raquetes.

Um bom exemplo é a aplicação do teste T em tenistas, em que raquetes são utilizadas para realizar o toque nas marcas limítrofes demarcadas no solo ou por minicones.

Os testes específicos de agilidade são estruturados em ações de velocidade combinadas com mudança de direção, sendo que um dos desafios é propor e viabilizar testes que também considerem ações multidirecionais e com possibilidades distintas de tomadas de decisão, além de velocidade reativa do tipo *stop and go*.

Os estímulos para as tomadas de decisão nos testes de agilidade podem ser de três tipos: luminoso, por vídeo ou humano. O Quadro 4.1, a seguir, apresenta características de cada uma dessas formas, indicando o ambiente mais propício para sua utilização (laboratório ou campo).

Quadro 4.1 Característica dos testes de agilidade em relação à tomada de decisão

Tipo	Medida	Confiabilidade	Validade	Local	Usar como ferramenta de tratamento
Luminoso	Tempo de reação	Moderada	Baixa	Campo ou laboratório	Recomendado
	Precisão na resposta				
Vídeo	Escolha visual	Moderada	Moderada	Laboratório	Não recomendado
	Tempo de decisão				
	Tempo do movimento				
	Precisão na resposta				

(continua)

(Quadro 4.1 – conclusão)

Tipo	Medida	Confiabilidade	Validade	Local	Usar como ferramenta de tratamento
Humano	Escolha visual Tempo de decisão Tempo do movimento Precisão na resposta	Moderada	Alta	Campo ou laboratório	Pouco recomendado

Fonte: Paul et al., 2016, p. 432, tradução nossa.

4.5.2.1 Teste de agilidade 5-10-5 – Pró-Agility – Teste I

O teste 5-10-5, também conhecido como *Pró-Agility* ou *teste I*, é um procedimento para avaliação da agilidade em esportes que envolvem mudança de direção, sendo muito utilizado em bateria de testes para futebol americano ou *rugby*. Consiste, basicamente, em três *sprints* com mudanças de direção a serem realizados no menor tempo possível.

Partindo do cone central 1, o avaliado deverá, numa mesma linha reta de 10 jardas (aproximadamente, 9 metros), correr de frente para sua direita por 5 jardas (aproximadamente 4,5 metros); ao chegar no cone lateral 2/linha demarcatória com os pés e tocar com as mãos, fazer um giro de 180° e correr até a outra extremidade (aproximadamente 9 metros), tocar no cone 3 com pés e mãos, executar um giro de 180° e retornar, em corrida de velocidade, até o ponto inicial, o cone 1.

Na Figura 4.7, você poderá observar como a disposição dos cones é bem simples.

Figura 4.7 Representação esquemática do teste 5-10-5

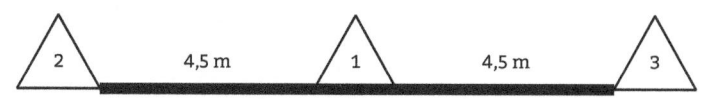

△ 2   4,5 m   △ 1   4,5 m   △ 3

4.5.2.2 3-cone *drill test*

O 3-cone *drill test* também é um teste muito utilizado em esportes coletivos ou naqueles em que há constante variação de direção, como futebol americano, *rugby*, beisebol e tênis. Consiste, basicamente, numa sequência de seis *sprints* em velocidade máxima, com mudanças de direção no menor tempo possível. Na Liga Nacional de Futebol Americano, o 3-cone *drill* é utilizado para avaliação de atletas e, principalmente, na seleção de talentos.

A Figura 4.8 apresenta um esquema do posicionamento de três cones dispostos em formato de L e distantes 5 jardas (aproximadamente 4,5 metros), com suas respectivas numerações.

Figura 4.8 Representação esquemática do 3-cone *drill test*

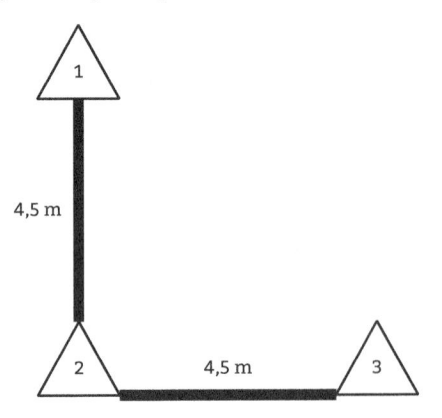

A sequência do teste é toda em corrida de velocidade. O avaliado inicia do cone 1 em vai e vem até o cone 2; retorna, então, ao cone 2, passa por trás da marcação e segue em direção ao cone 3, circula por trás dele e retorna, na sequência, ao cone 2, circulando-o por trás e seguindo até o ponto inicial no cone 1.

4.5.3 Avaliação do equilíbrio

O equilíbrio é a capacidade de permanecer ereto e estável quando parado, sentado ou em movimento. Ele pode ser avaliado com o corpo em estabilidade ou em uma base de suporte, em posição estática ou em movimento. A qualificação do equilíbrio pode ser feita de forma direta, com recursos laboratoriais, em que se analisa o centro de massa do corpo em relação a uma base. Entretanto, normalmente, utilizamos metodologias indiretas por meio de observações ou de testes objetivos, envolvendo atividades funcionais (Howe et al., 2011).

As aplicações de testes de equilíbrio são mais comuns em crianças e idosos, sendo que existem diversas baterias de testes buscando avaliar o equilíbrio como um elemento dentro da capacidade motora geral. Entre essas baterias, podemos indicar o KTK, certamente o mais utilizado mundialmente, proposto por Kiphard e Schilling (1974), tendo como referência crianças e adolescentes alemães na faixa etária de 5 a 15 anos.

Destacamos também o Teste de Desenvolvimento Motor Grosso/*Test of Gross Motor Development*/TGMD e sua respectiva revisão de Ulrich (1985, 2000) e a Bateria de Avaliação do Movimento para Crianças/ *Moviment Assessment Battery for Children*-2/MABC-2, de Henderson, Sugden e Barnett (1992). Diante de sua natureza específica, esses protocolos não serão abordados em detalhes.

4.5.3.1 Testes estáticos

Os testes estáticos são protocoloso que não envolvem locomoção do avaliado, tendo ao menos um dos pésfixos/apoiados no chão, avaliando assim o padrão de equilíbrio estático ou parado.

Teste de equilíbrio do flamingo

O Teste de equilíbrio do flamingo é uma avaliação muito utilizada no desempenho motor de populações escolares. Sua aplicabilidade foi popularizada, principalmente, por fazer parte do Eurofit.

Na posição assumida no teste do flamingo (ver Figura 4.9) o avaliado deve se colocar numa posição unipedal sobre uma barra/trave de madeira com comprimento de 50 cm, altura de 4 cm e largura de 3 cm. Com um dos pés sobre a barra, o indivíduo deverá manter a outra perna flexionada, com o pé praticamente em contato com os glúteos, mantido nessa posição suspenso pela mão. As coxas devem manter o contato durante todo o teste. Para assumir a posição, o avaliador auxiliará com as mãos o avaliado e o teste inicia-se quando houver a separação das mãos. Iniciado o teste, o indivíduo deverá manter a posição pelo tempo total determinado; caso ele perca o equilíbrio, o cronômetro será travado e, após retomar o equilíbrio, nova tentativa terá início até que a manutenção da posição se dê durante todo o tempo previsto e sem interrupção.

Entenda-se por *perda de equilíbrio*, ou *instabilidade*, a perda de contato entre as coxas ou do toque no chão por qualquer parte do corpo. Para cada perda de equilíbrio é registrada uma penalidade e, na possibilidade de ocorrerem 15 instabilidades em 30 segundos, o grau registrado será zero.

A execução clássica do teste do flamingo tem a duração de 1 minuto, entretanto, uma variação tem proposto a redução do tempo do teste para 30 segundos. A verificação do desempenho é dada pelo número de instabilidades apresentadas pelo avaliado na posição estática e característica do teste (Fjortoft, 2000).

Figura 4.9 Posição do flamingo

4.5.3.2 Testes dinâmicos

Diferentes dos estáticos, os testes dinâmicos estão associados com a movimentação do avaliado, prevalecendo quase sempre um padrão motor de caminhada na sua execução, avaliando assim o equilíbrio em movimento, que pode ser associado a inúmeras técnicas desportivas.

- Teste da caminhada na trave de equilíbrio

O teste da caminhada na trave de equilíbrio normalmente é realizado em deslocamento para frente, entretanto, na bateria do KTK, o deslocamento ocorre para trás. Assim como o padrão é sua realização sob o aparelho trave de equilíbrio, comum às práticas da ginástica artística.

Para a realização do teste na trave de equilíbrio, o avaliado deverá subir na barra e percorrê-la de ponta a ponta, sem cair do aparelho. Não é permitido, após estar em pé sobre a barra, qualquer contato das mãos com os aparelhos, a não ser para descer, depois de concluído o teste.

Figura 4.10 Teste de caminhada na trave de equilíbrio

Caso seja considerada a trave de equilíbrio para realização do teste, as dimensões são de 5 metros de comprimento por 10 centímetros de largura. A altura oficial é de 1,25 metros, embora se observem variações nessa medida que passam por 1 metro e podem chegar apenas a poucos centímetros acima do solo.

Síntese

A avaliação do componente neuromuscular é composta pela observação do desempenho integrado dos sistemas nervoso e muscular. Sua aplicação é uma das mais importantes quando nos referimos à autonomia e à qualidade de vida, assim como para a aptidão desportiva.

Essa categoria a envolve avaliação isolada dos seguintes indicadores funcionais: força, velocidade, potência, flexibilidade, equilíbrio e agilidade. Certamente, dos indicadores abordados neste livro, esses são os que apresentam maior evolução e resposta, sugerindo grande sensibilidade ao treinamento físico orientado, principalmente quando nos referimos à força e à potência, por isso esperamos que você tenha compreensão dessa condição.

Em razão de sua importância, cuidados minuciosos devem ser considerados em suas rotinas de aplicação, assim como sua inserção na periodização do treinamento deve ser bem planejada.

⦀ Atividades de autoavaliação

1. Considerando a prática desportiva de alto rendimento, assinale a alternativa que indica uma ação motora que menos caracteriza um desempenho neuromuscular:

    a) Os saltos no atletismo.
    b) O agachamento na musculação.
    c) A corrida de 100 metros.
    d) A suspensão na barra fixa.
    e) A corrida numa ultramaratona.

2. Em relação às avaliações de velocidade, assinale a alternativa correta:

    a) Testes de *sprints* repetidos não apresentam relevância no contexto da grande maioria dos esportes coletivos.
    b) Avaliações da velocidade acíclica envolvem, obrigatoriamente, a utilização de instrumentos sofisticados e *softwares* caros.
    c) Antes do procedimento avaliativo, não se recomenda um aquecimento composto por breves ativações neuromusculares.

d) A opção por uma determinada distância para avaliação da velocidade cíclica depende das características da modalidade desportiva.

e) Avaliações de velocidade são recomendadas apenas para as modalidades cíclicas.

3. Assinale a alternativa que indica um teste **não utilizado** nas avaliações da força muscular:

   a) Dinamometria manual.
   b) Dinamometria dorsal ou lombar.
   c) Teste de carga máxima.
   d) Dinamometria escapular.
   e) Teste de sentar e alcançar.

4. Considerando sua praticidade, podemos afirmar que o teste mais recomendado para avaliações da potência em crianças e adolescentes é:

   a) salto vertical.
   b) avaliação isocinética.
   c) teste de carga máxima.
   d) teste de Wingate.
   e) teste de repetições máximas.

5. Em relação à associação entre tipos de teste para avaliação da flexibilidade, assinale a alternativa correta:

   a) Banco de sentar e alcançar/adimensional.
   b) *Functional Movement Screen*/linear.
   c) Goniometria/adimensional.
   d) Flexiteste/adimensional.
   e) Teste de Thomas/angular.

ııı Atividades de aprendizagem

Questões para reflexão

1. Na sua opinião, quais as limitações genéticas para a manifestação dos diferentes componentes neuromusculares? Até que ponto as características determinadas geneticamente limitam ou favorecem a prática desportiva, tanto no alto rendimento como na prática amadora? Como podemos lidar com possíveis favorecimentos nas práticas com crianças e adolescentes, frequentes no ambiente escolar?

2. Considerando suas características, as modalidades desportivas apresentam diferentes importâncias para os componentes neuromusculares. Junto com seus colegas, citem 10 modalidades e atribuam graus de importância (muito importante, moderada importância, pouca importância) para cada um dos componentes neuromusculares nas modalidades mencionadas. Caso haja discordância entre os colegas, defenda seu ponto de vista!

Atividade aplicada: prática

1. Em grupos de até quatro colegas, realizem, entre si, duas avaliações de força muscular de diferentes grupos musculares, assim como uma avaliação de potência ou de flexibilidade. Em relação ao teste de carga máxima, procure conversar com profissionais que trabalham em atividades neuromusculares, como a musculação, e indague-os sobre a utilização desse teste em suas rotinas diárias e qual valor eles atribuem a esse procedimento avaliativo.

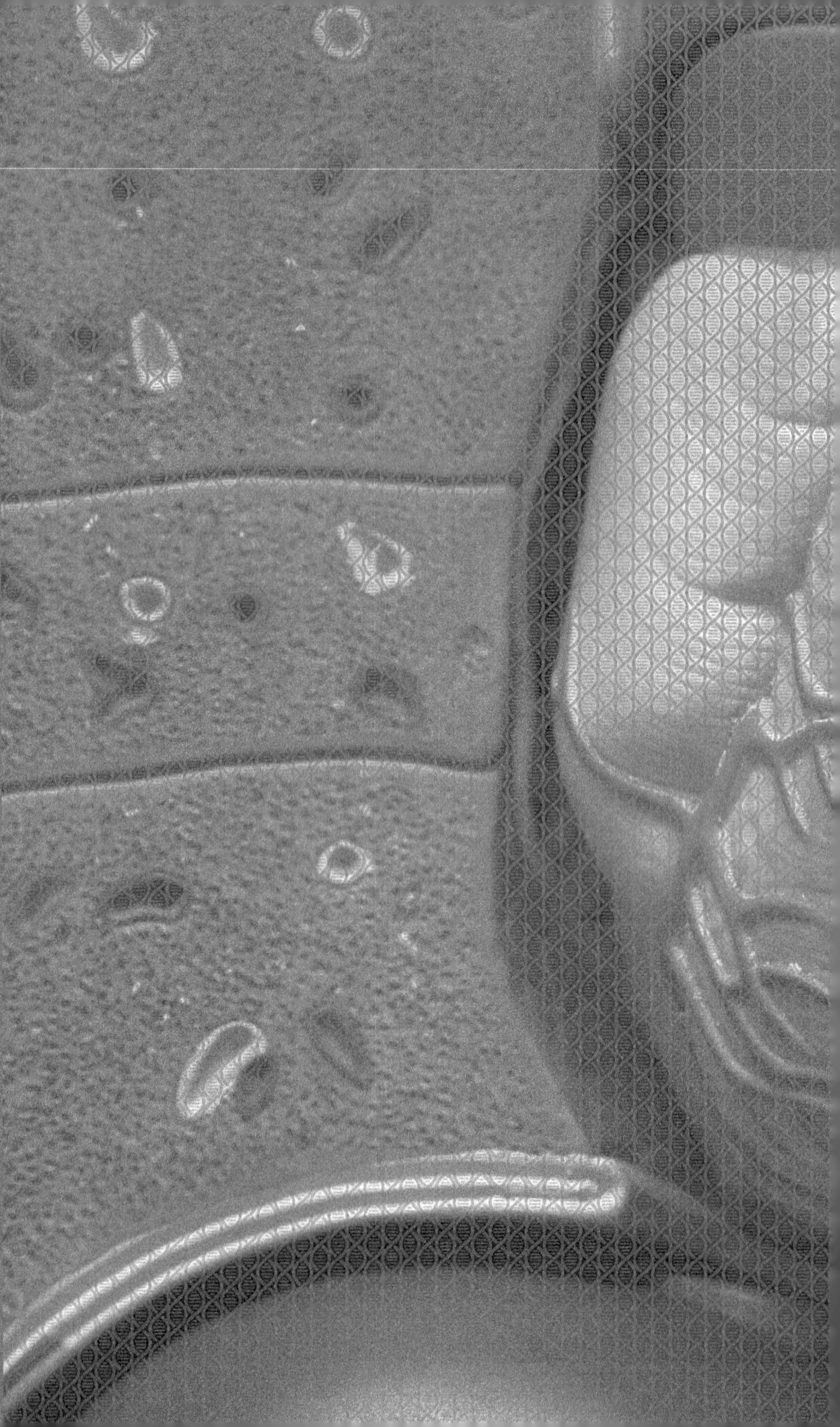

Capítulo 5

Avaliação do componente cardiovascular

É comum ouvirmos as pessoas dizerem que determinado indivíduo está bem ou mal preparado fisicamente. Os testes que veremos a seguir procuram qualificar essa condição do avaliado.

Neste capítulo, abordaremos as avaliações metabólicas, que consistem em observar e qualificar, por meio de protocolos previamente desenvolvidos e validados, as respostas orgânicas agudas ao esforço de longa, moderada e curta duração. Você aprenderá a identificar, organizar e executar os testes aeróbios e anaeróbios, bem como discutir seus resultados na perspectiva da saúde e do alto rendimento.

Os testes nos quais predominam as vias bioenergéticas oxidativas são chamados de **aeróbios** e sua duração é bem superior a dois minutos; podem estar ligados ao desempenho de alto rendimento, mas são bastante associados à saúde orgânica.

Os testes nos quais predominam a dependência bioenergética glicolítica são chamados de **anaeróbios** e sua duração é inferior a dois minutos, podendo atingir apenas alguns segundos; em virtude de apresentarem intensidades elevadas, são corretamente associados ao alto rendimento nas mais diversas modalidades esportivas e, muitas vezes, preteridos como indicadores de saúde na população em geral.

5.1 Caracterização e tipos de avaliação dos componentes cardiovasculares

Os testes que objetivam avaliar a condição aeróbia são inúmeros. Você tanto poderá encontrar protocolos mais acessíveis, desenvolvidos em bancos/*steps*, bicicletas ergométricas (cicloergômetros), esteiras, pistas e quadras, quanto em condições mais incomuns, como o remo-ergômetro e o *flume swimming*, espécie de raia com fluxo de água contínua e controlada – o qual, por sua especificidade, não iremos abordar.

Figura 5.1 Pista oficial de atletismo com metragem de 400 metros, localizada na UFPR – Curitiba-PR

Julimar Luiz Pereira

A pista da Figura 5.1 apresenta características oficiais, com metragem de 400 metros, que favorece o procedimento para mensuração de distância em muitos testes. Estruturas físicas como essa permitem também a utilização do gramado central para teste do tipo vai e vem ou yoyo, bem como lançamentos, como o teste de arremesso de *medicine ball*.

As variáveis observadas em cada um dos testes são diversas, entre elas, a frequência cardíaca, a distância final e a duração total do teste são os elementos mais utilizados para a predição do consumo máximo de oxigênio (VO_2max). O VO_2max é o indicador fisiológico mais confiável da condição aeróbia e/ou cardiovascular.

O VO_2max pode ser expresso de forma absoluta em litros por minuto ($l \times min^{-1}$), ou em mililitros por kilograma por minuto ($ml \times kg \times min^{-1}$), a forma mais usual, em virtude de permitir comparações um pouco mais fidedignas entre diferentes pessoas.

No ambiente laboratorial, o metabolismo aeróbio pode ser observado com base no VO_2max, mensurado pela espirometria indireta, e na produção de calor, mensurada por calorimetria direta.

A calorimetria direta é a mensuração da energia liberada pelos seres vivos. Você certamente já observou, em um ambiente fechado com muitas pessoas, que rapidamente há um embaçamento das janelas, certo? Isso acontece pela liberação do calor corporal. Caso as pessoas estejam em maior atividade motora no ambiente, como em uma aula de ginástica, o fenômeno do embaçamento das janelas será ainda mais rápido e intenso. Em laboratório, a mensuração direta do calor se dá em câmaras específicas, capacitadas a avaliar o aumento da temperatura do ambiente.

Já o VO_2max é avaliado de forma mais confiável pela espirometria indireta, quando o ar expirado é analisado para determinar a relação observada entre o oxigênio consumido e o dióxido de carbono expirado. Esse procedimento exige a utilização de aparelhagem de alto custo e operacionalização não tão simples. Essa prática, comumente realizada em laboratórios, evoluiu tecnologicamente nas últimas décadas, de maneira que hoje já existem aparelhos analisadores de gases portáteis, capazes de fazer essa medição em ambientes externos ou próprios para atividade física, como academias e ginásios, entretanto, o custo permanece muito elevado. Sendo assim, a forma mais utilizada nos testes aeróbios ainda é a medida indireta.

A medida indireta baseia-se na relação linear entre consumo de oxigênio e trabalho realizado, observado, principalmente, pela frequência cardíaca, ou, em último caso, pela velocidade final, pela potência máxima, pela duração ou distância total alcançada ao final do teste ou quando a demanda bioenergética alcança um relativo *steady-state*. Geralmente, os testes de campo apresentam, na duração ou na distância final, os preditores mais confiáveis da aptidão aeróbia (Mayorga-Vega et al., 2016). Essas informações nos permitem qualificar o desempenho no teste pela predição do VO^2max por meio de fórmulas, nomogramas ou tabelas. Um dos fatores determinantes para estabelecer confiabilidade aos testes indiretos é a motivação e o empenho do avaliado (Cooper, 1968).

Você pode estar se perguntando: Qual protocolo devo adotar? Alguns fatores podem direcionar sua opção. A familiarização e o conhecimento do protocolo parece-nos lógico. A praticidade sugere que um teste deve ser exequível e, para isso, devemos considerar sua viabilidade em relação ao material e ao número de avaliados. Testes em esteira exigem a utilização de um equipamento robusto, confiável e com recursos específicos, como controle da velocidade e inclinação, próprio de laboratório ou academias bem aparelhadas.

Outro fator relevante é o número de avaliados. Você já se imaginou avaliando grandes grupos como estudantes, uma equipe de futebol ou um grupo de corredores? Sendo assim, o protocolo escolhido deve contemplar a possibilidade de avaliação em poucos minutos ou de vários indivíduos ao mesmo tempo. Quando estamos atuando em uma condição similar ao *personal training*, protocolos individualizados tornam-se viáveis.

A característica da população avaliada também deve ser levada em consideração, pois alguns testes foram desenvolvidos para determinadas populações, como crianças ou indivíduos mal condicionados ou de fraco condicionamento orgânico. A especificidade ou a proximidade com a modalidade do avaliado também podem ser consideradas: utilizar um protocolo em esteira certamente não é o mais recomendado para avaliação de um ciclista, por exemplo. Algumas modalidades apresentam indicação de testes que buscam se aproximar do comportamento bioenergético e padrão motor comum à sua prática, como os esportes coletivos, em que se aplicam muito os testes com mudança de direção.

O objetivo do procedimento avaliativo também é importante para direcionar a melhor escolha. Muitas vezes, você buscará descobrir apenas a condição aeróbia do seu avaliado, mas poderá também identificar respostas imediatas ao esforço que lhe permitam estimar as cargas de treinamento de seu aluno, cliente ou atleta.

Por uma questão didática, discutiremos os principais testes aeróbios e anaeróbios organizados em dois grupos: os **testes de campo**, mais comuns e facilitados para aplicação em grandes grupos; e os **testes de laboratório**, que exigem ambiente adequado e preparado para os procedimentos avaliativos, com maior custo e inviáveis para utilização com grupos, direcionados para aplicação individualizada.

5.2 Avaliação da capacidade aeróbia com testes de campo

Os testes aeróbios de campo são, de maneira geral, realizados em pistas ou quadras, tornando-se alternativas práticas, acessíveis e que exigem equipamentos relativamente simples.

5.2.1 Testes de pista ou quadra

Em função de sua praticidade, os testes para verificação da capacidade aeróbia em pista ou quadra são certamente os mais comuns e mundialmente mais adotados.

5.2.1.1 Teste de corrida de 12 minutos (Teste de Cooper)

O teste de Cooper é, com certeza, a avaliação da capacidade aeróbia mais adotada em todo o mundo. Você, provavelmente, já deve ter realizado um teste de Cooper, portanto, sabe que ele consiste em correr a maior distância possível em 12 minutos em local demarcado, preferencialmente uma pista de atletismo.

Pouca gente sabe, no entanto, que durante esse período também é permitido ao avaliado caminhar. A fórmula original proposta por Cooper, com r = 0,897 para predizer o desempenho no teste de 12 minutos em ml×kg×min^{-1} é:

$$VO_2max = ((D/1{,}609) - 0{,}3188)/0{,}0278$$
D = distância percorrida em quilômetros

O teste de 12 minutos foi desenvolvido na segunda metade da década de 1960 pelo médico Kenneth H. Cooper, no Laboratório Médico Aeroespacial no Texas, tendo como referência 115 homens, oficiais ou pilotos da Força Aérea Norte-Americana. A correlação entre VO_2max e desempenho na corrida de 12 minutos foi de 0,897 (Cooper, 1968).

Ao longo dos anos, variações e adaptações foram propostas para o teste de Cooper. Existem proposições com adaptações na distância e no percurso, assim como há protocolos para o seu desenvolvimento em esteira e, até mesmo, em piscinas. A Tabela 5.1, a seguir, apresenta valores de classificação pelo desempenho no teste de Cooper.

Tabela 5.1 Nível de aptidão cardiovascular baseado no desempenho no teste de 12 minutos e consumo máximo de oxigênio

Distância (metros)	VO_2máx (ml×kg×min^{-1})	Nível de Aptidão
<1.600	< 25	Muito fraco
1.600 a 1.999	25,0 – 33,7	Fraco
2.000 a 2.399	33,8 – 42,5	Satisfatório
2.400 a 2.799	42,6 – 51,5	Bom
>2.800	51,6 ou mais	Excelente

Fonte: Cooper, 1968, p. 137.

5.2.1.2 Teste de 1.600 m (Teste de uma milha)

O teste de uma milha tem por objetivo a avaliação da capacidade aeróbia e é um dos testes de correr e caminhar mais utilizados no mundo. Recomendado para todas as faixas etárias, o teste consiste em correr ou caminhar uma milha (equivalente a 1.600 m) no menor tempo possível. O avaliado pode, inclusive, alternar os dois padrões motores durante a execução. A fórmula proposta por Cureton et al. (1995) para predizer o desempenho no teste de uma milha em ml×kg×min^{-1}, em indivíduos entre 8 e 25 anos de idade, com r = 0,76, é:

$VO_2max = 0,21×(ID×S) - 0,84×(IMC) - 8,41×T + 0,34×T^2 + 108,94$
ID = idade em anos
S = sexo, sendo 0 para mulheres e 1 para homens
IMC = índice de massa corporal em kg.m^{-1}
T = tempo total em minutos para completar 1.600 m

O teste de uma milha é utilizado em larga escala e faz parte de diversas baterias de avaliação física, com destaque para o FitnessGram e o President's Challenge, direcionados a estudantes. Em crianças e adolescentes, é considerado de validade moderada para predição da capacidade cardiovascular (Castro-Piñero et al., 2010). Há ainda uma variação desse teste exclusivamente para caminhada, em que o VO_2 é estimado pela fórmula proposta por Kline et al. (1987), com r = 0,88 para homens e mulheres adultos:

$VO_2max = 0,3877×ID + 6,315×S - 0,0769×MC - 3,2649×T - 0,1565×FC$
ID = idade em anos
S = sexo, sendo 0 para mulheres e 1 para homens
MC = massa corporal em kg
T = tempo total em minutos para completar 1.600 m
FC = frequência cardíaca ao final do teste

Uma fórmula para predição do VO_2, com base nesse teste, foi desenvolvida para brasileiros jovens, do sexo masculino, por Almeida et al. (2010), com r = 0,81:

$VO_2max = 0{,}177 \times V1600 + 8{,}101$

V1600 = velocidade média para completar o teste de uma milha, em metros por minuto.

5.2.1.3 Teste de corrida de 1.000 m

O teste de corrida de 1.000 m tem por objetivo avaliar a capacidade aeróbia de crianças e adolescentes.

O avaliado deve ser orientado a correr 1.000 metros no menor tempo possível e não é permitido caminhar durante o teste, sendo que, preferencialmente, deverá manter um ritmo constante durante o procedimento. De acordo com Duarte (citado por Matsudo, 2005), o VO_2max em $ml.kg.min^{-1}$ pode ser estimado pela fórmula:

$VO_2max = (652{,}17 - T)/6{,}762$

T = tempo total em segundos para correr os 1.000 m

Em 1977, o teste de corrida de 1.000 m foi introduzido na bateria de testes do Teste Internacional de Aptidão Física (IPFT, sigla em inglês de *International Physical Fitness Test*), proposto pela The United States Sports Academy e pelo Supreme Council for Youth and Sports, tornando-se um dos protocolos mais aplicados em todo o mundo. Adaptações apareceram e versões reduzidas de 800 e 600 m também são encontradas para meninas de 14 a 19 anos e crianças abaixo de 13 anos, respectivamente.

5.2.1.4 Teste de vai e vem em 20 metros (Teste de Leger)

O teste de vai e vem em 20 metros é o mais conhecido e utilizado teste de campo para verificação da capacidade aeróbia em multiestágios. Proposto na sua forma original em 1982, o 20 m *shuttle run test* tinha estágios com duração de 2 minutos. Embora haja alta correlação com o VO_2max, estágios demasiadamente longos tornavam-se, psicologicamente, chatos, especialmente com crianças. Então, em 1988, Leger e colaboradores apresentaram uma versão modificada de estágio com duração aproximada de 1 minuto, numa velocidade inicial de 8,5 km×h^{-1} e com aumento gradual de 0,5 km×h^{-1} para cada estágio. Realizado em percurso de vai e vem de 20 metros, a velocidade de deslocamento é ritmada por *bips* sonoros padronizados, que determinam a saída do avaliado do ponto inicial.

A versão mais recente do teste foi, inicialmente, validada para crianças e adolescentes (Leger et al., 1988), no ano seguinte para adultos (Leger; Gadoury, 1989) e, atualmente, é empregado em diversos públicos, tornando-se comum nas avaliações de atletas, bem como em populações saudáveis, estudantes e em baterias de testes de aptidão física, frequentemente exigidos em concursos públicos. É importante registrar a grande aceitação dos testes com deslocamento controlado por *bips* observada, inclusive, em equipes de alto rendimento.

Certamente, a simplicidade na execução, o baixo custo, a possibilidade de aplicá-lo com grupos de até 10 avaliados, desde que envolvam equipe de avaliadores capacitados a fiscalizar e registrar os desempenhos individuais, favorecem sua aceitação. No Anexo 5, você poderá encontrar uma planilha de registro específica para o teste de Leger, adequada para que o avaliador acompanhe múltiplos avaliados, cada qual em sua raia. Nos espaços, devem ser registrados o estágio, ou a velocidade final alcançada (em km×h^{-1}), assim como as faltas (ou queima), podendo ser admitidas até duas durante todo o teste. Ao alcançar a terceira falta, o teste é encerrado e registra-se o estágio anterior, durante o qual o avaliado foi capaz de percorrer a velocidade controlada pelos *bips*.

O VO₂max predito em ml×kg×min⁻¹ é calculado por meio das fórmulas propostas para crianças e adolescentes, com r = 0,71, por Leger et al. (1988), e para adultos, com r = 0,90, por Leger e Gadoury (1989), respectivamente, conforme segue:

$$VO_2max = 31,025 + 3,238 \times X - 3,248 \times I + 0,1536 \times I \times X$$
$$VO_2max = -27,4 + 6 \times X$$

X = velocidade do estágio final alcançado
I = idade em anos
X = velocidade do último estágio completado de maneira satisfatória pelo avaliado em quilômetros por hora
I = idade do avaliado em anos.

Figura 5.2 Aplicação do teste de Leger em atletas de futebol

Vários pontos positivos colaboram para sua aderência em vários ambientes, desde a praticidade e a facilidade para sua aplicação em grandes grupos e em quadras e gramados, até a segurança na execução do teste, por iniciar com uma velocidade

relativamente baixa, que aumenta gradativamente, partindo, portanto, de um esforço submáximo até o máximo suportado pelo avaliado. Os estágios, com duração aproximada de um minuto, permitem também melhor adaptação orgânica ao esforço, favorecendo o desempenho, que é dado pela velocidade final alcançada no teste.

O teste de Leger é considerado um importante preditor do desempenho cardiovascular em crianças e adolescentes (Castro-Piñero et al., 2010) e tem sido utilizado e validado em diversas populações e países, como o Brasil (Duarte; Duarte, 2001). Sua aplicabilidade com atletas de alto rendimento, aliada ao monitoramento individualizado da frequência cardíaca por meio de monitores, permite acompanhar o comportamento cardiovascular, como observado no Gráfico 5.1, subsidiando a prescrição do treinamento.

No gráfico, observamos a evolução da frequência cardíaca à medida que o atleta avança nos estágios. Você pode identificar que o teste foi até o décimo estágio, completado numa velocidade de 13 km×h^{-1}, sugerindo um VO$_2$max de 56,6 ml×kg×min^{-1}. Observe também que, ao término do teste, o avaliado foi orientado a caminhar por mais um minuto, o que permitiu registrar, na sequência, sua FC de recuperação.

Gráfico 5.1 Comportamento da frequência cardíaca (FC) no teste de Leger

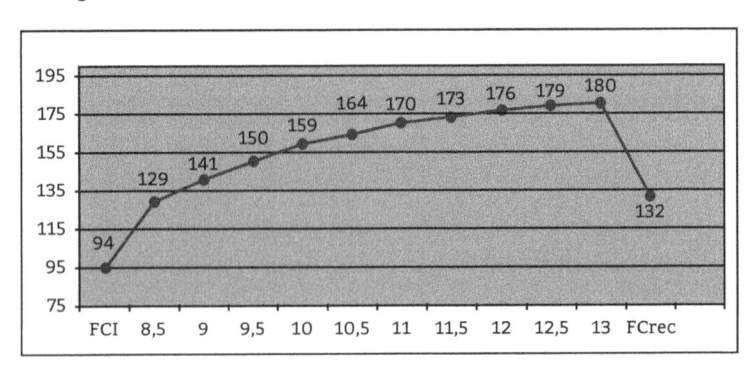

A frequência cardíaca de recuperação é uma valiosa informação para qualificar o condicionamento cardiovascular. Valores para referência são muito relativos, embora para atletas considere-se uma recuperação desejada entre 10% e 20%. Talvez, seja mais válido identificar a evolução da frequência cardíaca em resposta a um programa de treinamento, quando normalmente observa-se uma tendência em aumentar a FC máxima atingida, principalmente após o condicionamento de indivíduos inicialmente sedentários, seguida de quedas mais bruscas no período de recuperação. A frequência cardíaca de recuperação (FCRec) em percentual pode ser calculada pela fórmula:

FCRec = ((FCM−FC1')/FCM) × 100
FCM = frequência cardíaca máxima observada no teste
FC1' = frequência cardíaca observada 1 minuto após o teste.

5.3 Avaliação da capacidade aeróbia com testes de laboratório

Os testes mais utilizados em laboratório são os realizados em esteiras, seguidos dos testes em cicloergômetros. Esse é um ponto positivo, visto que é possível reproduzi-los em ambientes mais próximos da sua prática profissional, como nas academias. Entretanto, deve-se verificar se os requisitos do teste, como velocidade, inclinação e controle da carga, estarão disponíveis nos equipamentos a que se tem acesso. Obviamente, deve-se optar por protocolos indiretos, visto ser pouco provável analisadores de gases à disposição.

5.3.1 Testes em esteiras

Os testes realizados em esteiras são os mais adotados para verificação clínica da função cardiovascular e apresentam grande adoção no ambiente de academias desportivas.

5.3.1.1 Protocolo de Bruce

O protocolo de Bruce em esteira consiste em um teste de múltiplos estágios, sendo que cada um deles tem uma duração de 3 minutos. A velocidade inicial do teste é 1,7 milhas por hora, com uma inclinação de 10%. A cada estágio haverá uma elevação da velocidade de deslocamento, assim como uma inclinação de 2% a cada estágio. O resultado será dado em ml×kg×min^{-1}, com r = 0,906, por meio das seguintes fórmulas e populações:

$VO_2max = (3,778 \times T) + 0,19$: homens ativos
$VO_2max = (3,36 \times T) + 1,06$: mulheres ativas
$VO_2max = (3,298 \times T) + 4,07$: sedentários
T = tempo total do teste em minutos.

5.3.1.2 Protocolo de Balke

O protocolo de Balke é um dos mais clássicos testes de verificação do desempenho aeróbico. Proposto em 1959 por Balke, consiste em deslocar-se, pelo máximo tempo possível, a uma velocidade fixa de 5,6 km.h^{-1}, iniciando em plano reto e, após o primeiro minuto, com um incremento na inclinação da esteira em 2% a cada minuto (Balke; Ware, 1959). No início dos anos 2000, o teste de Balke sofreu uma reformulação e foi modificado, principalmente, para atender populações pediátricas. A fórmula mais recomendada para predição do VO_2max em ml×kg×min^{-1} tem um r = 0,72:

$$VO_2max = 11{,}12 + (1{,}51 \times T)$$
T = tempo total do teste em minutos

A modificação sugerida por Marinov, Kostianev e Turnovska (2000) consiste em nove estágios, com duração de 1 minuto e velocidade constante de 5,6 km×h^{-1} em plano inclinado no primeiro minuto, incrementando para uma inclinação de 6% após o minuto 1 e, depois, aumentando 2% a cada novo estágio.

5.3.1.3 Protocolo de Ellestad

Assim como a maior parte dos protocolos de esteira, o protocolo de Ellestad é composto de multiestágios, atingindo até oito estágios. A duração de cada um dos estágios, bem como a inclinação e a velocidade, variam no decorrer do teste, como você pode ver na Tabela 5.2. O VO$_2$max predito em ml×kg×min^{-1}, com r = 0,906, é calculado pela fórmula:

$$VO_2max = 4{,}46 \times (3{,}933 \times T)$$
T = tempo total do teste em minutos

Tabela 5.2 Estágios do teste de Ellestad

Estágio	Duração (em minutos)	Inclinação (em %)	Velocidade (em milhas×h^{-1})
1	3	10	1,7
2	2	10	3,0
3	2	10	4,0
4	2	10	5,0
5	3	15	5,0
6	2	15	6,0
7	2	15	7,0
8	2	15	8,0

Fonte: Ellestad et al., 1969, p. 518, tradução nossa.

O protocolo de Ellestad foi desenvolvido na Divisão de Fisiologia Clínica do Hospital Memorial de Long Beach, na Flórida, pelo grupo do Dr. Myrvin Ellestad, e teve como população 1.000 pacientes cardiopatas, sendo posteriormente revisto. A natureza desse teste sugere sua aplicação com pessoas sedentárias ou portadores de condições especiais de saúde, como cardiopatas e hipertensos (Ellestad et al., 1969), sendo, atualmente, bastante utilizado para verificação da função cardiovascular no meio clínico.

5.3.2 Testes em cicloergômetros

Os protocolos em cicloergômetros, ou bicicletas ergométricas, largamente utilizados com populações sedentárias no início de um programa de treinamento, são talvez os que apresentem o padrão motor mais simples.

Estudo recente com 4.494 norte-americanos avaliados em cicloergômetros sugere que valores médios de VO_2max na população jovem, entre 20 e 29 anos, situam em 41,9 e 31,0 ml×kg×min^{-1} em homens e mulheres, respectivamente, apresentando uma queda aproximada de 10% a cada década de vida, sendo que esse valor atinge, na faixa de 70 a 79 anos, valores médios de 19,5 e 14,8 ml×kg×min^{-1} em homens e mulheres, respectivamente (Kaminsky; Arena; Myers, 2015).

5.3.2.1 Teste de bicicleta de 6 minutos (Teste de cicloergômetro de Astrand)

O teste de Astrand, provavelmente, é o protocolo mais clássico e mais utilizado para predição do VO_2. Ele consiste em pedalar por 6 minutos numa carga fixa de 50 e 150 watts, conforme o grau de condicionamento do avaliado. A média entre a frequência cardíaca no quinto e no sexto minuto deve ser registrada, bem como a carga final do teste. Esses dois dados devem ser ligados por uma linha em um nomograma específico, proposto por Astrand e Ryhming (1954), e determinarão o VO_2max do avaliado em $l \times min^{-1}$. Entretanto, o desempenho também pode ser calculado por meio das fórmulas:

VO_2max = (195 – 61/FC – 61) × VO^2carga: homens
VO_2max = (198 – 72/FC – 61) × VO^2carga: mulheres
VO_2carga = 0,014 × C + 0,129
FC = frequência cardíaca média entre o quinto e o sexto minuto do teste
C = carga em watts

5.3.3 Testes de banco

Os testes de banco apresentam como principal vantagem o seu baixo custo e a facilidade para transporte do material. A dificuldade antigamente relatada pela necessidade de metrônomos hoje é facilmente resolvida com a utilização de aplicativos em *smartphones* ou computadores.

5.3.3.1 Teste de banco de McArdle

O teste de banco de McArdle (McArdle et al., 1972) talvez seja o mais difundido dentre todos os protocolos de banco. Para sua testagem, utiliza-se um banco com altura de 41,3 cm. Nele, o avaliado deve manter uma frequência de subida e descida de 22 passadas para mulheres e 24 para homens, nesse caso, o metrônomo deve ser programado para 88 e 96 bpm, respectivamente. A duração total do teste é de 3 minutos e a frequência cardíaca deve ser registrada por 15 segundos após 5 segundos de concluído o teste e multiplicada por 4. O VO_2max será predito em $ml \times kg \times min^{-1}$, com um r = 0,92, por meio das seguintes fórmulas:

VO$_2$max = 111,33 + (0,42 × FCRec): homens
VO$_2$max = 65,81 − (0,1847 × FCRec): mulheres
FCRec = frequência cardíaca de recuperação computada por 15 segundos após o 5º segundo após o teste multiplicada por 4

O teste de banco de McArdle, também conhecido como *teste de Banco do Queens College*, inicialmente, foi proposto para mulheres, mas, posteriormente, foi adaptado para homens. Estudos recentes têm procurado investigar, de forma mais efusiva, a sua validade e discutir possíveis adaptações em virtude de superestimativa nos valores preditos entre 2 e 3,6 ml×kg×min^{-1}, principalmente em populações bem condicionadas (Bennett et al., 2016; Abdossaleh; Ahmadi, 2013; Chatterjee; Chatterjee; Bandyopadhyay, 2005).

5.4 Avaliação da capacidade anaeróbia com testes de campo

As avaliações da capacidade anaeróbia estão diretamente associadas à observação de exercícios máximos e de curta duração que, metabolicamente, dependem da habilidade muscular para ressintetizar ATP pelas vias anaeróbias e suportar os subprodutos metabólicos produzidos pelo esforço intenso (Green; Dawson, 1993).

Como você sabe, exercícios intensos produzem fadiga em pouco menos de um minuto. Quem ainda não reclamou de falha muscular durante a corrida máxima, acusando pernas pesadas, ou, ainda, durante um exercício qualquer de musculação. É justamente a capacidade de produzir ou manter esforço nessas situações o que iremos avaliar.

A medida mais usada para sugerir o desempenho nos testes anaeróbios é a potência, frequentemente expressa em unidade absoluta, watts (w) ou kgm; ou relativa, em função da massa corporal, *watts* por quilograma (w×kg^{-1}).

5.4.1 Teste de vai e vem em 300 metros

O teste de vai e vem em 300 metros (Moore; Murphy, 2003) é um procedimento de fácil aplicação desenvolvido na Austrália para atletas de modalidades coletivas, mas que pode ser aplicado a qualquer outro esporte. Nesse teste, o avaliado deve correr, em desempenho máximo, uma distância de 300 metros num espaço de 20 metros em vai e vem. Dessa forma, podemos deduzir que serão realizados 15 percursos de vai e vem para completar a distância determinada.

O tempo total apresentado tem forte relação com o déficit de oxigênio acumulado ($r = -0{,}69$), o que o recomenda para avaliar a capacidade anaeróbia.

5.4.2 Teste do yoyo (Teste de Bangsbo)

O teste do yoyo de Bangsbo (Bangsbo, 1996) é frequentemente confundido com o teste de Leger. Você, possivelmente, já deve ter presenciado essa confusão. Isso se dá pelos pontos em comum entre os testes. Assim como o teste de vai e vem em 20 metros, o yoyo se dá num percurso de 20 metros, é multiestágios e tem o ritmo controlado por *bips*. Entretanto, seu mecanismo é um pouco diferente: o teste de Leger é contínuo e os avanços de velocidade são mais suaves e o teste de Bangsbo intercala pausas de 10 segundos, com velocidades maiores e com avanços mais intensos.

Esse teste foi desenvolvido nos anos 1990 pelo dinamarquês Jens Bangsbo e, na verdade, consiste num conjunto de três testes:

o *yoyo endurance test*; o *yoyo intermittent endurance test*; e o *yoyo intermittent recovery test* (YIRT), o mais utilizado, que apresenta dois níveis e sobre o qual iremos tratar.

Como você já pode deduzir, o YIRT alterna esforços intensos com pausas para recuperação, a fim de avaliar a capacidade anaeróbia ou de resistência de velocidade, situação muito próxima da observada nos esportes coletivos, daí sua grande aceitação no futebol, no futsal, no basquete e no *rugby*.

O YIRT apresenta duas variações: o **nível 1**, menos intenso, é recomendado para indivíduos menos treinados ou jovens de categorias de base, com velocidade inicial de 5 km×h^{-1} e final em 23 km×h^{-1}; e o **nível 2**, mais forte, recomendado para indivíduos bem treinados e atletas, com velocidade inicial em 11 km×h^{-1} e final em 26 km×h^{-1}.

Em comparação ao teste de Leger, o YIRT apresenta uma área de escape de 5 metros posicionada após a linha de saída/chegada, em que o avaliado busca desacelerar e se recuperar do *sprint*. Embora encontremos na literatura fórmulas para a predição do VO_2max, o YIRT não é o teste mais indicado para esse fim, pois as elevações bruscas de velocidade e as pausas não permitem levar o avaliado ao esforço metabólico máximo. Quando comparado ao teste de Leger, por exemplo, a frequência cardíaca máxima observada no YIRT é, aproximadamente, 5% inferior. A *performance* final do teste é estimada pela velocidade final suportada pelo avaliado ou pela distância total percorrida.

A dinâmica do YIRT, sua aplicabilidade em campos e em quadras e sua especificidade com o padrão motor e fisiológico encontrado na prática desportiva comum aos esportes coletivos e individuais favorecem sua ampla utilização por atletas de ambos os sexos, em modalidades como futebol, futsal, basquete e tênis (Krustrup et al., 2006; Oberacker et al., 2012). A Tabela 5.4 apresenta valores recomendados para o desempenho no YIRT – Nível 2.

Tabela 5.4 Valores para atletas de elite no YIRT – Nível 2

	Corredores (estágio e distância)	Futebolistas (estágio e distância)
Média	22:4	21:6
	1.240 m	1.000 m
Variação	21:5 – 23:3	20:4 – 22:6
	960 – 1.520 m	600 – 1.320 m

Fonte: Bangsbo, 1996, p. 16, tradução nossa.

A seguir, você poderá verificar, nas Tabelas 5.5 e 5.6, reprodução de planilhas para controle do YIRT, com as sequências e quantidade de *sprints*, conforme o nível utilizado.

A planilha é relativamente simples, portanto, você poderá utilizá-la anotando ou riscando os espaços respectivos completados pelo avaliado durante o teste. Os números referem-se à distância total coberta durante o teste. O registro final considera a última velocidade que o avaliado consegue acompanhar, seja ela identificada pelo próprio avaliado quando alcança a fadiga, seja apontada pelos avaliadores responsáveis por conduzir o procedimento avaliativo. A avaliação do desempenho deve considerar as demandas da modalidade e, quando houver, os padrões de exigência associados à posição ocupada pelo atleta, condição observada, principalmente, nas modalidades coletivas.

Tabela 5.5 Planilha para controle do YIRT – Nível 1

Teste de Recuperação Intermitente do Yoyo								
Veloc.	1	2	3	4	5	6	7	8
5	40							
9	80							
11	120	160						
12	200	240	280					
13	320	360	400	440				
14	480	520	560	600	640	680	720	760
15	800	840	880	920	960	1000	1040	1080

(continua)

(Tabela 5.5 – conclusão)

YOYO INTTERMITENT RECOVERY TEST – LEVEL 1								
16	1120	1160	1200	1240	1280	1320	1360	1400
17	1440	1480	1520	1560	1600	1640	1680	1720
18	1760	1800	1840	1880	1920	1960	2000	2040
19	2080	2120	2160	2200	2240	2280	2320	2360
20	2400	2440	2480	2520	2560	2600	2640	2680
21	2720	2760	2800	2840	2880	2920	2960	3000
22	3040	3080	3120	3160	3200	3240	3280	3320
23	3360	3400	3440	3480	4520	3560	3600	3640

Tabela 5.6 Planilha para controle do YIRT – Nível 2

Teste de Recuperação Intermitente do Yoyo								
Veloc.	1	2	3	4	5	6	7	8
11	40							
15	80							
17	120	160						
18	200	240	280					
19	320	360	400	440				
20	480	520	560	600	640	680	720	760
21	800	840	880	920	960	1000	1040	1080
22	1120	1160	1200	1240	1280	1320	1360	1400
23	1440	1480	1520	1560	1600	1640	1680	1720
24	1760	1800	1840	1880	1920	1960	2000	2040
25	2080	2120	2160	2200	2240	2280	2320	2360
26	2400	2440	2480	2520	2560	2600	2640	2680

Observe a Figura 5.3, que apresenta quatro raias para realização do YIRT num espaço típico para futebolistas – um gramado –, com área de escape de 5 metros para o *sprint* dos atletas.

Figura 5.3 Espaço preparado em gramado para o teste do YIRT

Note a distância de 20 metros com área de escape de 5 metros em destaque.

5.4.3 Teste de *sprint* anaeróbio baseado em corrida (Teste de Rast)

O teste de Rast (*Running-based anaerobic sprint test*) foi proposto em 1997 por Nick Draper e Greg Whyte, pesquisadores da Universidade de Wolverhampton no Reino Unido. Composto por seis *sprints* máximos de corrida de 35 metros, intercalados por períodos de repouso de 10 segundos cada, o objetivo do teste é observar a potência anaeróbia máxima, mínima e média, além do índice de fadiga.

Para registro de cada um dos seis *sprints*, pode ser utilizado apenas o cronômetro, entretanto, a cronometragem eletrônica permitirá mais precisão. O avaliado deverá ser colocado aproximadamente 30 cm atrás da marca inicial e, após iniciar o *sprint* máximo, deverá diminuir sua velocidade de deslocamento apenas quando ultrapassar a marca dos 35 metros. A cronometragem do tempo inicia no ponto zero e finaliza ao final dos 35 metros.

No momento de ultrapassagem dos 35 metros, inicia-se o período de recuperação de 10 segundos. O avaliador deve orientar o avaliado 3 segundos antes do término da recuperação para que assuma a marca de início do segundo *sprint*. A partir de então, repete-se o procedimento, sendo que, após o segundo *sprint*, o avaliado retorna ao ponto de início do teste. Repete-se o procedimento por mais duas idas e voltas.

Com a marca dos seis *sprints* e com a massa corporal do avaliado, as variáveis avaliadas devem ser calculadas para cada um dos *sprints*, por meio das seguintes fórmulas:

$V = D/T$

$A = V/T$

$F = MC \times A$

$P = V \times F$

$Prel = V \times F/MC$

V = velocidade em metros por segundo

D = 35 m

T = tempo em segundos para percorrer os 35 m

A = aceleração em m/seg^2

F = força em kg×m×seg^2

MC = massa corporal em kg

P = potência em watts

Prel = potência relativa em watts×kg^{-1}

Posteriormente, calcula-se a potência média com base na potência observada em cada um dos *sprints*:

$Pmed = P1 + P2 + P3 + P4 + P5 + P6/6$

Pmed = potência media em watts (se absoluta) ou watts×kg^{-1} (se relativa)

De maneira similar ao teste de Wingate, outro indicador bem interessante que pode ser calculado é o índice de fadiga (IF), considerado um ótimo parâmetro da tolerância anaeróbia e calculado pela fórmula:

$$IF = (Pmax - Pmin)/Pmax \times 100$$

IF = queda de desempenho em %
Pmax = melhor potência apresentada entre os 6 *sprints*
Pmin = pior potência apresentada entre os 6 *sprints*

A prática do Rast sugere que a queda de desempenho representada pelo índice de fadiga está muito relacionada às demandas da modalidade, ou mesmo da posição ocupada pelo atleta – caso dos esportes coletivos.

Embora haja certa divergência em relação à sua validade para apontar o desempenho de potência anaeróbia com ciclistas (Queiroga et al., 2013), o teste de Rast vem sendo largamente utilizado nos esportes coletivos, como futebol, basquete, handebol e *rugby*, e também nos esportes individuais, como tênis e lutas. Além disso, tem sido considerado válido para avaliar a potência anaeróbia e predizer o desempenho de velocidade máxima em distâncias de 25, 50, 100, 200 e 400 metros em indivíduos bem condicionados (Zagatto; Beck; Gobatto, 2009), bem como recomendado para verificação da habilidade de *sprints* repetidos (RSA – *repeated sprint ability*), muito difundida nos esportes acíclicos.

5.4.4 Testes de RSA

Certamente você já deve ter notado que esportes coletivos, como futebol, *rugby* e futebol americano, são caracterizados, fisicamente, pela alternância de corridas em velocidade máxima e velocidade sub-máxima ou mesmo em posição parada. Os testes de habilidade de *sprints* repetidos (RSA) são procedimentos utilizados justamente para avaliar essas ações motoras e, portanto, fundamentais para se alcançar o êxito em algumas modalidades acíclicas. O Rast e o yoyo são testes que se apropriam também desse padrão motor, a RSA. Entretanto, diversos outros testes têm sido propostos com essa finalidade.

Para melhor entendimento, imagine que um *sprint* deve ser uma ação máxima com duração, geralmente, inferior a 10 segundos. A capacidade de repetir essas ações intervaladas por breves períodos de recuperação, sem que haja queda significativa no desempenho, constitui a RSA.

O procedimento de aplicação é muito parecido com o Rast no que tange à cronometragem dos *sprints* e ao controle dos intervalos de recuperação. As diferenças estão relacionadas à distância percorrida (quase sempre 30 metros), ao número de *sprints* em sequência e ao intervalo de recuperação entre cada um dos *sprints*.

O avaliado deve posicionar-se a não mais que 50 cm da marca inicial e percorrer, em velocidade máxima, todo o percurso previsto, buscando desacelerar apenas após a marca final. Então, tem início o período de recuperação, que antecederá um novo *sprint* e assim sucessivamente.

O protocolo padrão mais utilizado é composto de uma série de 10 *sprints* de 30 metros intercalados por intervalos de 10 ou 20 segundos. Porém, muitas variações são observadas: podemos encontrar protocolos com 5 a 20 *sprints*, distâncias entre 10 e 40 metros e períodos de recuperação entre os *sprints* com duração entre 10 e 120 segundos. De maneira geral, em atletas bem condicionados, intervalos de até 30 segundos entre os *sprints* são suficientemente capazes de permitir a recuperação total.

Assim como no Rast, o avaliador poderá calcular a potência alcançada em cada um dos *sprints*, a potência média do teste e o índice de fadiga. Considerando que as distâncias são relativamente curtas nos protocolos de RSA e que estes estão associados a ações intensas de velocidade, quedas de rendimento superiores a 10% podem sugerir um indicador desfavorável para o desempenho competitivo (Morin; Dupuy; Samozino, 2011).

5.5 Avaliação da capacidade anaeróbia com testes de laboratório

Os testes anaeróbios em laboratório são realizados em estruturas físicas próprias, como no caso do teste de Margaria, em que é necessário um lance de degraus, esteiras ou ainda cicloergômetros, e no teste de Wingate, protocolo padrão em incontáveis estudos científicos que reflete muito bem o desempenho anaeróbio e de potência muscular.

5.5.1 Teste de degraus (Teste de Margaria--Kalamen)

O teste, inicialmente proposto por Margaria, Aghemo e Roveli (1966) e modificado por Kalamen (1968), consiste em subir, o mais rápido possível, uma escada de nove degraus. O avaliado deve posicionar-se 6 metros antes do primeiro degrau e, em velocidade, subir a escada posicionando seus pés no terceiro, sexto e nono degraus. A cronometragem deve ser feita em segundos entre as pisadas no terceiro e nono degraus. O teste ainda exige a medida da altura vertical entre o terceiro e o nono degrau. A potência anaeróbia (P.An) no teste é estimada em watts e calculada pela fórmula:

$$P.An = (MC \times DV \times 9{,}81)/T$$

MC = massa corporal em kg

DV = deslocamento vertical em metros

T = tempo despendido entre o terceiro e nono degraus em segundos

A altura de cada um dos degraus utilizados para o desenvolvimento do teste era de 17,5 cm, o que não impede que ele seja feito em degraus com outra altura. É importante também que o terceiro, o sexto e o nono degrau sejam destacados com outra cor ou marcação para facilitar sua visualização e auxiliar o avaliado na condução das passadas.

5.5.2 Teste anaeróbio de Wingate

O teste de Wingate é o protocolo padrão para avaliação da capacidade anaeróbia e potência muscular de membros inferiores em ambiente de laboratório e pesquisa. Desenvolvido, inicialmente, para estudantes no Instituto Wingate em Israel, consiste num esforço máximo em cicloergômetro com duração original de 30 segundos. A carga utilizada é constante e calculada com base na massa corporal do avaliado, variando entre 5% e 10%, embora, no protocolo clássico, seja de 7,5%.

Após ajustar a altura do selim e o encaixe dos pés nos pedais, o avaliado passa por um breve aquecimento/familiarização com o cicloergômetro, sem qualquer carga por 2 a 4 minutos. Após um breve período de repouso e, ao sinal do avaliador, inicia o teste pedalando na sua capacidade motora máxima por 30 segundos. Um sistema informatizado acoplado ao cicloergômetro permite mensurar a potência gerada a cada segundo, informando potências pico (ou máxima) mínima, média e índice de fadiga. A potência máxima observada nos primeiros segundos do teste é considerada um ótimo indicador da potência anaeróbia, enquanto a potência média e o declínio mostrado pelo índice de fadiga são indicadores da resistência anaeróbia. A potência é expressa em watts ou kgm de forma absoluta ou relativa, enquanto o índice de fadiga é expresso em porcentagem.

Tabela 5.7 Percentis de potência relativa (w×kg⁻¹) e índice de fadiga (%) observados para o desempenho no teste de Wingate em homens e mulheres

Percentil	Pot. pico		Pot. média		Índice de fadiga	
	M	F	M	F	M	F
95	11,08	9,32	8,63	7,52	55,01	48,05
75	10,39	8,63	7,96	6,93	44,98	42,19
50	9,22	7,65	7,44	6,39	38,39	35,15
25	8,34	6,77	6,79	5,94	30,23	28,11
5	6,57	5,69	5,56	5,07	20,77	19,65

Fonte: Maud; Shultz, 1989, p. 146-147, tradução nossa.

Os valores percentis apresentados na Tabela 5.7 foram calculados em uma população de jovens norte-americanos entre 18 e 28 anos. Entretanto, apontar valores de referência para populações específicas não é tão simples, uma vez que se deve considerar as características da modalidade e sua proximidade com os padrões motores da bicicleta. Nessa perspectiva, ciclistas deverão ter um desempenho ainda mais fidedigno e confiável para avaliação do desempenho anaeróbio do que futebolistas. Variações de protocolo também têm sido observadas, seja na manipulação da carga, seja na duração do teste, assim como existe a possibilidade de realização do mesmo teste em um cicloergômetro para membros superiores, aproximando-se, assim, da especificidade de nadadores, remadores e tenistas.

5.5.3 Teste de esteira de Cunningham e Faulkner

O teste de Cunningham e Faulkner foi apresentado pelos pesquisadores David A. Cunningham, professor emérito da Universidade de Western Ontario, e John A. Faulkner, professor emérito da

Universidade de Michigan, em 1969. Seu principal objetivo é monitorar a capacidade anaeróbia e sua execução é bem simples. O teste é feito em uma esteira com carga única de 12,9 km×h^{-1} (8 milhas), em inclinação de 20%. Após o aquecimento com uma carga confortável, o avaliado deverá correr na velocidade do teste pelo maior tempo possível. O tempo alcançado será o indicador de desempenho anaeróbio. Como sua proposição é de acompanhamento do desempenho anaeróbio, não apresenta valores de referência, sendo sugerido para comparações individuais.

Pela facilidade de aplicação, o teste de Cunningham e Faulkner tem sido recomendado, principalmente, para o ambiente de academias, entretanto, sua indicação é mais apropriada para indivíduos bem treinados ou atletas.

ııı Síntese

Junto das avaliações neuromusculares, as avaliações cardiovasculares reúnem os testes mais utilizados para avaliação da aptidão física em estudantes, atletas e indivíduos comuns. Entretanto, enquanto os testes aeróbios são associados à saúde e considerados indicadores do condicionamento físico geral, os testes anaeróbios, por sua vez, são relacionados ao alto rendimento desportivo, com elevado nível de exigência física.

Para qualificar os testes em *aeróbios* ou *anaeróbios*, uma relação direta é feita com as vias bioenergéticas glicolíticas ou oxidativas. Isso também confere aos testes cardiovasculares uma forte identidade metabólica.

Na opção por um dos diversos protocolos, você deverá considerar o ergômetro utilizado ou, ainda, a especificidade da modalidade e, dependendo da população avaliada, a praticidade do teste.

ⅢⅠ *Atividades de autoavaliação*

1. Assinale a alternativa correta em relação às avaliações do componente cardiovascular:
   a) Nos testes anaeróbios, predominam as vias bioenergéticas oxidativas.
   b) Nos testes aeróbios, predominam as vias bioenergéticas glicolíticas.
   c) Testes aeróbios apresentam característica intervalada entre o estímulo e a recuperação.
   d) Testes cardiovasculares são considerados indicadores confiáveis da condição física geral.
   e) Mesmo no ambiente laboratorial, os testes cardiovasculares de campo são os considerados mais recomendados do ponto de vista motor para indivíduos descondicionados.

2. Assinale a alternativa que **não** se relaciona a uma variável possível de ser observada em testes cardiovasculares:
   a) Frequência cardíaca.
   b) Distância total percorrida.
   c) Velocidade final atingida.
   d) Carga total tracionada.
   e) Potência gerada.

3. Qual é o melhor indicador do desempenho aeróbio?
   a) Consumo máximo de oxigênio (VO_2max).
   b) Limiar anaeróbio.
   c) Frequência cardíaca de reserva.
   d) Amplitude máxima de movimento.
   e) Potência média.

4. Em relação aos testes cardiovasculares, é correto afirmar:
   a) Por meio dos testes aeróbios, não é possível identificar respostas imediatas ao esforço que nos permita estimar as cargas de treinamento do aluno.
   b) De maneira geral, os testes de campo são mais comuns e facilitados para aplicação em grandes grupos.
   c) Em função de sua complexidade, testes de esteira são protocolos reservados exclusivamente ao ambiente laboratorial.
   d) Os testes de laboratório exigem ambiente adequado e preparado para os procedimentos avaliativos, a custo baixo, e são preferencialmente direcionados para rotinas individualizadas.
   e) Os protocolos de teste mais indicados para verificação da capacidade aeróbia são os que apresentam esforços intermitentes, ou seja, que alternam períodos de esforços com pausas curtas.

5. Relacione os testes da coluna da direita com sua característica na coluna da esquerda e, em seguida, assinale a alternativa correspondente:

   1) Teste aeróbio
   2) Teste anaeróbio

   ( ) Teste de Rast
   ( ) Teste de vai e vem em 20 metros
   ( ) Teste de 1.600 metros
   ( ) Teste do *yoyo intermittent recovery*
   ( ) Teste de cicloergômetro de Astrand
   ( ) Teste de Wingate

   a) 2, 2, 1, 2, 1, 1.
   b) 2, 1, 1, 2, 1, 2.
   c) 1, 2, 2, 1, 2, 1.
   d) 1, 1, 2, 2, 1, 2.
   e) 2, 1, 1, 1, 2, 1.

▮▮▮ *Atividades de aprendizagem*

Questões para reflexão

1. Você certamente já realizou algum teste cardiovascular. Qual foi sua percepção em relação à intensidade, ao desconforto e à fadiga experimentados em diferentes momentos do teste? Quais seriam as diferenças nessa percepção quando comparamos um teste com um exercício/tarefa realizado como sessão de treinamento no mesmo instrumento? Será que realizar um teste na esteira apresenta importantes respostas distintas na percepção de esforço em relação a uma sessão de treinamento no mesmo aparelho?

2. Você optaria por testes de laboratório ou testes de campo? Por quê? Atletas apresentam aceitação distinta para cada um deles?

Atividade aplicada: prática

1. Em pequenos grupos, aplique um teste cardiovascular entre todos e calcule o VO_2max alcançado. Classifique o desempenho de maneira individualizada para cada um dos avaliados e discuta, com seus colegas se o índice alcançado está adequado e para quais práticas esportivas ele estaria adequado. Procure na internet por vídeos, fotos e concursos públicos que se refiram ao protocolo utilizado pelo seu grupo.

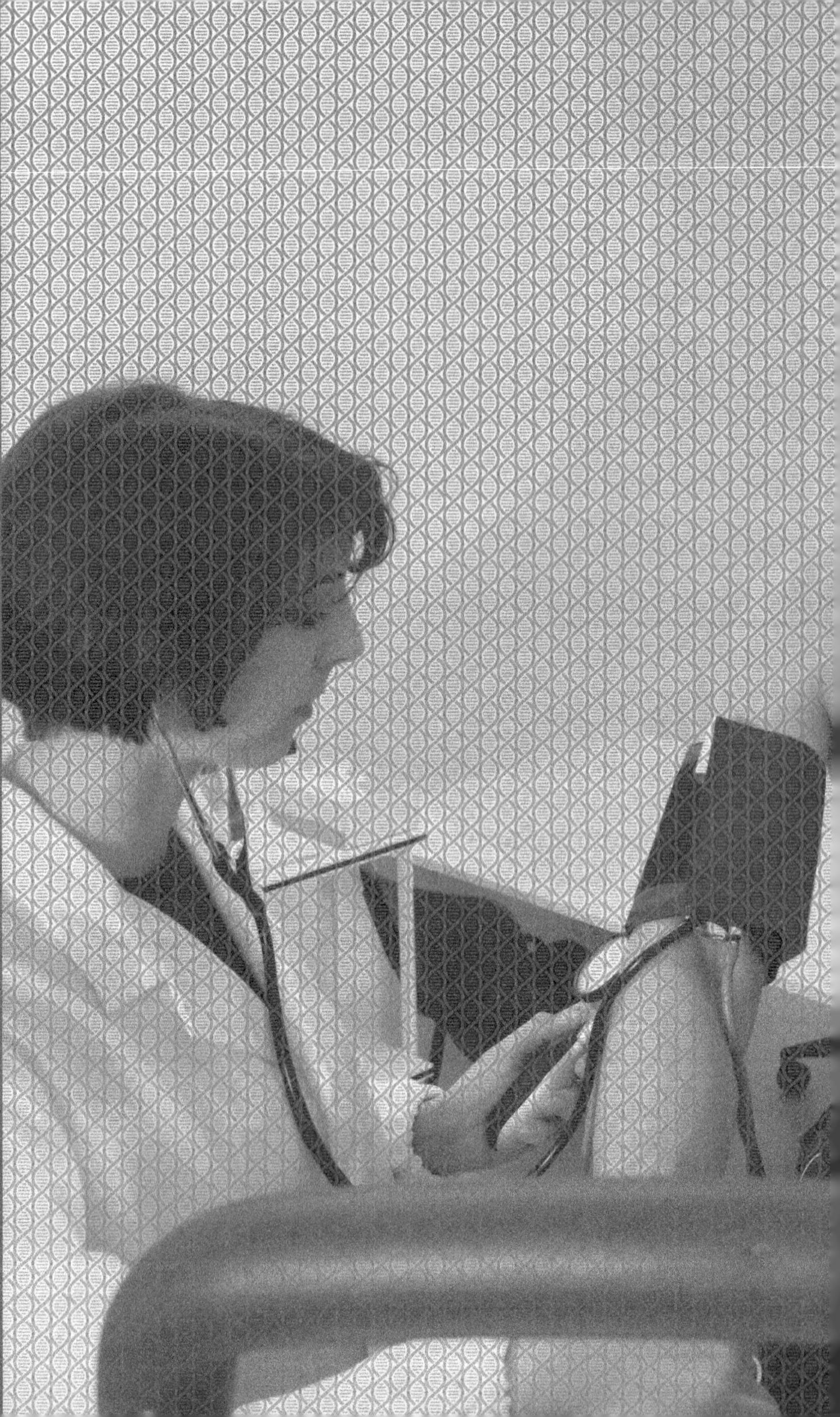

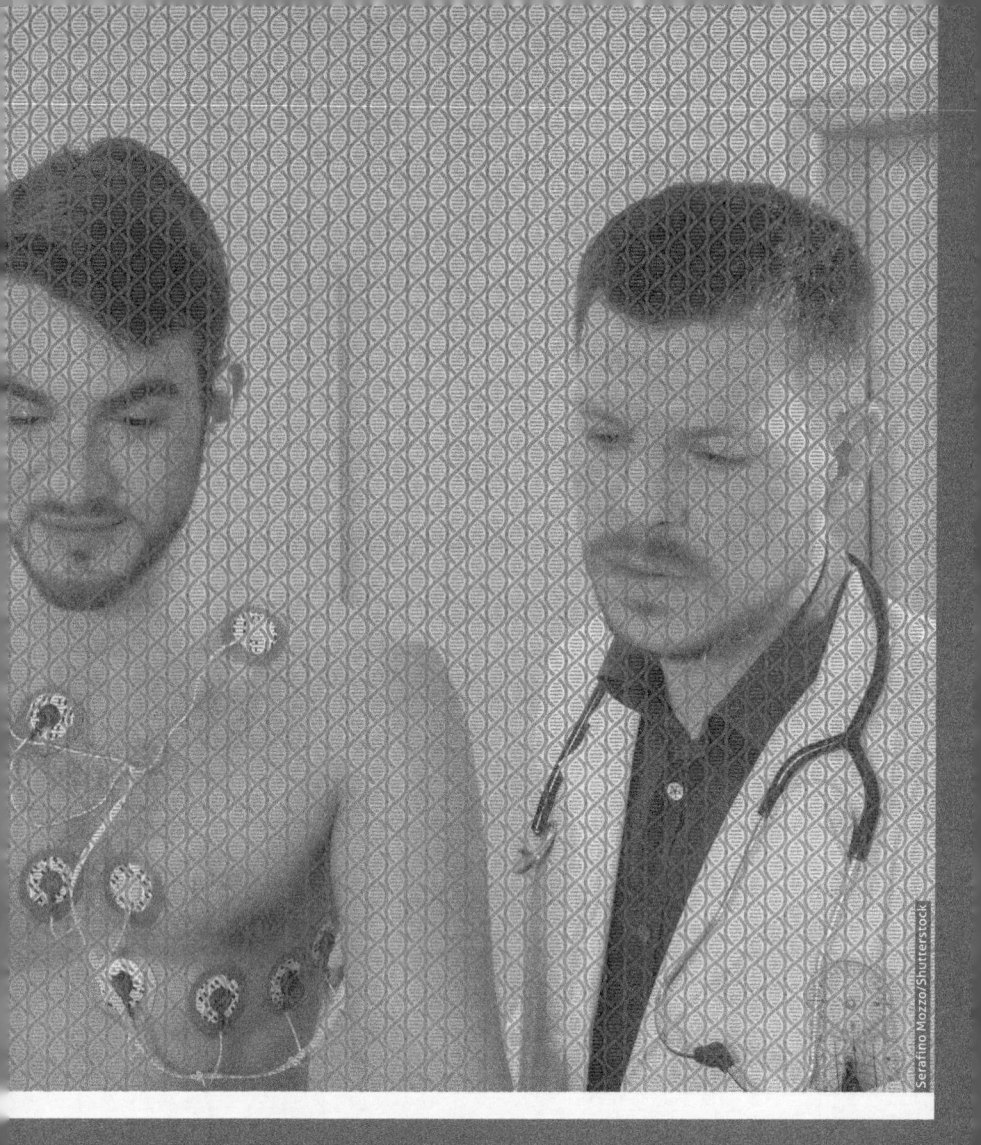

Capítulo 6

Medidas da atividade física e baterias de testes

M**ensurar a** atividade física envolve diversos métodos que objetivam identificar o tipo e a quantidade de ações motoras realizadas por um indivíduo em determinada situação. *Gasto energético* consiste na quantidade de energia demandada por essa atividade (Hills; Mokhtar; Byrne, 2014). É por meio do gasto energético e da característica do esforço que os objetivos físicos podem ser alcançados e o desgaste predito.

Neste capítulo, discutiremos o conceito de gasto energético e suas metodologias de estimativas, assim como sua validade e aplicabilidade em programas de prescrição da atividade física. Abordaremos, também, as baterias de testes para verificação da aptidão física adotados em vários países do mundo, além do Brasil, assim como a importância e os cuidados na inserção de rotinas de avaliação física no contexto escolar e em situações específicas mais comuns no cotidiano do profissional de Educação Física – caso dos testes de aptidão física (TAFs), exigidos em situações laborais –, como as observadas em concursos públicos.

Quantificar a atividade física não é tão simples. Entretanto, muito mais complexo é categorizar a condição física de um indivíduo, atleta ou não. A estruturação e as composição das baterias de testes físicos devem apresentar racionalidade, de maneira que os testes aplicados devem ser cuidadosamente escolhidos.

6.1 Conceitos de gasto energético

O metabolismo humano representa o conjunto de todos os processos fisiológicos e nossa taxa metabólica reflete a velocidade na qual o nosso corpo utiliza a energia. Conforme Salbe e Ravussin (citados por Bouchard, 2003), o gasto energético (GE), ou taxa metabólica, é produto basicamente de três componentes:

- **Taxa metabólica de repouso** (TMR): É a energia mínima para o indivíduo sobreviver e responde por 50% a 70% do gasto total. Considera a taxa metabólica basal (durante o sono) somada ao gasto desperto e sem esforços físicos significativos.
- **Efeito térmico dos alimentos**: É a energia relacionada à digestão e ao processamento dos alimentos. Dos três componentes, é o mais difícil de ser mensurado e responde por, aproximadamente, 10% do gasto metabólico.

- **Taxa de atividade física:** Composta pelo gasto das atividades físicas espontâneas e voluntárias, depende muito do estilo de vida assumido no dia a dia e responde por 20% a 40% do gasto energético total. Certamente é a que mais sofre influência voluntária.

A TMR varia bastante entre os indivíduos e os principais fatores que intervêm em sua grandeza são a herança genética, a idade, o sexo, a atividade do sistema nervoso simpático, a temperatura corporal, o tamanho corporal e, principalmente, a massa livre de gordura. É importante entender também que a TMR não é o mesmo que a Taxa Metabólica Basal (TMB), que é um pouco inferior a TMR.

Alguns desses fatores são reconhecidos como os mais influentes, como a idade e o sexo. Estima-se que, entre a segunda e a sétima década de vida, haja uma diminuição na TMR de 1% a 2% por década (Keys; Taylor; Grande, 1973), e alguns autores sugerem que adultos apresentam maior TMR quando em idade reprodutiva (Westerterp, 2015). Entretanto há quase um consenso de que a perda de massa livre de gordura seria a principal responsável pela diminuição da TMR observada com o avanço da idade. Normalmente, homens apresentam um GE 10-15% superior ao de mulheres, todavia, quando o GE é expresso por unidade de massa corporal magra, não são verificadas diferenças entre os sexos (McArdle; Katch; Katch, 2008), sendo que essa diferença é melhor explicada pelos hormônios sexuais.

A energia para atender a demanda metabólica vem dos alimentos ingeridos na dieta e armazenados no organismo. Os principais nutrientes utilizados são a gordura, o carboidrato e, em menor escala, a proteína. Para cada 1 grama desses nutrientes, há uma geração de energia estimada em 9 kcal para a gordura, 4 kcal para o carboidrato e 4 kcal para a proteína (Williams, 2002).

Embora a caloria seja a unidade de medida mais usada para a estimativa energética associada ao ser humano, outras unidades podem ser empregadas para mensurar o gasto energético, como o MET, ou *equivalente metabólico*, e o consumo de oxigênio, ou VO_2. O conceito de MET é relativamente simples: um MET representa o gasto energético que temos em repouso. Isso faz com que muitas tabelas, fórmulas ou compêndios utilizem o MET para quantificar o gasto energético de uma determinada atividade. Podemos citar o exemplo da caminhada, que, dependendo da sua velocidade, terá um gasto energético próximo de 4 METs, ou seja, 4 vezes a TMR (Brooks et al., 2005).

Estimado em VO_2, o nosso GMR é de 3,5 ml×kg×min^{-1}; isso quer dizer que, para cada kg de massa corpórea, consumimos 3,5 ml de oxigênio por minuto. Considerando o exemplo da caminhada, podemos deduzir que o consumo energético, naquela situação, seria de cinco vezes o GMR (1 MET do repouso + 4 METs da atividade). Nesse processo de estimativa do gasto calórico, é importante você saber que 1 MET equivale ao consumo aproximado de 1 kcal/kg/h (Kriska; Caspersen, 1997).

Como você observou, a atividade física pode ter seu custo energético estimado conforme suas características e demandas. Entre os fatores que influenciarão diretamente o produto dessa estimativa, temos a massa corporal, a massa muscular envolvida, a técnica e a intensidade do esforço (Westerterp, 2015).

6.2 Métodos de estimativa da atividade física e do gasto energético

O cálculo direto do gasto metabólico é relativamente complexo, pois exige alguns procedimentos de difícil execução. Em função disso, o gasto metabólico é estimado por metodologias indiretas e fórmulas específicas.

O conhecimento da demanda energética do organismo é fundamental como um elemento que irá auxiliar na orientação da prescrição do exercício físico. Logo, a estimativa do gasto metabólico em repouso (GMR) é ponto inicial na elaboração do treinamento. Estima-se que o GMR seja em torno de 10% superior ao gasto metabólico (GM) basal. O GMR é calculado na posição supina, 3 a 4 horas após qualquer refeição e após, pelo menos, 30 minutos de repouso absoluto. Como já vimos, o valor referencial para o gasto metabólico em repouso do ser humano é 3,5 ml/kg/min^{-1}, ou uma unidade metabólica, ou um MET.

É importante saber que existem diversas metodologias para estimativa do gasto energético. Algumas são mais complexas do que outras e, em razão disso, tornam-se menos exequíveis em nossa prática diária.

A calorimetria direta é uma das que apresentam maior dificuldade para utilização. Isso ocorre por haver a necessidade de se levar o avaliado até um ambiente hermeticamente controlado e onde será possível calcular a produção de calor por radiação, convecção e evaporação. É necessário também que o indivíduo permaneça por, pelo menos, 6 horas no ambiente fechado, para que haja uma estabilização do sistema (Redondo, 2015).

O princípio desse método é bem simples de ser verificado: observe que, em um ambiente fechado como uma sala, à medida que chegam mais pessoas, os vidros começam a ficar embaçados. Isso é uma evidência da produção de calor produzida por cada um dos indivíduos! Caso eles tenham acabado de encerrar uma atividade física extenuante, a velocidade com que os vidros ficarão embaçados será maior, sugerindo maior produção de calor pelo maior consumo energético do grupo.

A calorimetria indireta é a estimativa do consumo calórico observado após a completa oxidação dos substratos energéticos, seguida da produção de dióxido de carbono e água. Isso é possível pela análise dos gases oriundos dos processos metabólicos.

Em seres humanos, a prática mais adotada é a da análise de gases e espirometria, comum em testes de esforço. Essa avaliação é feita com aparelhos fixos ou portáteis e os principais obstáculos para sua utilização são o alto custo e a sua manutenção.

Instrumentos que registram a frequência de movimentos e sua intensidade têm sido adotados em estudos e práticas profissionais. Os metrônomos e acelerômetros estão se popularizando em função do custo e da facilidade de manuseio e permitem detectar a velocidade e o sentido dos movimentos.

Favorecido pela oferta de frequencímetros e de outras tecnologias *wireless*, a estimativa do GE pelo registro da frequência cardíaca é um dos métodos que mais tem mostrado aderência nos últimos anos. *Softwares* e aplicativos desenvolvidos para o monitoramento e o acompanhamento dos batimentos cardíacos tornam a experiência ainda mais atrativa e permitem a estimativa do GE, baseada no pressuposto de que há uma relação diretamente proporcional entre frequência cardíaca, atividade física e gasto calórico.

Entre as formas mais comuns e acessíveis de cálculo do GE, há também a estimativa por meio de fórmulas ou a aplicação de valores referenciais, conforme a atividade física. Existem inúmeras fórmulas e tabelas de referência para essa prática, entre as quais está a mais antiga equação de predição do GE, datada de 1919, proposta e desenvolvida para homens e mulheres por Harris e Benedict. Ao valor estimado devem ser acrescentadas taxas proporcionais ao estilo de vida, que variam entre 20% e 100% da TMR calculada:

$$\text{TMR (em kcal)} = 66{,}473 + (13{,}752 \times MC) + (5{,}003 \times E) - (6{,}755 \times I) \text{ homens}$$

$$\text{TMR (em kcal)} = 655{,}1 + (9{,}563 \times MC) + (1{,}850 \times E) - (4{,}676 \times I) \text{ mulheres}$$

Em que:

MC = massa corporal (em kg)
E = estatura (em cm)
I = idade (em anos)

Williams (2002) apresenta uma série de fórmulas para cálculo do GMR (em kcal/dia), propostas por um comitê de especialistas reunidos pela Organização Mundial de Saúde (OMS) em 1985. Essas fórmulas consideram a faixa etária e a massa corporal para homens e mulheres, sendo que o gasto metabólico em repouso (GMR) pode ser calculado de maneira bem simples, como você pode observar na Tabela 6.1.

Tabela 6.1 Fórmulas de predição do gasto metabólico de repouso (GMR em kcal/dia) em homens e mulheres

Faixa etária (em anos)	Homens	Mulheres
0 a 3	(60,9 × MC) − 54	(61,0 × MC) − 51
3 a 9	(22,7 × MC) + 495	(22,5 × MC) + 499
10 a 17	(17,5 × MC) + 651	(12,2 × MC) + 746
18 a 29	(15,3 × MC) + 679	(14,7 × MC) + 496
30 a 60	(11,6 × MC) + 879	(8,7 × MC) + 829
> 60	(13,5 × MC) + 487	(10,5 × MC) + 596

Fonte: Williams, 2002, p. 76.

Conforme Redondo (2015), utilizando princípios dos estudos de Shofield e Oxford, o comitê de especialistas anteriormente citado sugeriu a adoção de fatores ligados a atividades físicas para cálculo da Taxa Metabólica Diária (TMD). Confira na Tabela 6.2 a relação entre atividade física e fator de correção.

Tabela 6.2 Nível de atividade física e fator de correção para predição da TMD

Gênero	Atividade leve	Atividade moderada	Atividade pesada
Homem	1,55	1,76	2,10
Mulher	1,56	1,64	1,82

Fonte: Redondo, 2015, p. 251, tradução nossa.

Vamos passar aos cálculos?

Consideremos um homem com massa corporal de 70 kg, estatura de 1,70 m e 40 anos de idade. Utilizaremos a fórmula de Harris-Benedict.

TMR (em kcal) = 66,473 + (13,752 × 70) + (5,003 × 170) − (6,755 × 40)
TMR (em kcal) = 66,473 + 962,64 + 850,51 − 270,2
TMR = 2.149,8 kcal

Vamos comparar esse valor com a predição sugerida por Williams?

TMR (em kcal) = (11,6 × 70) + 879
TMR (em kcal) = 812 + 879
TMR = 1.691 kcal

Outra forma de predizer o GE é a partir do VO_2. Um dos protocolos mais clássicos é o proposto por Keys, Taylor e Grande (1973) para homens:

TMR (em ml×min^{-1}) = (1,255 × E) + (0,928 × MC) − 64,8

Vamos utilizar o mesmo exemplo para o protocolo de Keys, Taylor e Grande (1973):

$$\text{TMR (em ml}\times\text{min}^{-1}) = (1{,}255 \times 170) + (0{,}928 \times 70) - 64{,}8$$
$$\text{TMR (em ml}\times\text{min}^{-1}) = 213{,}35 + 64{,}96 - 64{,}8$$
$$\text{TMR} = 231{,}5 \text{ ml}\times\text{min}^{-1}$$

Atente para o fato de que esse valor representa o VO_2. Vamos agora transformá-lo em kcal!

Inicialmente, calculamos o GE em uma hora e, posteriormente, em um dia, ou seja:

$$\text{TMR} = 231{,}5 \times 60 = 13.890 \text{ em ml}\times\text{h}^{-1} \text{ ou } 13{,}89 \text{ l}\times\text{h}^{-1}$$
$$\text{TMR} = 13{,}89 \times 24 = 333{,}36 \text{ l/dia}$$

Considerando que o consumo de 1 litro de O_2 equivale a 5 kcal, podemos calcular agora o GE em kcal:

$$\text{TMR} = 333{,}36 \times 5$$
$$\text{TMR} = 1.666{,}8 \text{ kcal}$$

Resumindo, observe os diferentes valores encontrados na tabela a seguir:

Tabela 6.3 Taxa metabólica de repouso (TMR) estimada por diferentes protocolos para um mesmo indivíduo em kcal

Referência	TMR (em kcal/dia)
Harris-Benedict (1919)	2.149
Williams (2002)	1.691
Keys, Taylor e Grande (1973)	1.666

Obs.: considerando indivíduo do sexo masculino, 40 anos de idade, estatura 1,70 m, massa corporal 70 kg.

Como você pode verificar, há uma proximidade entre os valores preditos por protocolos mais recentes. Em função de inúmeros fatores, difíceis de serem controlados, alguns autores sugerem que o gasto metabólico real pode variar em até 20% do valor estimado.

Mas e a atividade física? Como podemos calcular o seu valor energético?

Praticamente são os mesmos princípios da TMR. Podemos predizer o GE em kcal, METs ou VO_2. Da mesma forma, podemos aplicar fórmulas ou considerar valores estabelecidos em tabelas ou compêndios. Devemos, assim, caracterizar a atividade física, sua intensidade e sua duração. Vamos observar alguns casos.

6.2.1 Corrida (GMC)

O GM para a corrida é apresentado em ml×kg×min^{-1} e a fórmula proposta pelo Colégio Americano de Medicina do Esporte (ACSM, do inglês *American College of Sport Medicine*) para predição do VO_2 é, talvez, a mais utilizada mundialmente. No seu cálculo, há três componentes que podem interferir no gasto energético da corrida: componente horizontal (1), componente vertical (2) e GMR (3). Devemos calcular os três.

Componente horizontal (CH):
CH = V × 0,2
Componente vertical (CV):
CV = (% inclinação/100) × V × 0,9
GMR:
VO_2/min = 3,5 ml×kg×min^{-1}
GMC = CH + CV + GMR

Em que:

V = velocidade em m/min

Outro protocolo muito utilizado para cálculo do VO_2 em ml×kg×min^{-1} é o proposto por Leger e Mercer (1984):

$VO_2 = 2{,}209 + 3{,}1633 \times V$
V = velocidade em km/h

Em estudo conduzido por Hall et al. (2004), as equações propostas pelo ACSM (2000) e por Leger e Mercer (1984) foram as mais confiáveis para predição do GMC comparado ao gasto mensurado por calorimetria indireta.

Vamos simular um cálculo considerando um indivíduo que correu na esteira por 20 minutos numa velocidade de 14 km/h, conforme o proposto por Leger e Mercer (1984):

$VO2 = 2{,}209 + 3{,}1633 \times 14$
$VO2 = 46{,}5 \text{ kJ} \times 20 \text{ min}$
$VO2 = 930 \text{ kJ}$

Vamos transformar kJ em kcal:

$1 \text{kJ} = 0{,}239006 \text{ kcal}$
$VO2 = 930 \text{ kJ} = 222{,}3 \text{ kcal}$

6.2.2 Caminhada (GMCA)

Da mesma forma que a corrida, a caminhada pode também apresentar os três componentes: CH, CV e GMR.

$CH = V \times 0{,}1$
$CV = (\% \text{ inclinação}/100) \times V \times 1{,}8$
$GMCA = CH + CV + GMR$

6.2.3 Cicloergometria (GMB)

Para a cicloergometria e o *step*/banco, utilizamos as fórmulas propostas também pelo ACSM (2000):

GMB = (C × 2) + (3,5 × MC)

Em que:

C = carga (em kgm). Para transformar watts em kgm, 50 W = 300 kgm.
MC = massa corporal (em kg)

O valor é estimado em VO_2 absoluto e, para a devida conversão em relativo (ml×kg×min^{-1}), basta dividir o VO_2 absoluto pelo peso corporal (em kg). Para conversão em METs, basta relacionar para cada 3,5 ml×kg×min^{-1} = 1 MET.

Step/Banco (GMS):
CH = FS × 0,35
CV = AS × FS × 2,4

Em que:

FS = frequência de subidas e descidas no *step* em 1 minuto
AS = altura do *step* em metros
GMS = CH + CV

Uma alternativa à aplicação de fórmulas e equações é quantificar a atividade física por meio de tabelas e compêndios. Além de *softwares* e aplicativos para *smartphones* e computadores, há inúmeras referências para a estimativa do GE em exercícios e esforços físicos dos mais variados. O mais recente é uma revisão de outros compêndios que foi estabelecido por um grupo de pesquisadores norte-americanos e resultou no registro de 821 atividades específicas e seus respectivos custos energéticos (Ainsworth et al., 2011). Sua utilização é bem simples, bastando identificar a atividade, seu presumido gasto calórico em METs e multiplicar pelo tempo em minutos.

A atividade física é um fenômeno que pode ser mensurado pelo comportamento ou pelo gasto energético. Certamente, a prática mais adotada para mensurá-la, principalmente em estudos epidemiológicos, é a aplicação de questionários. A maior parte dos questionários ou formulários que buscam essa quantificação associa frequência com duração e intensidade ou, ainda, relaciona do tempo de exposição com intensidade. Após a aplicação do instrumento, é possível categorizar o avaliado ou um grupo de pessoas com referenciais propostos em estudos epidemiológicos. Considerando a natureza subjetiva dos questionários, sua validade depende muito da honestidade e da cognição de quem o responde, razão por que entender as questões e a adequada categorização das atividades físicas é elemento fundamental na sua aplicação (Kriska; Caspersen, 1997).

O questionário apresenta como ponto positivo o fato de ser uma forma econômica, prática, viável e, muitas vezes, pode se propor a não necessariamente quantificar o gasto energético, mas hábitos e práticas de uma determinada população, possibilitando, dessa forma, ser aplicado em ações político-sociais.

A opção por um determinado questionário deve ser direcionada pelas características da população a ser estudada. Aspectos dos hábitos, da faixa etária, do sexo e da cultura corporal devem ser considerados, não havendo um modelo padrão para aplicação generalizada. Um bom exemplo é o teste de aptidão física de Brockport, ou BPFT (*Blockport Physical Fitness Test*) – uma bateria composta de 27 testes desenvolvidos ou adaptados exclusivamente para avaliação de crianças e adolescentes com deficiência.

O questionário mundialmente mais utilizado é o Questionário Internacional de Atividade Física, ou IPAQ (*International Physical Activity Questionnaire*), construído para investigar os hábitos de atividade física e sedentarismo em grandes populações, que já foi traduzido e aplicado em dezenas de países.

Ele foi desenvolvido de duas formas: a forma curta é composta de nove itens e investiga o tempo dispendido em atividades leves, como caminhadas moderadas e intensas, além dos hábitos sedentários e dos locais envolvidos nessas atividades; a versão longa pesquisa as atividades já citadas acrescidas de hábitos domésticos, atividades ocupacionais, formas de transporte e tempo de lazer. Sua praticidade tem permitido sua utilização, inclusive, em entrevistas feitas por telefone e há modelos que permitem seu preenchimento pela internet.

Você encontrará, nos anexos, uma reprodução do IPAQ em português, gentilmente cedido pelo Dr. Timóteo Leandro Araujo, do Centro de Estudos do Laboratório de Aptidão Física de São Caetano do Sul – Celafiscs (Anexo 1).

O PAQ-C e o PAQ-A, desenvolvidos no Canadá pelos pesquisadores Kent C. Kowalski, Peter R.E. Crocker e Rachel M. Donen no final da década de 1990, estão entre os instrumentos mundialmente mais utilizados para avaliação da atividade física em crianças (8 a 14 anos de idade) e adolescentes (14 a 20 anos de idade), respectivamente.

Eles consistem, basicamente, de dois instrumentos autorrecordatórios das atividades físicas feitas nos últimos sete dias, muito similares, com respostas em escala de até cinco pontos e que podem ser rapidamente aplicados a turmas escolares.

Nos anexos, você encontrará o PAQ-C (Anexo 2) e o PAQ-A (Anexo 3) em suas versões em português, cedidos pelo Dr. Dartagnan Pinto Guedes.

O Questionário de Hábitos de Esporte e Lazer de Adolescentes foi um instrumento[1] desenvolvido pela professora Elizabeth Ferreira de Souza, sob a orientação do professor Fernando Renato Cavichiolli, para uma dissertação de mestrado, com o objetivo de investigar hábitos de esporte e lazer em estudantes adolescentes na cidade de Curitiba.

Trata-se de instrumento facilmente aplicado em turmas escolares pelo próprio professor, abordando não apenas as práticas esportivas e de lazer, mas também as barreiras para que essas atividades aconteçam, locais frequentados e condição socioeconômica dos avaliados.

6.3 Baterias de testes físicos

Baterias de testes físicos são conjuntos de diversos testes físicos direcionados para determinados grupos populacionais e muito adotados em estudos epidemiológicos. A aplicação dos testes permite quantificar o desempenho em cada tarefa ou no conjunto e, por fim, estratificar o avaliado em graus de desempenho superior, intermediário e inferior.

Vamos apresentar os protocolos/baterias de testes mais conhecidos no Brasil e no mundo.

6.3.1 Fitnessgram®

O Fitnessgram® é uma das mais bem-sucedidas ações englobando avaliação da aptidão física no ambiente escolar. Proposto em 1977 pelo norte-americano Charles L. Sterling, no estado do Texas, consiste num programa de avaliação da aptidão física de estudantes com padrões sugeridos de desempenho baseados em estudos epidemiológicos, pedagógicos, comportamentais e fisiológicos.

---

[1] A professora Elizabeth Ferreira de Souza disponibiliza uma cópia do seu instrumento Questionário de Hábitos de Esporte e Lazer de Adolescentes no Anexo 4.

Aplicado nacionalmente nos Estados Unidos a partir da década de 1980, o Fitnessgram® utilizou, inicialmente, a bateria de testes de aptidão para jovens da AAHPERD (*American Alliance for Health, Physical Education, Recreation and Dance*), alcançando milhares de professores que atuam no ambiente escolar. As ações consistem na aplicação da bateria de testes nos estudantes, na análise dos desempenhos e na alimentação de uma base de dados informatizada que permite criar padrões e referências normativas por regiões do território norte-americano (Plowman et al., 2006).

Em estudo com estudantes brasileiros na cidade de Montes Claros, em Minas Gerais, Guedes et al. (2012) observaram que aproximadamente 8% dos avaliados atingiu os valores considerados satisfatórios pelo Fitnessgram®, sendo que esse quadro tornava-se ainda pior entre os maiores de 10 anos de idade. Esse quadro, obviamente, é muito negativo e alerta para um estado de saúde nada animador associado aos componentes da atividade física.

O Quadro 6.1 apresenta os testes divididos em seis domínios e adotados pelo Fitnessgram® (Plowman; Meredith, 2013).

Quadro 6.1 Domínios e testes adotados pelo Fitnessgram®

Domínio	Testes
Capacidade aeróbia	Pacer, ou teste de *beep*,
	corrida de uma milha,
	teste de caminhada.
Força, resistência muscular e flexibilidade	Elevação do tronco,
	flexão de braços no solo,
	flexão na barra modificada,
	flexão na barra em isometria,
	flexão de quadril ("abdominal").
	Teste de sentar e alcançar,
	flexibilidade de ombros.

(continua)

(Quadro 6.1 – conclusão)

Domínio	Testes
Composição corporal	Dobras cutâneas (tríceps + panturrilha), bioimpedância, IMC.
Avaliação de atividades gerais	*ActivityGram* *ActivityGram Lite* *ActivityLog*

6.3.2 Eurofit

Desenvolvido no final dos anos 1980 pelo Conselho Europeu para Desenvolvimento do Esporte, o Eurofit é uma bateria de nove testes físicos, com medidas antropométricas categorizadas por idade e sexo, para avaliar a aptidão física de jovens em idade escolar entre 6 e 18 anos de idade. Adotando uma concepção holística da aptidão como um fenômeno multidimensional, abrange a aptidão relacionada à saúde e ao rendimento (Georgiades; Klissouras, 1989).

A proposta do Eurofit busca associar o desempenho nos testes com a aptidão para tarefas do cotidiano ou a promoção da saúde. Dois exemplos são a associação do desempenho no teste de preensão manual com a capacidade de segurar um volume ou, ainda, relacionar um bom desempenho no teste de resistência aeróbia com a menor probabilidade de desenvolver uma doença cardíaca (Kemper; Van Mechelen, 1996).

As primeiras aplicações do Eurofit foram feitas na Bélgica e na Holanda e, atualmente, sua implementação é ampla em estabelecimentos escolares de toda a Europa. A realização da bateria completa dos testes leva, aproximadamente, de 35 a 40 minutos de duração e há um protocolo similar para adultos, proposto em 1995, que também tem apresentado uma boa aceitação em estudos epidemiológicos com diversas populações e etnias.

O Quadro 6.2 relaciona os domínios e testes empregados no Eurofit em sua versão original, assim como a ordem de aplicação de cada um deles (Adam et al., 1988).

Quadro 6.2 Domínios e testes adotados pelo Eurofit e ordem de aplicação dos testes

Domínio	Teste	Ordem
Equilíbrio	Teste do flamingo	1
Velocidade	*Plate tapping* (Placa de toque)	2
	Shuttle run 10 × 5 m	8
Flexibilidade	Teste de sentar e alcançar	3
Força	Teste de salto horizontal	4
	Preensão manual	5
Resistência muscular	Flexão de quadril ("abdominal")	6
	Flexão na barra em isometria	7
Resistência cardiorrespiratória	Teste de vai e volta em 20 metros	9

Fonte: Adam et al., 1988, p. 94-95, tradução nossa.

A bateria de testes ainda contempla medidas antropométricas de estatura e massa corporal, além de cinco dobras cutâneas para indicar a gordura corporal (bíceps, tríceps, subescapular, suprailíaca e panturrilha).

6.3.3 President's Council

O *President's Council on Fitness, Sports & Nutrition* é um órgão governamental norte-americano e promove a prática da atividade física para grandes populações, aliando exercícios físicos aos cuidados com uma dieta saudável desde a década de 1950.

A base do órgão é convidar o cidadão norte-americano para manter-se ativo, incorporando em sua rotina diária 30 minutos de atividades físicas para os adultos e 60 minutos para crianças e adolescentes. Não se trata de uma ação isolada, mas de um conjunto de ações como programas, eventos, prêmios e publicações que encorajam o cidadão a buscar a prática desportiva em comunidade.

Os estudos desenvolvidos pelo *President's Council* são, talvez, os mais antigos e tradicionais estudos epidemiológicos nos Estados Unidos e, frequentemente, trazem dados relativos à prática da atividade física regular e seu impacto socioeconômico e nos indicadores de saúde pública.

Uma das ações de destaque é a bateria de testes estruturada no *Presidential Youth Fitness Program* para meninos e meninas, frequentemente aplicada em ambientes escolares e comunitários, como as YMCAs (*Young Men's Christian Association*, em português Associação Cristã de Moços), comuns nos Estados Unidos. Podemos dizer que é uma das baterias de testes mais populares do mundo, sendo que boa parte da população norte-americana passou, em algum momento, pelos testes padronizados. Para cada uma das tarefas, há tabelas de percentis para meninos e meninas que estratificam o avaliado em desempenhos esperados, associados ao grau de aptidão física.

Os tradicionais testes adotados pelo *President's Council* são apresentados a seguir, no Quadro 6.3.

Quadro 6.3 Testes adotados no *President's Council* com meninos e meninas

Corrida de 50 metros
Corrida de 600 metros
Salto horizontal
Teste de barra fixa (meninos)
Flexão na barra em isometria (meninas)
Flexão de quadril ("abdominais")
Teste de vai e volta em 20 metros

Fonte: President's Council on Physical Fitness & Sport, 2006, tradução nossa.

6.3.4 Helena

O *Helena Study* (*Healthly Lifestyle in Europe by Nutrition in Adolescence*, em português, Estilo de Vida Saudável na Europa pela Nutrição para Adolescentes) é um projeto fundamentado pela União Europeia na investigação do estilo de vida e da nutrição de adolescentes, desenvolvido por um grupo de estudos multicêntricos em dez cidades europeias: Athenas e Heraklions (Grécia), Dortmund (Alemanha), Ghent (Bélgica), Lille (França), Pécs (Hungria), Roma (Itália), Estocolmo (Suécia), Viena (Austria) e Zaragoza (Espanha).

O *Helena Study* tem incorporado entre as suas ações uma bateria de testes para avaliação da aptidão física relacionada à saúde. Para implantação continental do estudo, houve a necessidade de padronização dos procedimentos, sendo que estudos contínuos buscam a validação e a consistência dos testes (Ortega et al., 2008).

O projeto contempla estudos transversais e longitudinais de intervenção em comunidades selecionadas, levantando hábitos de vida e necessidades nutricionais de grupos adolescentes. O foco das atividades é centrado na educação e na modificação de hábitos promotores de um estilo de vida saudável, centrado, principalmente, na atividade física e na dieta. Podemos dizer que o modelo adotado apresenta grande similaridade com o observado no *President's Council*, adotado nos Estados Unidos.

O acompanhamento permanente da população observada faz com que a bateria de testes não seja fixa, podendo, futuramente, ser alterada com exclusão ou inclusão de determinados procedimentos avaliativos.

Além de medidas antropométricas básicas, como estatura, massa corporal e IMC, são aplicados nove testes físicos, conforme descritos no Quadro 6.4.

Quadro 6.4 Domínios e testes adotados pelo *Helena Study*

Domínio	Teste
Flexibilidade	Teste de sentar e alcançar *back-saver*
Força	Salto horizontal
	Preensão manual
	Flexão na barra em isometria
	Protocolo de Bosco (salto vertical, salto vertical contramovimento e salto Abalakov)
Agilidade	*Shuttle run* 4 × 10 metros
Resistência Cardiorrespiratória	Teste de vai e volta em 20 metros

Fonte: Ortega et al., 2008, p. 550-551, tradução nossa.

6.3.5 Agita São Paulo

O Agita São Paulo é um programa brasileiro composto de ações de promoção da atividade física como instrumento para encorajamento de um estilo de vida ativo e saudável. Criado no Estado de São Paulo em 1996, seu principal fator motivador foi a prevalência do sedentarismo da população.

Considerado um exemplo no Brasil e na América Latina, o programa é sugerido pela OMS como modelo para diversos países por todo o mundo. Desde seu início, a principal mensagem veiculada é a prática diária, contínua ou acumulada, de 30 minutos de atividade física. Dentre as ações destacam-se megaeventos com atividades abertas ao público em geral, além de ações científicas, como cursos e simpósios voltados para profissionais da área da saúde e do esporte. Materiais impressos e mídia digital são muito bem-aproveitados pelo programa, que se destaca também pela abordagem multissetorial, evidenciada nas inúmeras parcerias com órgãos governamentais e iniciativa privada.

O embasamento científico e metodológico das ações tem proporcionado não apenas estudos e relatórios científicos de alta confiabilidade, mas também a formação de mão de obra qualificada e crítica no tratamento dos instrumentos de promoção, controle e avaliação da atividade física.

Criado pelo Celafiscs e fundamentado em estratégias diretas, com mensagens simples e objetivas, centenas de parcerias com órgãos governamentais e não governamentais, adequação às características culturais, aplicação de princípios de inclusão, entre outros fatores, o Agita São Paulo é um dos programas mais bem-sucedidos de promoção da atividade física e saúde com reconhecimento mundial (Matsudo et al., 2008).

6.3.6 Proesp-BR

Desenvolvido pela Escola de Educação Física, Fisioterapia e Dança da Universidade Federal do Rio Grande do Sul, o Projeto Esporte Brasil (Proesp-BR) foi, inicialmente, proposto em 1994, com o intuito de desenvolver uma bateria de testes de aptidão física para delinear o perfil de crianças e jovens brasileiros relacionado à saúde e ao desempenho desportivo, por meio de protocolos simples, válidos, objetivos e de baixo custo.

Aplicado principalmente a grupos escolares, posteriormente o Proesp-BR foi acrescido de uma linha de ações voltadas a grupos especiais. Em 2008, foi incorporado ao Programa Segundo Tempo, em ações do Ministério do Esporte de incentivo à prática de atividades esportivas no ambiente escolar, com o objetivo de avaliar a condição física dos estudantes.

No ambiente escolar, recomenda-se que a bateria de testes seja realizada em quatro aulas. Elencados na ordem sugerida de aplicação, o Quadro 6.5 apresenta a bateria de testes e seus respectivos domínios, propostos pelo Manual de Aplicação do Proesp-BR (Gaya; Gaya, 2016).

Quadro 6.5 Testes e domínios propostos pelo Proesp-BR

Domínio	Teste	Aula
Antropométrico	Massa Corporal	1
Antropométrico	Estatura	1
Antropométrico	Envergadura	1
Antropométrico	Circunferência de cintura	1
Antropométrico	IMC	1
Flexibilidade	Teste de sentar e alcançar	1
Resistência Muscular	Flexão de quadril ("abdominais")	2
Resistência Cardiorespiratória	Teste de correr ou andar em 6 minutos	2
Força	Salto horizontal	3
Velocidade	Teste de velocidade de 20 metros	3
Força	Arremesso de *medicine ball* de 2 kg	4
Agilidade	Teste do quadrado de 4 metros	4

Fonte: Elaborado com base em Gaya; Gaya, 2016, p. 6-14.

6.4 Avaliação no contexto escolar

Conforme Pate (1989) e Kemper e Van Mechelen (1996), a avaliação da aptidão física no ambiente escolar pode ter vários propósitos, entre eles:

- Verificação da condição física.
- Motivação e reconhecimento do aluno.
- Seleção de talentos.
- Promoção da aprendizagem afetiva e cognitiva, pela motivação entre os avaliados e compartilhamento de dicas para favorecimento do desempenho.
- Exercício de interdisciplinaridade, associando disciplinas como a Biologia para discutir conceitos de saúde e sistemas orgânicos, como o muscular e o cardiovascular, e a Matemática, na utilização de fórmulas e cálculos.

- Valorização da mudança de hábito para promoção de um estilo de vida saudável.
- Verificação da efetividade e do impacto de um programa de atividades físicas orientadas pelo professor nas aulas regulares de Educação Física, quando aplicado a uma bateria pré e pós.

Alguns fatores devem ser considerados na inserção de testes de aptidão física como conteúdo da educação física escolar. Vamos a eles:

1. A realização de determinados testes tanto pode ser encarada como um elemento motivacional como desmotivacional, dependendo, obviamente, da contextualização evidenciada pelo professor da turma. Logicamente que na mesma turma serão observados desempenhos antagônicos, sendo alguns muito bons e outros muito ruins. Você deve dedicar atenção especial aos estratos mais baixos de desempenho, a fim de que frustrações não funcionem como um fator de repulsa para a prática da atividade física do aluno.
2. Testes simples e próprios do ambiente escolar talvez não sejam tão precisos e adequados para qualificar desempenhos de destaque, como rotinas desenvolvidas em laboratórios ou com amparo de técnicas mais modernas e equipamentos sofisticados.
3. Testes realizados no ambiente escolar não predizem com relativa segurança o desempenho em competições.
4. A interdisciplinaridade é importante elemento de valorização da educação física e de seus conteúdos nos níveis formais de ensino, entretanto, precisa ser vista como prática de mão dupla, em que os professores e colegas de outras disciplinas devem atuar na construção das ações didático-pedagógicas.

5. Os testes devem ser claramente explicados aos alunos a fim de que se proponham a retratar o desempenho físico. Isso sugere a adoção de testes adequados não apenas ao crescimento e à maturação, mas também ao nível cognitivo da turma.
6. As baterias de testes devem ser adequadas ao ambiente escolar, inclusive com suas limitações materiais e espaciais. Além disso, talvez, seja prudente utilizar protocolos de rápida execução ou que permitam a observação simultânea de várias pessoas, como os testes de *beep*.
7. Os procedimentos e testes utilizados devem ser validados e se propor a verificar capacidades ou indicadores perfeitamente justificáveis.
8. A utilização de testes para discutir as respostas orgânicas ao esforço físico são muito bem-vindas. Verificação da frequência cardíaca, frequência respiratória, fadiga, ações motoras e a importância da hidratação são situações e fenômenos que podem ser muito bem trabalhados nas rotinas de avaliação da aptidão física.
9. O registro do desempenho e a criação de banco de dados do mesmo aluno ao longo dos semestres são elementos valiosos no acompanhamento do desenvolvimento físico e biológico, podendo, inclusive, sugerir retardos no crescimento e encaminhamento médico.
10. Os testes só devem ser realizados com indivíduos saudáveis e, antes da sua aplicação, informações devem ser dadas ao grupo para que, ao menor sintoma de mal-estar, a interrupção do teste seja imediata.
11. Variações interindivíduos podem ser produto não apenas de favorecimento genético, mas, talvez, também de diferentes períodos de desenvolvimento biológico, quando comparados um indivíduo de maturação tardia e outro de maturação precoce.

12. Após analisados de forma mais crítica, os resultados podem servir como elemento para a discussão de estratégias comunitárias locais eficazes de promoção da atividade física, sugerindo modalidades que venham ao encontro não apenas do condicionamento físico, mas também de atração e interesse da população local.
13. Não é recomendada a atribuição de "notas" sugestivas de aprovação ou reprovação na disciplina, objeto formal das rotinas escolares, atreladas ao desempenho em determinado teste ou mesmo a uma bateria de testes.
14. Adoção de classificações fundadas em referências validadas e adequadas ao grupo etário, étnico e ao gênero.
15. Verificação diagnóstica de práticas ou condições locais de morbidades ou avanço de doenças degenerativas com relevância à saúde pública, como obesidade, desnutrição ou doenças cardiovasculares, e que podem ser discutidas nos conteúdos próprios da educação física escolar.

É importante registrar que o objetivo das rotinas de avaliação deve ser bem claro ao professor da turma, sugerindo o direcionamento das ações e adequada escolha dos instrumentos e protocolos para que os resultados obtidos sejam efetivamente úteis e não sirvam apenas como informações vazias, que em nada colaboram para o cumprimento do real papel da educação física escolar – qual seja: a adoção da atividade física e de um estilo de vida saudável como elemento de promoção da saúde e da sociabilização.

É desejável que as práticas de avaliação sejam vistas e planejadas no contexto dos conteúdos curriculares, podendo, assim, servir como uma poderosa ferramenta pedagógica na valorização das práticas físicas, e não apenas representar uma ação pontual e vazia no contexto escolar.

Os resultados demonstrados pela comunidade escolar devem ser tabulados e apresentados aos gestores públicos locais, a fim de promover a discussão de ações no âmbito regional. Da mesma forma, podem funcionar como fator de discussão dos padrões e das normatizações sugeridos a um determinado grupo etário, abordando, inclusive, sua validade e adequação.

Finalmente, é importante reforçar que os testes motores na educação física devem promover os componentes da atividade física relacionados à saúde, e não serem propostos como um fator de valorização do desempenho motor, o que, obviamente, estará associado tão somente à descoberta de talentos.

6.5 Testes de aptidão física (TAFs)

Os TAFs são baterias de avaliações físicas previstas como fases eliminatórias ou classificatórias em concursos públicos ou seleções para determinados cargos públicos ou privados ou para determinadas funções.

TAFs **eliminatórios** estabelecem índices mínimos de aptidão física, necessários para aprovação ou reprovação do candidato. De maneira geral, o *status* atribuído ao avaliado é *aprovado* ou *não aprovado*, ou seja, um indivíduo melhor condicionado não levará vantagem sobre outro de aptidão inferior. Esses testes, quase sempre, não interferem na classificação geral dos candidatos aptos.

TAFs **classificatórios** estabelecem diversas pontuações, conforme o desempenho do candidato. Nesse caso, quanto melhor o desempenho apresentado, melhor será a classificação do indivíduo.

Os testes previstos devem ser sempre mencionados e descritos em edital específico ou seu anexo, bem como os índices exigidos. A descrição poderá até não estar presente no documento, desde que estejam apontados autores ou padrões orientadores dos procedimentos. Além dos índices mínimos, ao analisar um protocolo de determinado TAF, atente para detalhes como exigência de atestado médico padrão, número de tentativas, critérios para desclassificação ou eliminação, horário de realização, ordem e duração de intervalo entre os testes. Lembre também que o aquecimento é sempre imprescindível.

A preparação para um teste de aptidão física deverá sempre ter início com razoável período anterior aos testes e ser conduzida por um profissional de Educação Física, com domínio de práticas de preparação física. Dependendo do grau de condicionamento físico, o mínimo de tempo para a preparação para um TAF está entre 15 e 60 dias. É fundamental lembrar que fadiga acumulada ou condição física de recuperação orgânica incompleta podem influenciar negativamente no desempenho de procedimentos avaliativos, sugerindo cuidados adicionais na semana que antecede os testes. Geralmente, a melhora da capacidade oxidativa, como a resistência aeróbia, exige maior número de sessões de treinamento do que capacidades neuromotora, como força muscular, agilidade e coordenação.

A fim de que não se cometa erro ou excesso nos critérios de seleção, a decisão por inserir um TAF no corpo de um concurso público passa por dois questionamentos:

- Por que um TAF para esse cargo? Qual a justificativa?
- Quais testes e grau de aptidão podem ser associados à atividade laboral oferecida?

A adequada resposta a essas questões garantirá lisura e segurança legal à exigência do TAF. Bateria de testes para funções como as associadas à segurança pública (policiais militares, civis e federais, guarda municipal, agentes penitenciários ou de segurança), que envolvam trabalho muscular ou físico (carteiros, leituristas, eletricistas, serviços gerais que envolvam carga e descarga, coleta de lixo) ou arbitragens desportivas que exijam movimentação (futebol, basquete) são perfeitamente justificáveis.

Definida a característica da bateria de testes como eliminatória ou classificatória, deverão ser definidos testes, grau de exigência e ordem de realização, passo fundamental para que não se comprometa o desempenho dos avaliados. Testes curtos, como saltos, testes de barra, dinamometrias e corridas de velocidade (inferiores a 100 metros) devem ser introduzidos no início; testes de equilíbrio, precisão, agilidade e resistência localizada, como flexões de quadril, devem ser feitos no meio da bateria; e testes de resistência, como corridas de longa duração (Teste de Cooper, 2.400 metros ou Leger) ou atividades em meio aquático/piscina, devem encerrar a bateria de testes. Testes específicos, respeitando-se sua especificidade, podem ser introduzidos conforme a sua característica de duração e fadiga induzida.

Para os grupos profissionais envolvidos nas avaliações, planilhas que facilitem claramente o registro dos desempenhos e o controle da circulação dos candidatos, principalmente de um teste para outro, são necessárias para garantir segurança ao processo. Explicar e demonstrar os procedimentos aos avaliados, reforçando o que é permitido fazer e quais as ações que podem implicar eliminação ou invalidação do teste, podem auxiliar muito positivamente no processo avaliativo.

Finalmente, avaliadores que atestem a aptidão/aprovação e, principalmente, a não aptidão/aprovação de um determinado candidato devem ser capacitados técnica e legalmente para a função, apresentando seu registro no devido Conselho Regional de Educação Física de sua região.

Síntese

Avaliações mais complexas podem calcular o gasto energético (GE) de nossas atividades diárias ou de nossas atividades físicas, entretanto, formas indiretas, como as fórmulas de predição, podem sugerir a mesma medida. Você observou que o GE não é um elemento isolado, mas sim produto de outras variáveis. Esse conceito é determinante para o êxito nos programas de atividades físicas direcionados ao emagrecimento ou ao controle da massa corporal.

Para organizar os inúmeros protocolos de avaliação da condição física, baterias de testes foram propostas em várias regiões do mundo, visando, inclusive, desenvolver valores de referência de aptidão para as diversas populações ao redor do mundo.

Essas baterias, hoje, podem ser aplicadas para verificar a capacidade funcional associada às atividades laborais, por meio dos testes de aptidão física (TAFs). Esses protocolos recomendam procedimentos padronizados, seguidos de exigências que, em teoria, sugerem qualificação ou não para determinadas atividades profissionais.

Os aspectos da rotina e dos cuidados na aplicação de baterias de testes físicos no âmbito escolar foram abordados com uma série de recomendações ao professor de Educação Física, a fim de que as análises, com base no desempenho nos testes, signifiquem uma informação e um conteúdo de validade na proposta prática da educação física escolar.

Atividades de autoavaliação

1. Qual componente é considerado para o cálculo do gasto energético (GE)?

   a) Taxa Metabólica de Repouso (TMR).
   b) Limiar anaeróbio (LA).
   c) Intensidade do esforço.
   d) Frequência cardíaca de recuperação.
   e) Velocidade cíclica do movimento.

2. Entre as metodologias utilizadas para predizer o gasto energético, **não** se aplica:

   a) Pesagem hidrostática.
   b) Calorimetria direta.
   c) Calorimetria indireta.
   d) Registro da frequência cardíaca.
   e) Utilização de questionários específicos.

3. Em relação aos questionários utilizados para avaliar, indiretamente, a prática de atividades físicas, **não** podemos incluir:

   a) IPAQ.
   b) Questionário de Hábitos de Esporte e Lazer em adolescentes.
   c) PAC-C.
   d) PAC-A.
   e) Padrão NCHS.

4. Assinale a alternativa que **não** se refere a uma bateria de testes aceita internacionalmente:

   a) Eurofit.
   b) TAF.
   c) Fitnessgram®.
   d) Helena.
   e) Proesp-BR.

5. Em relação à aplicação de avaliações da aptidão física no ambiente escolar, **não** deve ser considerado um objetivo:

   a) A atribuição de conceitos de aprovação na disciplina pelo desempenho final.
   b) A valorização da mudança de hábito.
   c) A avaliação da condição física.
   d) A promoção da aprendizagem afetiva e cognitiva.
   e) A interdisciplinaridade.

III Atividades de aprendizagem

Questões para reflexão

1. Qual sua opinião sobre a aplicação de baterias de testes físicos no ambiente da educação física escolar? Enumere pontos positivos e negativos com seus colegas.

2. Pesquise um modelo de TAF aplicado para um cargo qualquer e discuta a validade dos testes para o exercício das atividades laborais, teoricamente observadas nessa função profissional.

Atividade aplicada: prática

1. Com base nos modelos apresentados neste capítulo, calcule seu gasto energético diário, considerando sua atividade física. Aponte qual é o significado dessa atividade no seu gasto energético total. Converse com três pessoas que pratiquem a atividade física com objetivo de perda de peso. Avalie o gasto energético dessa atividade e discuta, de forma crítica, se a atividade é, realmente, válida para o objetivo do entrevistado, visto que algumas atividades não promovem significativo gasto calórico total.

Considerações finais

As avaliações e suas discussões aqui apresentadas não devem ser consideradas como um fim, mas como um fator indispensável e integrante da prescrição responsável e qualitativa do exercício físico, que transcende o nosso conhecimento recente.

As práticas de medidas e avaliação são seculares. A atração e o desafio por mensurar o corpo, suas partes e o desempenho físico estão presentes em diversos momentos da nossa história. As civilizações antigas deixaram inúmeras evidências disso. Vitrúvio, arquiteto romano que viveu no século I a.C. afirmava que o homem simétrico e equilibrado tinha altura igual a sua largura de braços abertos (envergadura), princípio utilizado na teoria do *homo quadratus*. Registros dos grandes eventos com gladiadores romanos e dos Jogos Olímpicos na Grécia Antiga são repletos de anotações dos desempenhos e das práticas avaliativas que procuravam predizer o desempenho dos atletas/heróis nas épicas competições. O mundo medieval manifestava suas indagações e admiração ao corpo humano nas diversas expressões artísticas, como nas obras de Michelângelo; no Esquema das Proporções do Corpo Humano de Leonardo da Vinci; e nos textos de Santo Tomás de Aquino, que discutem o corpo humano como um prodígio da Criação Divina.

As expressões humanas e as tentativas de entender o desempenho nos esportes permanecem até hoje. É claro que a tecnologia mais recente facilita muito essa tarefa, mas o desafio está posto diariamente em academias, clubes, pistas, escolas e instituições de ensino e pesquisa. Há poucos anos, algumas práticas eram possíveis apenas em ambientes laboratoriais, com instrumentos complexos e de alto custo; entretanto, atualmente, muitas formas de avaliação tornaram-se acessíveis com a tecnologia dos *smartphones* e *tablets*, a custos reduzidos, facilitando o trabalho do profissional de Educação Física.

A busca incessante pelo desempenho perfeito ou pela predição do sucesso ou do fracasso está mais próxima do que podemos imaginar por meio das práticas avaliativas. Mais frequente ainda é a busca por um "corpo perfeito" ou simplesmente saudável, evidenciado nas avaliações de composição corporal, com destaque aos percentuais de gordura ou de circunferências segmentares indicativas de hipertrofia muscular.

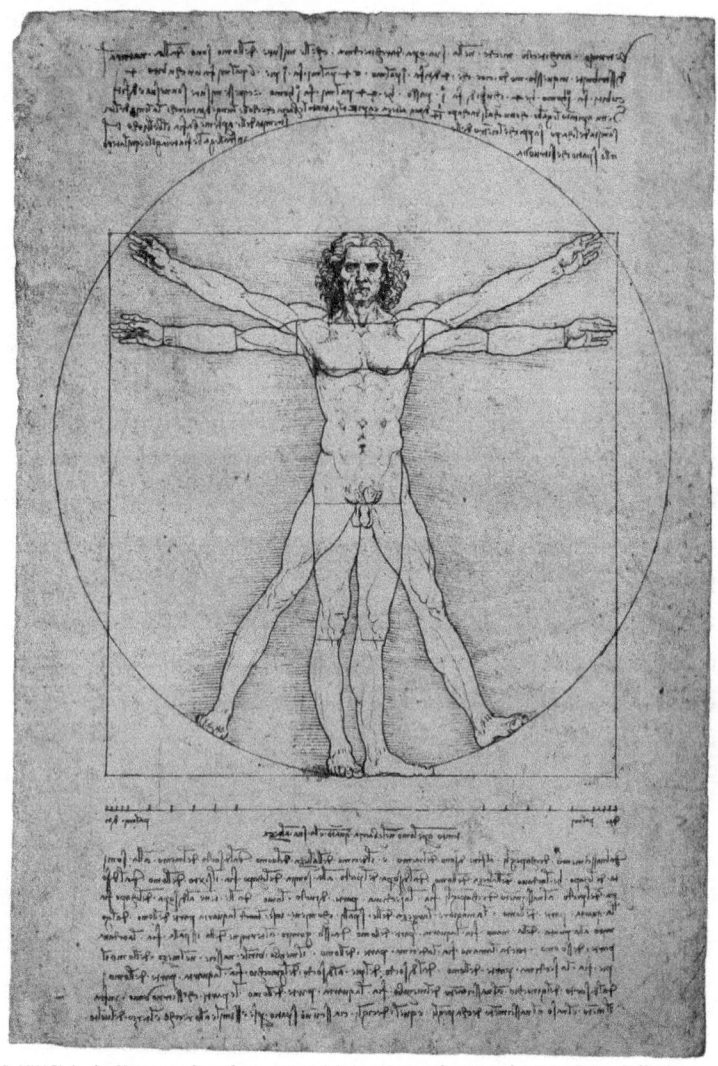

Figura A Esquema das Proporções do Corpo Humano, de Leonardo da Vinci, datado de 1492 (ou O Homem vitruviano)

VINCI, L. da. **Homem vitruviano**. 1490. Lápis e tinta sobre papel, 34 × 26 cm. Gallerie dell'Academia, Veneza.

Esperamos que as práticas e os protocolos instrumentalizem você como profissional para a prática das medidas e avaliações na completa amplitude do campo da educação física e do esporte. Não apenas testar, mas também instruir o avaliado, de maneira racional e fundamentada em preceitos científicos, são elementos primários nesse processo, que procura valorizar a qualidade de vida e de saúde.

Como você pode verificar, avaliar e medir são processos relativamente complexos, mas acessíveis ao profissional comprometido e detalhista, que assimila e exercita o conhecimento aplicado e produzido ao longo de décadas pela inesgotável ciência da atividade física.

Concluímos reforçando que a adoção de qualquer um dos procedimentos aqui abordados envolve cuidados na sua escolha, análise e aplicação, a fim de que erros sejam evitados. Da mesma forma, estimulamos novos estudos e proposições de testes que possam produzir informações mais fidedignas e válidas do rendimento físico e das medidas do ser humano, assim como há séculos o homem tem documentado e se esforçado na busca por melhor entender o desempenho e a *performance* nas atividades físicas e nos esportes.

Referências

ABDOSSALEH, Z.; AHMADI, F. Assessment of the Validity of Queens Step Test for Estimation Maximum Oxygen Uptake (VO$_2$max). **International Journal of Sport Studies**, v. 3, n. 6, p. 617-622, 2013.

ACKLAND, T. R. et al. Current Status of Body Composition Assessment in Sport. **Sports Medicine**, v. 42, n. 3, p. 227-249, March 2012.

ACSM – American College of Sports Medicine. **Diretrizes do ACSM para os testes de esforço e sua prescrição**. 9. ed. Rio de Janeiro: Guanabara Koogan, 2014.

_____. **Guidelines for Exercise Testing and Prescription**. 6. ed. Baltimore: Lippincott Williams & Wilkins, 2000.

ADAM, C. V. et al. **EUROFIT**: European Test of Physical Fitness. Rome: Council of Europe, Committee for the Development of Sport, 1988.

ADAMS, G. M. **Exercise Physiology**: Laboratory Manual. 2.nd Ed. Dubuque: Brown & Benchmark, 1994.

AGOSTINETE, R. R. et al. Somatic Maturation and the Relationship between Bone Mineral Variables and Types of Sports among Adolescents: Cross-Sectional Study. **Sao Paulo Medical Journal**, v. 135, n. 3, p. 253-259, May/June 2017.

AINSWORTH, B. E. et al. 2011 Compendium of Physical Activities: a Second Update of Codes and MET Values. **Medicine and Science in Sports and Exercise**, v. 43, n. 8, p. 1575-1581, Aug. 2011.

ALMEIDA, J. A. de et al. Validade de equações de predição em estimar o VO$_2$max de brasileiros jovens a partir do desempenho em corrida de 1.600 m. **Revista Brasileira de Medicina do Esporte**, v. 16, n. 1, p. 57-60, jan./fev. 2010. Disponível em: <http://www.scielo.br/pdf/rbme/v16n1/a11v16n1.pdf>. Acesso em: 5 nov. 2018.

AMONETTE, W. E. et al. Peak Vertical Jump Power Estimations in Youths and Young Adults. **Journal of Strength and Conditioning Research**, v. 26, n. 7, p. 1749-1755, July 2012.

ARAÚJO, C. G. S. de. **Flexiteste**: um método completo para avaliar a flexibilidade. Barueri: Manole, 2005.

ARMSTRONG, L. E. et al. Urinary Indices of Hydration Status. **International Journal of Sport Nutrition**, v. 4, n. 3, p. 265-279, Sept. 1994.

ASTRAND, P.-O.; RYHMING, I. A Nomogram for Calculation of Aerobic Capacity (Physical Fitness) from Pulse Rate During Submaximal Work. **Journal of Applied Physiology**, v. 7, n. 2, p. 218-221, Sept. 1954.

BACIL, E. D. A. et al. Atividade física e maturação biológica: uma revisão sistemática. **Revista Paulista de Pediatria**, v. 33, n. 1, p. 114-121, 2015. Disponível em: <http://www.scielo.br/pdf/rpp/v33n1/pt_0103-0582-rpp-33-01-00114.pdf>. Acesso em: 5 nov. 2018.

BALKE, B.; WARE, R. W. An Experimental Study of Physical Fitness of Air Force Personnel. **US Armed Forces Medical Journal**, v. 10, n. 6, p. 675-688, June/July 1959.

BALTZOPOULOS, V.; BRODIE, D. A. Isokinetic Dynamometry: Applications and Limitations. **Sports Medicine**, v. 8, n. 2, p. 101-116, Aug. 1989.

BANGSBO, J. **Yo-Yo Test**. Copenhagen: HO Storm, 1996.

BARNSLEY, R. H.; THOMPSON, A. H.; BARNSLEY, P. E. Hockey Success and Birthdate: the Relative Age Effect. **Journal of the Canadian Association Health, Physical Education and Recreation**, Ontário, v. 51, n. 8, p. 23-28, Nov./Dec. 1985.

BAR-OR, O. The Wingate Anaerobic Test: an Update on Methodology, Reliability, and Validity. **Sports Medicine**, v. 4, n. 6, p. 381-394, Nov./Dec. 1987.

BAXTER-JONES, A. D. et al. Growth and Development of Male Gymnasts, Swimmers, Soccer and Tennis Players: a Longitudinal Study. **Annals of Human Biology**, v. 22, n. 5, p. 381-394, Sept./Oct. 1995.

BENNETT, H. et al. Validity of Submaximal Step Tests to Estimate Maximal Oxygen Uptake in Healthy Adults. **Sports Medicine**, v. 46, n. 5, p. 737-750, May 2016.

BEUNEN, G. P. Physical Growth, Maturation and Performance. In: ESTON, R.; REILLY, T. (Ed.). **Kinanthropometry and Exercise Physiology Laboratory Manual**: Tests, Procedures and Data. 3.rd Ed. New York: Routledge, 2009. v. 1: Anthropometry.

BEUNEN, G. P. et al. Prediction of Adult Stature and Noninvasive Assessment of Biological Maturation. **Medicine and Science in Sports and Exercise**, v. 29, n. 2, p. 225-230, Feb. 1997.

BEUNEN, G. P.; ROGOL, A. D.; MALINA, R. M. Indicators of Biological Maturation and Secular Changes in Biological Maturation. **Food and Nutrition Bulletin**, v. 27, n. 4, p. s. 244-256, 2006.

BIANCO, A. et al. A Systematic Review to Determine Reliability and Usefulness of the Field-Based Test Batteries for the Assessment of Physical Fitness in Adolescents: the ASSO Project. **International Journal of Occupational Medicine and Environmental Health**, v. 28, n. 3, p. 445-478, 2015.

BIGAARD, J. et al. Waist Circumference and Body Composition in Relation to All-Cause Mortality in Middle-Aged Men and Women. **International Journal of Obesity**, v. 29, n. 7, p. 778-784, July 2005.

BOUCHARD, C. **Atividade física e obesidade**. Barueri: Manole, 2003.

BROOKS, A. G. et al. Predicting Walking METs and Energy Expenditure from Speed or Accelerometry. **Medicine and Science in Sports and Exercise**, v. 37, n. 7, p. 1216-1223, Jul. 2005.

BROZEK, J. et al. Densitometric Analysis of body Composition: Revision of some Quantitative Assumptions. **Annals of the New York Academy of Sciences**, v. 110, p. 113-140, Sept. 1963.

BRZYCKI, M. Strength Testing: Predicting a One-Rep Max from Reps-to-Fatigue. **Journal of Physical Education, Recreation & Dance**, v. 64, p. 88-90, Jan. 1993.

CAMPO, D. G. D. del et al. The Relative Age Effect in Youth Soccer Players from Spain. **Journal of Sports Science and Medicine**, v. 9, n. 2, p. 190-198, Jun. 2010.

CARTER, J. E. L. **The Heath-Carter Anthropometric Somatotype**: Instruction Manual. San Diego, California, 2002.

_____. The Somatotypes of Athletes: a Review. **Human Biology**, v. 42, n. 4, p. 535-569, Dec. 1970.

CARTER, J. E. L.; HEATH, B. H. **Somatotyping**: Development and Applications. Cambridge: Cambridge University Press, 1990.

CASTRO-PIÑERO, J. et al. Criterion-Related Validity of Field-Based Fitness Tests in Youth: a Systematic Review. **British Journal of Sports Medicine**, v. 44, n. 13, p. 934-943, Oct. 2010.

CHATTERJEE, S.; CHATTERJEE, P.; BANDYOPADHYAY, A. Validity of Queen's College Step Test for Estimation of Maximum Oxygen Uptake in Female Students. **The Indian Journal of Medical Research**, v. 121, n. 1, p. 32-35, Jan. 2005.

COOK, G.; BURTON, L.; HOOGENBOOM, B. Pre-Participation Screening: the Use of Fundamental Movements as an Assessment of Function – Part 1. **North American Journal of Sports Physical Therapy**, v. 1, n. 2, p. 62-72, May 2006.

COOPER, K. H. A Means of Assessing Maximal Oxygen Intake: Correlation between Field and Treadmill Testing. **JAMA**, v. 203, n. 3, p. 201-204, Jan. 1968.

CRUZ, J. R. A. et al. Métodos de evaluación de la composición corporal: tendencias actuales (II). **Archivos de Medicina del Deporte**, v. 22, n. 106, p. 45-49, 2005.

CUNNINGHAM, D. A.; FAULKNER, J. A. The Effect of Training on Aerobic and Anaerobic Metabolism during a Short Exhaustive Run. **Medicine and Science in Sports**, v. 1, n. 2, p. 65-69, 1969.

CURETON, K. J. et al. A Generalized Equation for Prediction of VO_2Peak from 1-Mile Run/Walk Performance. **Medicine and Science in Sports and Exercise**, v. 27, n. 3, p. 445-451, March 1995.

DALEN, T. et al. The Impact of Physical Growth and Relative Age Effect on Assessment in Physical Education. **European Journal of Sport Science**, v. 17, n. 4, p. 482-487, May 2016.

DEMIRJIAN, A.; GOLDSTEIN, H.; TANNER, J. M. A New System of Dental Age Assessment. **Human Biology**, v. 45, n. 2, p. 211-227, May 1973.

DOUKETIS, J. D. et al. Canadian Guidelines for Body Weight Classification in Adults: Application in Clinical Practice to Screen for Overweight and Obesity and to Assess Disease Risk. **Canadian Medical Association Journal**, v. 172, n. 8, p. 995-998, Apr. 2005.

DRAPER, N.; WHYTE, G. Here's a New Running Based Test of Anaerobic Performance for which you Need only a Stopwatch and a Calculator. **Peak Performance**, v. 96, p. 3-5, 1997.

DRINKWATER, D. T. et al. Validation by Cadaver Dissection of Matiegka's Equations for the Anthropometric Estimation of Anatomical Body Composition in Adult Humans. In: DAY, J. A. P. **The 1984 Olympic Scientific Congress Proceedings**: Perspectives in Kinanthropometry. Chapaign, IL: Human Kinetics, 1986. p. 221-227.

DUARTE, M. de F. da S.; DUARTE, C. R. Validade do teste aeróbico de corrida de vai e vem de 20 metros. **Revista Brasileira de Ciência e Movimento**, Brasília, v. 9, n. 3, p. 7-14, jul. 2001. Disponível em: <http://www.cefise.com.br/anexos_artigos/75/02_Validade-do-teste-aerobico-de-corrida-de-vai-e-vem-de-20-metros.pdf>. Acesso em: 5 nov. 2018.

DURNIN, J. V. G. A.; WOMERSLEY, J. Body Fat Assessed from Total Body Density and its Estimation from Skinfold Thickness: Measurements on 481 Men and Women Aged from 16 to 72 Years. **British Journal of Nutrition**, v. 32, p. 77-97, Jul. 1974.

ECO, U. **História da beleza**. Rio de Janeiro: Record, 2004.

ELLESTAD, M. H. et al. Maximal Treadmill Stress Testing for Cardiovascular Evaluation. **Circulation**, v. 39, n. 4, p. 517-522, Apr. 1969.

ESTON, R.; REILLY, T. (Ed.). **Kinanthropometry and Exercise Physiology Laboratory Manual**: Tests, Procedures and Data. 3.rd Ed. New York: Routledge, 2009. v. 1: Anthropometry.

FAULKNER, J. A. Physiology of Swimming and Diving. In: FALLS, H. B. (Ed.). **Exercise Physiology**. Baltimore: Academic Press, 1968. p. 415-446.

FERNANDES, A. de A.; MARINS, J. C. B. Teste de força de preensão manual: análise metodológica e dados normativos em atletas. **Fisioterapia em Movimento**, Curitiba, v. 24, n. 3, p. 567-578, jul./set. 2011. Disponível em: <http://www.scielo.br/pdf/fm/v24n3/21.pdf>. Acesso em: 5 nov. 2018.

FERNANDES FILHO, J. **A prática da avaliação física**: teste, medidas e avaliação física em escolares, atletas e academias de ginástica. 2. ed. rev. e atual. Rio de Janeiro: Shape, 2003.

_____. Dermatoglifia: un instrumento de prescripción en el deporte. **FIEP Bulletin**, v. 74, n. 2, p. 62-70, 2004.

FJORTOFT, I. Motor Fitness in Pre-Primary School Children: the EUROFIT Motor Fitness Test Explored on 5-7 Year-Old Children. **Pediatric Exercise Science**, v. 12, n. 4, p. 424-436, Nov. 2000.

FRIEDL, K. E. et al. Evaluation of Anthropometric Equations to Assess Body-Composition Changes in Young Women. **The American Journal of Clinical Nutrition**, v. 73, n. 2, p. 268-275, Feb. 2001.

GALLARDO-FUENTES, F. et al. Inter and Intra-Session Reliability and Validity of the my Jump App for Measuring Different Jump Actions in Trained Male and Female Athletes. **The Journal of Strength and Conditioning Research**, v. 30, n. 7, p. 2049-2056, Nov. 2015.

GARRET JR., W. E.; KIRKENDALL, D. T. **Exercise and Sport Science**. Philadelphia: Lippincott Williams e Wilkins, 2000.

GAYA, A.; GAYA, A. **Projeto esporte Brasil**: manual de testes e avaliação. Porto Alegre: Ed. da UFRGS, 2016. Disponível em: <https://www.ufrgs.br/proesp/arquivos/manual-proesp-br-2016.pdf>. Acesso em: 5 nov. 2018.

GEORGIADES, G.; KLISSOURAS, V. Assessment of Youth Fitness: the European Perspective. **The American Journal of Clinical Nutrition**, v. 49, n. 5, p. 1048-1053, May 1989.

GONZÁLEZ-VÍLLORA, S.; PASTOR-VICEDO, J. C.; CORDENTE, D. Relative Age Effect in UEFA Championship Soccer Players. **Journal of Human Kinetics**, v. 47, p. 237-248, Sept. 2015.

GREEN, S.; DAWSON, B. Measurement of Anaerobic Capacities in Humans. Definitions, Limitations and Unsolved Problems. **Sports Medicine**, v. 15, n. 5, p. 312-327, June 1993.

GUEDES, D. P. Recursos antropométricos para análise da composição corporal. **Revista Brasileira de Educação Física e Esporte**, São Paulo, v. 20, p. 115-119, set. 2006. Disponível em: <http://citrus.uspnet.usp.br/eef/uploads/arquivo/v%2020%20supl5%20artigo28.pdf>. Acesso em: 5 nov. 2018.

GUEDES, D. P. et al. Aptidão física relacionada à saúde de escolares: programa Fitnessgram. **Revista Brasileira de Medicina do Esporte**, v. 18, n. 2, p. 72-76, mar./abr. 2012. Disponível em: <http://www.scielo.br/pdf/rbme/v18n2/01.pdf>. Acesso em: 5 nov. 2018.

GUEDES, D. P.; GUEDES, J. E. R. P. **Manual prático para avaliação em educação física**. Barueri: Manole, 2006.

_____. Medida da atividade física em jovens brasileiros: reprodutibilidade e validade do PAQ-C e do PAQ-A. **Revista Brasileira de Medicina do Esporte**, v. 21, n. 6, p. 425-432, nov./dez. 2015. Disponível em: <http://www.scielo.br/pdf/rbme/v21n6/1517-8692-rbme-21-06-00425.pdf>. Acesso em: 5 nov. 2018.

GUEDES, D. P.; GUEDES, J. E. R. P. Proposição de equações para predição da quantidade de gordura corporal em adultos jovens. **Semina**, v. 12, n. 2, p. 61-70, jun. 1991. Disponível em: <http://www.uel.br/revistas/uel/index.php/seminabio/article/view/6946/6174>. Acesso em: 5 nov. 2018.

HALL, C. et al. Energy Expenditure of Walking and Running: Comparison with Predict Equations. **Medicine & Science in Sports & Exercise**, v. 36, n. 12, p. 2128-2134, 2004.

HALL, S. S. **Size Matters**: how Height Affects the Health, Happiness, and Success of Boys – and the Men They Become. Boston: Houghton Mifflin Harcourt, 2006.

HARRIS, J. A.; BENEDICT, F. G. **A Biometric Study of Basal Metabolism in Man**. Washington: Carnegie Institute of Washington, 1919.

HEATH, B. H.; CARTER, J. E. L. A Modified Somatotype Method. **American Journal of Physical Anthropology**, v. 27, n. 1, p. 57-74, July 1967.

HENDERSON, S.; SUGDEN, D.; BARNETT, A. **Movement Assessment Battery for Children-2**. London: Psychological Corporation, 1992.

HILLS, A. P.; MOKHTAR, N.; BYRNE, N. M. Assessment of Physical Activity and Energy Expenditure: an Overview of Objective Measures. **Frontiers in Nutrition**, v. 1, n. 5, p. 1-16, June 2014.

HOFFMAN, D. J. et al. Estimating Total Body Fat Using a Skinfold Prediction Equation in Brazilian Children. **Annals of Human Biology**, v. 39, n. 2, p. 156-160, March 2012.

HOWE, T. E. et al. Exercise for Improving Balance in Older People. **The Cochrane Database of Systematic Reviews**, v. 9, n. 11, Nov. 2012.

HUGHES, V. A. et al. Longitudinal Changes in Body Composition in Older Men and Women: Role of Body Weight Change and Physical Activity. **The American Journal of Clinical Nutrition**, v. 76, n. 2, p. 473-481, Aug. 2002.

ISAK – International Society for the Advancement of Kinanthropometry. **International Standards for Anthropometric Assessment**. 3.rd Ed. Lower Hutt, 2011.

ITO, I. H. et al. Practice of Martial Arts and Bone Mineral Density in Adolescents of Both Sexes. **Revista Paulista de Pediatria**, São Paulo, v. 34, n. 2, p. 210-215, Apr./June 2016.

JACKSON, A. S.; POLLOCK, M. L. Generalized Equations for Predicting Body Density of Men. **British Journal of Nutrition**, v. 40, n. 3, p. 497-504, Nov. 1978.

JACKSON, A. S.; POLLOCK, M. L.; WARD, A. Generalized Equations for Predicting Body Density of Women. **Medicine and Science in Sports and Exercise**, v. 12, n. 3, p. 175-182, 1980.

KALAMEN, J. L. **Measurement of Maximum Muscular Power in Man**. Thesis (Dissertation) – Ohio State University, 1968.

KAMINSKY, L. A.; ARENA, R.; MYERS, J. Reference Standards for Cardiorespiratory Fitness Measured with Cardiopulmonary Exercise Testing: Data from the Fitness Registry and the Importance of Exercise National Database. **Mayo Clinic Proceedings**, v. 90, n. 11, p. 1515-1523, Nov. 2015.

KEMPER, H. C. G.; VAN MECHELEN, W. Physical Fitness Testing of Children: a European Perspective. **Pediatric Exercise Science**, v. 8, n. 3, p. 201-214, 1996.

KENDALL, F. P. et al. **Músculos**: provas e funções – com postura e dor. 5. ed. Barueri: Manole, 2007.

KEYS, A.; TAYLOR, H. L.; GRANDE, F. Basal Metabolism and Age of Adult Man. **Metabolism**, v. 22, n. 4, p. 579-587, Apr. 1973.

KHAMIS, H. J.; ROCHE, A. F. Predicting Adult Stature Without Using Skeletal Age: the Khamis-Roche Method. **Pediatrics**, v. 94, n. 4, p. 504-507, Oct. 1994.

KIPHARD, E. J.; SCHILLING, F. **Körperkoordinationes für Kinder**. Weinheim: Beltz Test, 1974.

KISS, M. A. P. D. **Esporte e exercício**: avaliação e prescrição. São Paulo: Roca, 2003.

KLINE, G. M. et al. Estimation of VO_2max from a One-Mile Track Walk, Gender, Age, and Body Weight. **Medicine and Science in Sports and Exercise**, v. 19, n. 3, p. 253-259, June 1987.

KOMI, P. V. **Força e potência no esporte**. 2. ed. Porto Alegre: Artmed, 2006.

KOWALSKI, K. C.; CROCKER, P. R. E.; DONEN, R. M. **The Physical Activity Questionnaire for Older Children (PAQ-C) and Adolescents (PAQ-A) Manual**. Saskatoon: College of Kinesiology, 2004.

KRAEMER, W. J.; FLECK, S. J.; DESCHENES, M. R. **Fisiologia do exercício**: teoria e prática. 2. ed. Rio de Janeiro: Guanabara-Koogan, 2016.

KRAWCZYK, B.; SKLAD, M.; JACKIEWICZ, A. Heath-Carter Somatotypes of Athletes Representing Various Sports. **Biology of Sports**, v. 14, n. 4, p. 305-310, Jan. 1997.

KRISKA, M. A.; CASPERSEN, C. J. Introduction to a Collection of Physical Activity Questionnaires. **Medicine and Science in Sports and Exercise**, v. 29, n. 6, 1997.

KRUSTRUP, P. et al. The Yo-Yo IR2 Test: Physiological Response, Reliability, and Application to Elite Soccer. **Medicine and Science in Sports and Exercise**, v. 38, n. 9, p. 1666-1673, Sept. 2006.

KYLE, U. G. et al. Body Composition Interpretation: Contributions of the Fat-Free Mass Index and the Body Fat Mass Index. **Nutrition**, v. 19, n. 7-8, p. 597-604, July/Aug. 2003.

LAPLANTE, J. et al. Effects of Acute Exercise on the Measurement of Body Composition. **International Journal of Exercise Science: Conference Proceedings**, v. 8, n. 4, 2016.

LEE, R. C. et al. Total-Body Skeletal Muscle Mass: Development and Cross-Validation of Anthropometric Prediction Models. **American Journal of Clinical Nutrition**, v. 72, n. 3, p. 796-803, Sept. 2000.

LEGER, L. A. et al. The Multistage 20 Metre Shuttle Run Test for Aerobic Fitness. **Journal of Sports Sciences**, v. 6, n. 2, p. 93-101, 1988.

LEGER, L. A.; GADOURY, C. Validity of the 20 m Shuttle Run Test with 1 min Stages to Predict VO_2max in Adults. **Canadian Journal of Sport Sciences**, v. 14, n. 1, p. 21-26, 1989.

LEGER, L. A.; LAMBERT, J. A Maximal Multistage 20-m Shuttle Run Test to Predict VO_2max. **European Journal of Applied Physiology and Occupational Physiology**, v. 49, n. 1, p. 1-12, 1982.

LEGER, L.; MERCER, D. Gross Energy Cost of Horizontal Treadmill and Track Running. **Sports Medicine**, v. 1, p. 270-277, 1984.

LLOYD, R. S. et al. Chronological Age vs. Biological Maturation: Implications for Exercise Programming in Youth. **Journal of Strength Conditioning Research**, v. 28, n. 5, p. 1454-1464, May 2014.

LOHMAN, T. G. Assessment of Body Composition in Children. **Pediatric Exercise Science**, v. 1, p. 19-30, 1989.

MACHADO, A. F.; ABAD, C. C. C. **Manual de avaliação física**. São Paulo: Ícone, 2012.

MALINA, R. M. Weight Training in Youth-Growth, Maturation, and Safety: an Evidence-Based Review. **Clinical Journal of Sport Medicine**, v. 16, n. 6, p. 478-487, Nov. 2006.

MALINA, R. M.; BOUCHARD, C.; BAR-OR, O. **Crescimento, maturação e atividade física**. Tradução de Samantha Stamatiu e Adriana Inácio Elisa. 2. ed. Rio de Janeiro: Phorte, 2009.

MANNA, I. Growth Development and Maturity in Children and Adolescent: Relation to Sports and Physical Activity. **American Journal of Sports Science and Medicine**, v. 2, n. 5, p. 48-50, 2014.

MARGARIA, R.; AGHEMO, P.; ROVELLI, E. Measurement of Muscular Power (Anaerobic) in Man. **Journal of Applied Physiology**, v. 21, n. 5, p. 1662-1664, Sept. 1966.

MARINOV, B.; KOSTIANEV, S.; TURNOVSKA, T. Submaximal Treadmill Test for Screening of Physical Capacity in Pediatric Age Group. **Pediatria**, v. 40, n. 2, p. 38-41, 2000.

MARTIN, A. D. et al. Anthropometric Estimation of Muscle Mass in Men. **Medicine and Science in Sports and Exercise**, v. 22, n. 5, p. 729-733, Oct. 1990.

MATIEGKA, J. The Testing of Physical Efficiency. **American Journal of Physical Anthropology**, Baltimore, v. 4, n. 3, p. 223-230, Sept. 1921.

MATSUDO, S. M. et al. Do diagnóstico à ação: a experiência do Programa Agita São Paulo na promoção do estilo de vida ativo. **Revista Brasileira de Atividade Física & Saúde**, v. 13, n. 3, p. 178-184, 2008. Disponível em: <http://rbafs.org.br/RBAFS/article/view/797/806>. Acesso em: 5 nov. 2018.

MATSUDO, S. M. et al. The Agita São Paulo Program as a Model for using Physical Activity to Promote Health. **Pan American Journal Public Health**, v. 14, n. 4, p. 265-272, 2003.

MATSUDO, V. K. R. (Ed.). **Testes em ciências do esporte**. 7. ed. São Caetano do Sul: Celafiscs, 2005.

MATSUDO, V. K. R.; LAMBERT, E. V. Bright Spots, Physical Activity Investments that Work: Agita Mundo Global Network. **British Journal of Sports Medicine**, v. 51, n. 19, p. 1382-1383, Oct. 2017.

MAUD, P. J.; SHULTZ, B. B. Norms for the Wingate Anaerobic Test with Comparison to Another Similar Test. **Research Quarterly For Exercise and Sport**, v. 60, n. 2, p. 144-151, 1989.

MAYORGA-VEGA, D. et al. Criterion-Related Validity of the Distance – and Time-Based Walk/Run Field Tests for Estimating Cardiorespiratory Fitness: A Systematic Review and Meta-Analysis. **PLoS One**, v. 11, n. 3, March 2016.

MAZZILLI, F. M. Increase in the Age of Olympic Swimmers in Modern Times. **Journal of Strength and Conditioning Research**, v. 31, n. 8, p. 2208-2215, Aug. 2017.

MCARDLE, W. D. et al. Reliability and Interrelationships between Maximal Oxygen Intake, Physical Work Capacity and Step-Test Scores in College Women. **Medicine and Science in Sports**, v. 4, n. 4, p. 182-186, Dec. 1972.

MCARDLE, W. D.; KATCH, F. I.; KATCH, V. L. (Org.). **Fisiologia do exercício**: energia, nutrição e desempenho humano. 6. ed. Rio de Janeiro: Guanabara-Koogan, 2008.

MICHELS, G. Aspectos históricos da cineantropometria: do mundo antigo ao renascimento. **Revista Brasileira de Cineantropometria e Desempenho Humano**, v. 2, n. 1, p. 106-110, 2000. Disponível em: <https://periodicos.ufsc.br/index.php/rbcdh/article/viewFile/3949/3351>. Acesso em: 16 out. 2018.

MIRWALD, R. L. et al. An Assessment of Maturity from Anthropometric Measurements. **Medicine and Science in Sports and Exercise**, v. 34, n. 4, p. 689-694, Apr. 2002.

MOORE, A.; MURPHY, A. Development of an Anaerobic Capacity Test for Field Sport Athletes. **Journal of Science and Medicine in Sport**, v. 6, n. 3, p. 275-284, Sept. 2003.

MORIN, J. B.; DUPUY, J.; SAMOZINO, P. Performance and Fatigue During Repeated Sprints: what is the Appropriate Sprint Dose? **Journal of Strength and Conditioning Research**, v. 25, n. 7, p. 1918-1924, July 2011.

MÜLLER, L; HILDEBRANDT, C.; RASCHNER, C. The Role of a Relative Age Effect in the 7th International Children's Winter Games 2016 and the Influence of Biological Maturity Status on Selection. **Journal of Sports Science & Medicine**, v. 16, n. 2, p. 195-202, Jun. 2017.

NIGRO, F.; BARTOLOMEI, S.; MERNI, F. Validity of a Different Systems for the Time Measurement in 30m-Sprint Test. In: CONFERENCE YOUTH SPORT, 8., 2016, Lubiana.

NORTON, K.; OLDS, T. **Antropometrica**: um livro sobre medidas corporais para o esporte e cursos da área da saúde. Tradução de Nilda Maria Farias de Albernaz. Porto Alegre: Artmed, 2005.

OBERACKER, L. M. et al. The Yo-Yo IR2 Test: Physiological Response, Reliability, and Application to Elite Soccer. **Journal of Strength and Conditioning Research**, v. 26, n. 10, p. 2734-2740, Oct. 2012.

ONIS, M. de. Prevenção do sobrepeso e da obesidade infantis. **Jornal de Pediatria**, v. 91, n. 2, p. 105-107, mar./abr. 2015.

ONIS, M. de et al. Development of a WHO Growth Reference for School-Aged Children and Adolescents. **Bulletin of the World Health Organization**, v. 85, n. 9, p. 660-667, Sept. 2007.

____. WHO Growth Standards for Infants and Young Children. **Arquives de Pédiatrie**, v. 16, n. 1, p. 47-53, 2009.

ONIS, M. de et al. (Ed.). WHO Motor Development Study: Windows of achievement for six gross motor development milestones. **Acta Paediatrica – International Journal of Pædiatrics**, v. 95, Supplement 450, p. 86-95, Apr. 2006. Disponível em: <http://www.who.int/childgrowth/standards/Acta_95_S450.pdf>. Acesso em: 16 out. 2018.

ORTEGA, F. B. et al. Reliability of Health-Related Physical Fitness Tests in European Adolescents. The HELENA Study. **International Journal of Obesity**, v. 32, p. S49-S57, Nov. 2008.

PAPALIA, D. E.; OLDS, S. W.; FELDMAN, R. D. **Desenvolvimento humano**. Tradução de Daniel Bueno. 8. ed. Porto Alegre: Artmed, 2006.

PATE, R. R. The Case for Large Scale Physical Fitness Testing in American Youth. **Pediatric Exercise Science**, v. 1, n. 4, p. 290-294, 1989.

PAUL, D. J.; GABBETT, T. J.; NASSIS, G. P. Agility in Team Sports: Testing, Training and Factors Affecting. **Sports Medicine**, v. 46, n. 3, p. 421-442, Mar. 2016.

PETERSON, M. J.; CZERWINSKI, S. A.; SIERVOGEL, R. M. Development and Validation of Skinfold-Thickness Prediction Equations with A 4-Compartment Model. **American Journal of Clinical Nutrition**, v. 77, p. 1186-1191, May 2003.

PLOWMAN, S. A. et al. The History of FITNESSGRAM®. **Journal of Physical Activity & Health**, v. 3, n. 2, p. 5-20, May 2006.

PLOWMAN, S. A.; MEREDITH, M. D. (Ed.). **Fitnessgram/Activitygram Reference Guide**. 4. ed. Dallas: The Cooper Institute, 2013.

PLOWMAN, S. A.; SMITH, D. L. **Fisiologia do exercício para saúde, aptidão e desempenho**. Rio de Janeiro: Guanabara-Koogan, 2009.

PRESIDENT'S COUNCIL ON PHYSICAL FITNESS & SPORTS. **The First 50 Years**: 1956-2006. Washington: Faircount LLC, 2006.

PRIYADARSHINI, C.; PURANIK, M. P.; UMA, S. R. Dental Age Estimation Methods: a Review. **International Journal of Advanced Health Sciences**, v. 1, n. 12, p. 19-25, Apr. 2015.

QUEIROGA, M. R. et al. Validity of the RAST for Evaluating Anaerobic Power Performance as Compared to Wingate Test in Cycling Athletes. **Motriz**, Rio Claro, v. 19, n. 4, p. 696-702, Oct./Dec. 2013.

RABELO, F. N. et al. Efeito da idade relativa nas categorias do futebol brasileiro: critérios de seleção ou uma tendência populacional? **Revista Brasileira de Ciências do Esporte**, v. 38, n. 4, p. 370-375, 2016. Disponível em: <http://www.scielo.br/pdf/rbce/v38n4/0101-3289-rbce-38-04-0370.pdf>. Acesso em: 15 out. 2018.

READ, P. J. et al. An Audit of Injuries in Six English Professional Soccer Academies. **Journal of Sports Sciences**, v. 36, n. 13, p. 1542-1548, Jul. 2018.

REDONDO, R. B. Resting Energy Expenditure; Assessment Methods and Applications. **Nutrición Hospitalaria**, v. 31, n. 3, p. 245-254, Feb. 2015.

REILLY, T. et al. How Well do Skinfold Equations Predict Percent Body Fat in Elite Soccer Players? **International Journal of Sports Medicine**, v. 30, n. 8, p. 607-613, Aug. 2009.

REILLY, T.; TYRRELL, A.; TROUP, J. D. Circadian Variation in Human Stature. **Chronobiology International**, v. 1, n. 2, p. 121-126, 1984.

REYNOLDS, J. M.; GORDON, T. J.; ROBERGS, R. A. Prediction of One Repetition Maximum Strength from Multiple Repetition Maximum Testing and Anthropometry. **Journal of Strength & Conditioning Research**, v. 20, n. 3, p. 584-592, Aug. 2006.

RIBEIRO JÚNIOR, E. J. F. et al. O fenômeno da idade relativa em atletas de tênis infantojuvenil e profissional: nível de associação com o ranking da federação sul-americana e mundial. **Revista de Educação Física da UEM**, v. 24, n. 3, p. 371-379, 2013. Disponível em: <http://www.scielo.br/pdf/refuem/v24n3/04.pdf>. Acesso em: 15 out. 2018.

ROBERGS, R. A.; ROBERTS, S. O. **Exercise Physiology**: Exercise, Performance, and Clinical Applications. Boston: WCB McGraw-Hill, 1997.

SANTOS, D. A. et al. Reference Values for Body Composition and Anthropometric Measurements in Athletes. **PLOS One**, v. 9, n. 5, May 2014.

SAYERS, S. P. et al. Cross-Validation of Three Jump Power Equations. **Medicine and Science in Sports and Exercise**, v. 31, n. 4, p. 572-577, Apr. 1999.

SHARKEY, B. **Condicionamento físico e saúde**. 6. ed. Porto Alegre: Artmed, 2006.

SHEPARD, R. J.; THOMAS, S.; WELLER, I. The Canadian Home Fitness Test: 1991 Update. **Sports Medicine**, v. 11, n. 6, p. 358-366, 1991.

SHERAR, L. B. et al. Prediction of Adult Height Using Maturity-Based Cumulative Height Velocity Curves. **The Journal of Pediatrics**, v. 147, n. 4, p. 508-514, Oct. 2005.

SILVA, D. A. S.; PETROSKI, E. L.; GAYA, A. C. A. Anthropometric and Physical Fitness Differences among Brazilian Adolescents who Practise Different Team Court Sports. **Journal of Human Kinetics**, v. 36, p. 77-86, Mar. 2013.

SILVA, R. J. dos S.; SILVA JÚNIOR, A. G.; OLIVEIRA, A. C. C. de. Crescimento em crianças e adolescentes: um estudo comparativo. **Revista Brasileira de Cineantropometria & Desempenho Humano**, v. 7, n. 1, p. 12-20, maio 2005.

SILVA, S. P. da et al. Estudos longitudinais sobre o crescimento somático e desempenho motor: delineamentos, desafios, necessidades. **Revista Brasileira de Cineantropometria & Desempenho Humano**, v. 15, n. 1, p. 130-143, 2013. Disponível em: <http://www.scielo.br/pdf/rbcdh/v15n1/v15n1a12.pdf>. Acesso em: 15 out. 2018.

SIRI, W. E. The Gross Composition of the Body. **Advances in Biological and Medical Physics**, v. 4, p. 239-280, 1956.

SKORSKI, S. et al. The Relative Age Effect in German Elite Youth Soccer: Implications for a Successful Career. **International Journal of Sports Physiology and Performance**, v. 11, n. 3, p. 370-376, Apr. 2016.

SLAUGHTER, M. H. et al. Skinfold Equations for Estimation of Body Fatness in Children and Youth. **Human Biology**, v. 60, n. 5, p. 709-723, Oct. 1988.

SOUZA, E. F. **Cultura e juventude**: análise das práticas esportivas e de lazer de adolescentes da cidade de Curitiba-PR. Dissertação (Mestrado em Educação Física) – Universidade Federal do Paraná, Curitiba, 2007. Disponível em: <https://acervodigital.ufpr.br/bitstream/handle/1884/13159/serta;jsessionid=3ADD445BBCDC3ACC221366C0AE46CF86?sequence=1>. Acesso em: 15 out. 2018.

STRACCIOLINI, A. et al. The Relative Age Effect on Youth Sports Injuries. **Medicine and Science in Sports and Exercise**, v. 48, n. 6, p. 1068-1074, Jun. 2016.

TANNER, J. M. **Growth at Adolescence**. 2. ed. Oxford: Blackwell, 1962.

TEYHEN, D. S. et al. The Functional Movement Screen: A Reliability Study. **The Journal of Orthopaedic and Sports Physical Therapy**, v. 42, n. 6, p. 530-540, Jun. 2012.

ULRICH, D. A. **Test of Gross Motor Development**. Austin: Pro-ED Austin, 1985.

ULRICH, D. A. **Test of Gross Motor Development**: Examiner's Manual. 2. ed. Austin: Pro-ED, 2000.

URINECOLORS.COM. **Tabela de coloração da urina para indicação de desidratação**. Disponível em:<http://www.urinecolors.com/urine-health/dehydration>. Acesso em: 14 ago. 2018.

VALDEZ, R. A Simple Model-Based Index of Abdominal Adiposity. **Journal of Clinical Epidemiology**, v. 44, n. 9, p. 955-956, 1991.

WALKER, H. K.; HALL, J. W.; HURST, J. W. (Org.). **Clinical Methods**: the History, Physical, and Laboratory Examinations. 3. ed. Boston: Butterworths, 1990.

WELLMON, R. H. et al. Validity and Reliability of 2 Goniometric Mobile Apps: Device, Application, and Examiner Factors. **Journal of Sport Rehabilitation**, v. 25, n. 4, p. 371-379, Dec. 2016.

WELLS, K. F.; DILLON, E. K. The Sit and Reach: a Test of Back and Leg Flexibility. **Research Quartely: American Association for Health, Physical Education and Recreation**, v. 23, n. 1, p. 115-118, 1952.

WESTERTERP, K. R. Daily Physical Activity as Determined by Age, Body Mass and Energy Balance. **European Journal of Applied Physiology**, v. 115, n. 6, p. 1177-1184, Jun. 2015.

WHISENANT, M. J. et al. Validation of Submaximal Prediction Equations for the 1 Repetition Maximum Bench Press Test on a Group of Collegiate Football Players. **Journal of Strength & Conditioning Research**, Colorado, v. 17, n. 2, p. 221-227, May 2003.

WHO – World Health Organization. **Child Growth Standards**. Disponível em: <http://www.who.int/childgrowth/en/>. Acesso em: 9 ago. 2018.

_____. **WHO Expert Committee on Physical Status**: The Use and Interpretation of Anthropometry Physical Status. Geneva, 1995.

WILBY, J. et al. Spinal Shrinkage in Females: Circadian Variation and the Effects of Circuit Weight-Training. **Ergonomics**, v. 30, n. 1, p. 47-54, Jan. 1987.

WILLIAMS, M. H. **Nutrição para saúde, condicionamento físico e desempenho esportivo**. 5. ed. Barueri: Manole, 2002.

ZAGATTO, A. M.; BECK, W. R.; GOBATTO, C. A. Validity of the Running Anaerobic Sprint Test for Assessing Anaerobic Power and Predicting Short-Distance Performances. **Journal of Strength and Conditioning Research**, Colorado, v. 23, n. 6, p. 1820-1827, Sept. 2009.

Bibliografia comentada

FERNANDES FILHO, J. **A prática da avaliação física**: teste, medidas e avaliação física em escolares, atletas e academias de ginástica. 2. ed. rev. e atual. Rio de Janeiro: Shape, 2003.

Juntamente com o Dr. Dartagnan Pinto Guedes, o professor José Fernandes Filho é considerado uma das mais reconhecidas autoridades nacionais e internacionais em avaliação física e tem uma das principais produções científicas em nosso país. Sua obra mais conhecida foi livro-texto e referência de muitos profissionais no Brasil e na América do Sul. Com linguagem fácil e leitura agradável, o livro serviu como base para a construção de nossa obra e discute os principais protocolos envolvidos nas práticas de medidas e avaliação, aplicadas tanto ao campo do bacharelado como da licenciatura.

FERNANDES FILHO, J. **Novas tendências da avaliação física**. Rio de Janeiro: Meta, 2014. E-book.

Nesse *e-book*, o Dr. José Fernandes Filho trata das novas tendências da avaliação física, apresentando e discutindo protocolos e metodologias clássicas e mais recentes, utilizadas de maneira simples, objetiva e cientificamente válida.

GUEDES, D. P.; GUEDES, J. E. R. P. **Manual prático para avaliação em educação física**. Barueri: Manole, 2006.

Para aprofundar seus conhecimentos em composição corporal e, de quebra, conhecer mais da obra dos professores Dartagnan Pinto Guedes e Joana Elisabete Ribeiro Pinto Guedes, não deixe de ler a última obra desses gênios da Educação Física brasileira. Certamente, é um dos livros mais completos e cientificamente mais bem estruturado da literatura especializada. Os conteúdos tratados são extremamente abrangentes e cuidadosamente abordados nessa obra que apresenta discussões voltadas para os cuidados na tomada das medidas e avaliações, abordando avaliações do crecsimento físico, maturação, desempenho motor, proporcionalidade corporal, somatotipia, composição corporal, atividade física habitual, estado nutricional, aspectos funcionais associados à mobilidade energética e neuromusculares.

KOMI, P. V. **Força e potência no esporte**. 2. ed. Porto Alegre: Artmed, 2006.

Elaborado com o aval da Comissão Médica do Comitê Olímpico Internacional (COI), que reúne diversas autoridades mundiais, e organizado pelo finlandês PhD Paavo V. Komi, esse livro é instrumento para aprofundar seus conhecimentos nos protocolos de avaliação e também em todos os aspectos que envolvem o desempenho de força, velocidade e potência nos esportes.

MALINA, R. M.; BOUCHARD, C.; BAR-OR, O. **Crescimento, maturação e atividade física**. 2. ed. Rio de Janeiro: Phorte, 2009.

Sem dúvida, a obra dos doutores Malina, Bar-Or e Bouchard, considerados as principais autoridades mundiais no assunto, é essencial para aprofundar seus conhecimentos em maturação e crescimento físico associados à prática de esportes. Referências mundiais nessas temáticas, os autores abordam crescimento e maturação num contexto inicialmente biológico, aprofundando essa discussão associada ao esporte, tanto direcionado ao contexto da atividade física e da saúde como ao desempenho de alto rendimento.

NORTON, K.; OLDS, T. **Antropométrica**: um livro sobre medidas corporais para o esporte e cursos da área da saúde. Porto Alegre: Artmed, 2005.

Para aprofundar seus estudos em medidas antropométricas, essa é uma obra de referência. Organizada pelos PhDs Kevin Norton e Tim Olds, reúne os mais importantes especialistas mundiais que discutem não apenas protocolos, métodos e ferramentas para a antropometria, mas também sua aplicação em outras áreas, como ergonomia, psicologia e saúde.

SHARKEY, B. **Condicionamento físico e saúde**. 6. ed. Porto Alegre: Artmed, 2006.

Para entender um pouco melhor as atividades aeróbias e anaeróbias, assim como sua importância nos esportes de alto rendimento e na saúde, sugerimos essa obra de autoria do ex-presidente do Colégio Americano de Medicina do Esporte, PhD Brian J. Sharkey. De referência internacional, aborda esses e outros aspectos, como o controle de peso corporal e o condicionamento físico.

Anexos

- **Anexo 1 – Ipaq (Versão Curta)**

QUESTIONÁRIO INTERNACIONAL DE ATIVIDADE FÍSICA – VERSÃO CURTA

Nome: _____

_____

Data: _____ / _____ / _____ Idade: _____ Sexo: F ( ) M ( )

Nós estamos interessados em saber que tipos de atividade física as pessoas fazem como parte do seu dia a dia. Este projeto faz parte de um grande estudo que está sendo feito em diferentes países ao redor do mundo. Suas respostas nos ajudarão a entender o quão ativos nós somos em relação a pessoas de outros países. As perguntas estão relacionadas ao tempo que você gasta fazendo atividade física na ÚLTIMA semana. As perguntas incluem as atividades que você faz no trabalho, para ir de um lugar a outro, por lazer, por esporte, por exercício ou como parte das suas atividades em casa ou no jardim. Suas respostas são MUITO importantes. Por favor, responda cada questão, mesmo que considere que não seja ativo. Obrigado pela sua participação!

Para responder as questões lembre que:

- atividades físicas VIGOROSAS são aquelas que precisam de um grande esforço físico e que fazem respirar MUITO mais forte que o normal

- atividades físicas MODERADAS são aquelas que precisam de algum esforço físico e que fazem respirar UM POUCO mais forte que o normal

Para responder as perguntas pense somente nas atividades que você realiza por pelo menos 10 minutos contínuos de cada vez.

1.
   a) Em quantos dias da última semana você CAMINHOU por pelo menos 10 minutos contínuos em casa ou no trabalho, como forma de transporte para ir de um lugar para outro, por lazer, por prazer ou como forma de exercício?
   dias _____ por SEMANA ( ) Nenhum

   b) Nos dias em que você caminhou por pelo menos 10 minutos contínuos, quanto tempo no total você gastou caminhando por dia?
   horas: _____ Minutos: _____

2.
   a) Em quantos dias da última semana você realizou atividades MODERADAS por pelo menos 10 minutos contínuos, como pedalar leve na bicicleta, nadar, dançar, fazer ginástica aeróbica leve, jogar vôlei recreativo, carregar pesos leves, fazer serviços domésticos na casa, no quintal ou no jardim, como varrer, aspirar, cuidar do jardim, ou qualquer atividade que fez aumentar moderadamente sua respiração ou batimentos do coração (POR FAVOR, NÃO INCLUA CAMINHADA)
   dias _____ por SEMANA ( ) Nenhum

   b) Nos dias em que você fez essas atividades moderadas por pelo menos 10 minutos contínuos, quanto tempo no total você gastou fazendo essas atividades por dia?
   horas: _____ Minutos: _____

3.
   a) Em quantos dias da última semana, você realizou atividades VIGOROSAS por pelo menos 10 minutos contínuos, como correr, fazer ginástica aeróbica, jogar futebol, pedalar rápido na bicicleta, jogar basquete, fazer serviços domésticos pesados em casa, no quintal ou cavoucar no jardim, carregar pesos elevados ou qualquer atividade que fez aumentar MUITO sua respiração ou batimentos do coração.
   dias _____ por SEMANA ( ) Nenhum

   b) Nos dias em que você fez essas atividades vigorosas por pelo menos 10 minutos contínuos, quanto tempo no total você gastou fazendo essas atividades por dia?
   horas: _____ Minutos: _____

Estas últimas questões são sobre o tempo que você permanece sentado todo dia, no trabalho, na escola ou faculdade, em casa e durante seu tempo livre. Isto inclui o tempo sentado estudando, sentado enquanto descansa, fazendo lição de casa visitando um amigo, lendo, sentado ou deitado assistindo TV. Não inclua o tempo gasto sentando durante o transporte em ônibus, trem, metrô ou carro.

4.
   a) Quanto tempo no total você gasta sentado durante um dia de semana?
   _____ horas _____ minutos

   b) Quanto tempo no total você gasta sentado durante um dia de final de semana?
   _____ horas _____ minutos

PERGUNTA SOMENTE PARA O ESTADO DE SÃO PAULO

5. Você já ouviu falar do Programa Agita São Paulo?
   ( ) Sim   ( ) Não

6. Você sabe o objetivo do Programa?

() Sim   () Não

Anexo 2 – PAQ-C

1. Atividade física no tempo livre: Você realizou alguma dessas atividades nos últimos 7 dias (última semana)? Se a resposta for sim, quantas vezes foi realizada? (Marcar uma única resposta por atividade).

Atividade Física	Não	1-2	3-4	5-6	≥ 7
Pular corda	()	()	()	()	()
Andar de patins	()	()	()	()	()
Brincar de pega-pega	()	()	()	()	()
Andar de bicicleta	()	()	()	()	()
Caminhar como exercício físico	()	()	()	()	()
Correr	()	()	()	()	()
Nadar	()	()	()	()	()
Dançar	()	()	()	()	()
Fazer exercício em academias de ginástica	()	()	()	()	()
Fazer musculação	()	()	()	()	()
Jogar basquetebol	()	()	()	()	()
Jogar futebol/futsal	()	()	()	()	()
Jogar voleibol	()	()	()	()	()
Jogar handebol	()	()	()	()	()
Jogar tênis de campo/tênis de mesa	()	()	()	()	()
Lutar judô, karate etc.	()	()	()	()	()
Outros: _____	()	()	()	()	()
Outros: _____	()	()	()	()	()

2. Nos últimos 7 dias, durante as **aulas de Educação Física**, quantas vezes você permaneceu muito ativo fisicamente: jogando intensamente, correndo, saltando, fazendo lançamentos etc.?

    ( ) Não tenho aula de Educação Física
    ( ) Quase nunca
    ( ) Algumas vezes
    ( ) Muitas vezes
    ( ) Sempre

3. Nos últimos 7 dias, o que você normalmente fez no horário do **recreio escolar**?

    ( ) Fiquei sentado (conversando, lendo, fazendo tarefas de aula etc.)
    ( ) Fiquei passeando pelas dependências da escola
    ( ) Fiquei correndo ou jogando um pouco
    ( ) Fiquei correndo ou jogando bastante
    ( ) Fiquei correndo ou jogando durante todo o recreio

4. Nos últimos 7 dias, fora da escola, no **período da manhã**, quantas vezes você brincou, praticou esporte, realizou exercício físico ou dançou de tal forma que ficou muito ativo fisicamente?

    ( ) Nenhuma vez
    ( ) Um vez na última semana
    ( ) 2-3 vezes na última semana
    ( ) 4-5 vezes na última semana
    ( ) 6 ou mais vezes na última semana

5. Nos últimos 7 dias, fora da escola, no **período da tarde**, quantas vezes você brincou, praticou esporte, realizou exercício físico ou dançou de tal forma que ficou muito ativo fisicamente?

    ( ) Nenhuma vez
    ( ) Um vez na última semana

( ) 2-3 vezes na última semana
( ) 4-5 vezes na última semana
( ) 6 ou mais vezes na última semana

6. Nos últimos 7 dias, fora da escola, no **período da noite**, quantas vezes você brincou, praticou esporte, realizou exercício físico ou dançou de tal forma que ficou muito ativo fisicamente?

( ) Nenhuma vez
( ) Um vez na última semana
( ) 2-3 vezes na última semana
( ) 4-5 vezes na última semana
( ) 6 ou mais vezes na última semana

7. No último **final de semana**, quantas vezes você brincou, praticou esporte, realizou exercício físico ou dançou de tal forma que ficou muito ativo fisicamente?

( ) Nenhuma vez
( ) Uma vez
( ) 2-3 vezes
( ) 4-5 vezes
( ) 6 ou mais vezes

8. Qual das seguintes situações melhor descreve seus **últimos 7 dias**? Leia as 5 opções antes de decidir por uma resposta que melhor descreve sua última semana.

( ) Todo ou a maioria do tempo livre eu me dediquei a atividades que exige pouco ou nenhum esforço físico
( ) Algumas vezes (1-2 vezes na última semana) o aluno realizou atividade física no seu tempo livre (por exemplo, praticou esporte, jogou bola, correu, nadou, dançou, andou de bicicleta, fez exercício físico etc.)
( ) Frequentemente (3-4 vezes na última semana) o aluno realizou atividade física no seu tempo livre

( ) Bastante frequentemente (5-6 vezes na última semana) o aluno realizou atividade física no seu tempo livre

( ) Muito frequentemente (7 ou mais vezes na última semana) o aluno realizou atividade física no seu tempo livre

9. Assinale com que frequência você realizou atividade física (por exemplo, praticou esporte, jogou bola, correu, nadou, dançou, andou de bicicleta, fez exercício físico, etc.) em cada dia da semana.

Atividades

	Nenhuma	Pouco	Médio	Bastante	Muito
2ª feira	( )	( )	( )	( )	( )
3ª feira	( )	( )	( )	( )	( )
4ª feira	( )	( )	( )	( )	( )
5ª feira	( )	( )	( )	( )	( )
6ª feira	( )	( )	( )	( )	( )
Sábado	( )	( )	( )	( )	( )
Domingo	( )	( )	( )	( )	( )

10. Você esteve doente nesta última semana ou apresentou alguma situação que o impediu de realizar normalmente atividade física?

( ) Não

( ) Sim

Qual foi o impedimento? _____

_____

Anexo 3 – PAQ-A

1. Atividade física no tempo livre: Você realizou alguma dessas atividades nos últimos 7 dias (última semana). Se a resposta for sim, quantas vezes foi realizada? (Marcar uma única resposta por atividade).

Atividade Física	Não	1-2	3-4	5-6	≥7
Pular corda	( )	( )	( )	( )	( )
Andar de patins	( )	( )	( )	( )	( )
Skate	( )	( )	( )	( )	( )
Brincar de pega-pega	( )	( )	( )	( )	( )
Andar de bicicleta	( )	( )	( )	( )	( )
Caminhar como exercício físico	( )	( )	( )	( )	( )
Correr	( )	( )	( )	( )	( )
Nadar	( )	( )	( )	( )	( )
Dançar	( )	( )	( )	( )	( )
Fazer exercício em academias de ginástica	( )	( )	( )	( )	( )
Jogar basquetebol	( )	( )	( )	( )	( )
Jogar futebol/futsal	( )	( )	( )	( )	( )
Jogar voleibol	( )	( )	( )	( )	( )
Jogar handebol	( )	( )	( )	( )	( )
Jogar tênis de campo/tênis de mesa	( )	( )	( )	( )	( )
Lutar judô, karate etc.	( )	( )	( )	( )	( )
Outros: _____	( )	( )	( )	( )	( )
Outros: _____	( )	( )	( )	( )	( )

2. Nos últimos 7 dias, durante as **aulas de educação física**, quantas vezes você permaneceu muito ativo fisicamente: jogando intensamente, correndo, saltando, fazendo lançamentos etc.?

( ) Não tenho aula de educação física

( ) Quase nunca

( ) Algumas vezes

( ) Muitas vezes

( ) Sempre

3. Nos últimos 7 dias, fora da escola, no **período da manhã**, quantas vezes você brincou, praticou esporte, realizou exercício físico ou dançou de tal forma que ficou muito ativo fisicamente?

( ) Nenhuma vez
( ) Um vez na última semana
( ) 2-3 vezes na última semana
( ) 4-5 vezes na última semana
( ) 6 ou mais vezes na última semana

4. Nos últimos 7 dias, fora da escola, no **período da tarde**, quantas vezes você brincou, praticou esporte, realizou exercício físico ou dançou de tal forma que ficou muito ativo fisicamente?

( ) Nenhuma vez
( ) Um vez na última semana
( ) 2-3 vezes na última semana
( ) 4-5 vezes na última semana
( ) 6 ou mais vezes na última semana

5. Nos últimos 7 dias, fora da escola, no **período da noite**, quantas vezes você brincou, praticou esporte, realizou exercício físico ou dançou de tal forma que ficou muito ativo fisicamente?

( ) Nenhuma vez
( ) Um vez na última semana
( ) 2-3 vezes na última semana
( ) 4-5 vezes na última semana
( ) 6 ou mais vezes na última semana

6. No último **final de semana**, quantas vezes você brincou, praticou esporte, realizou exercício físico ou dançou de tal forma que ficou muito ativo fisicamente?

( ) Nenhuma vez
( ) Uma vez
( ) 2-3 vezes
( ) 4-5 vezes
( ) 6 ou mais vezes

7. Qual das seguintes situações melhor descreve seus **últimos 7 dias**? Leia as 5 opções antes de decidir por uma resposta que melhor descreve sua última semana.

( ) Todo ou a maioria do tempo livre realizei atividades que exige pouco ou nenhum esforço físico

( ) Algumas vezes (1-2 vezes na última semana) realizei atividade física no meu tempo livre (por exemplo, pratiquei esporte, joguei bola, corri, nadei, dancei, andei de bicicleta, fiz exercício físico etc.)

( ) Frequentemente (3-4 vezes na última semana) realizei atividade física no meu tempo livre

( ) Bastante frequentemente (5-6 vezes na última semana) realizei atividade física no meu tempo livre

( ) Muito frequentemente (7 ou mais vezes na última semana) realizei atividade física no meu tempo livre

8. Assinale com que frequência você realizou atividade física (por exemplo, praticou esporte, jogou bola, correu, nadou, dançou, andou de bicicleta, fez exercício físico, etc.) em cada dia da semana.

	Nenhuma	Pouco	Médio	Bastante	Muito
2ª feira	()	()	()	()	()
3ª feira	()	()	()	()	()
4ª feira	()	()	()	()	()
5ª feira	()	()	()	()	()
6ª feira	()	()	()	()	()
Sábado	()	()	()	()	()
Domingo	()	()	()	()	()

9. Você esteve doente nesta última semana ou apresentou alguma situação que o impediu de realizar normalmente atividade física?

( ) Não
( ) Sim
Qual foi o impedimento? _____

_____

Anexo 4 – Questionário de Hábitos de Esporte e Lazer

1. Turma: _____ Nº chamada: _____ (NÃO ESCREVA SEU NOME!) Sexo ( ) M ( )F
   Bairro: _____ Tempo de moradia: _____

2. Idade: _____ anos
   Estado civil: ( ) solteiro ( ) casado ( ) outro: _____
   Tem filhos? ( ) não ( ) sim

3. Grau de escolaridade: ( ) cursando 1º ano do ensino médio ( ) cursando 2º ano do ensino médio ( ) cursando 3º ano do ensino médio

4. Estudou em escola: Pública: ( ) sempre ( ) desde a _____ série
   Particular: ( ) pré-escola ( ) todo o ensino fundamental ( ) _____ anos

5. Você trabalha? ( ) não ( ) sim
   Carga horária/dia? _____
   Há quanto tempo trabalha? _____
   Trabalha nos finais de semana? ( ) nunca ( ) eventualmente ( ) sempre

6. Você frequenta: ( ) academias ( ) clubes ( ) praças ( ) parques ( ) Ruas da Cidadania ( ) outros: _____
   Que atividades realiza nesses locais? _____
   Por que você escolheu esta(s) atividade(s)? _____
   Qual o objetivo almejado com a atividade? ( ) estética ( ) promoção de saúde ( ) convívio social ( ) ocupação do tempo livre ( ) indicação médica ( ) rendimento

7. Atividades de entretenimento:

   Televisão. Assinale os tipos de programa que você costuma assistir:

   ( ) programa informativos;
   ( ) Desenhos animados.
   ( ) programas de auditório;
   ( ) Filmes.
   ( ) telenovela;
   ( ) Outros: _____
   ( ) Programa jornalístico

   Com que frequência você utiliza e /ou frequenta:

   Videogame ( ) nunca ( ) eventualmente ( ) sempre

   Internet (finalidade de trabalho/pesquisa) ( ) nunca ( ) eventualmente ( ) sempre

   Internet (finalidade de diversão) ( ) nunca ( ) eventualmente ( ) sempre

   Filmes locados: ( ) nunca ( ) eventualmente ( ) sempre

   Cinema: ( ) nunca ( ) eventualmente ( ) sempre

   Teatro: ( ) nunca ( ) eventualmente ( ) sempre

   Museus/exposições: ( ) nunca ( ) eventualmente ( ) sempre

   Circo: ( ) nunca ( ) eventualmente ( ) sempre

   Parques de Diversão ( ) nunca ( ) eventualmente ( ) sempre

8. Atividades propriamente de lazer:

   Você costuma participar da organização de atividades como: futebol com os amigos, teatro amador na escola etc.? Especifique: _____
   _____

   ( ) nunca ( ) eventualmente ( ) sempre

   Costuma frequentar, como espectador, estádios de futebol, jogos de basquete, voleibol ou outro esporte organizado?

Especifique: _____

_____

( ) nunca ( ) eventualmente ( ) sempre

Costuma realizar viagens curtas nos finais de semana ou feriados? ( ) nunca ( ) eventualmente ( ) sempre

Você tem o hábito de realizar passeios a pé? Em que local(ais)?

_____

_____ _____

( ) nunca ( ) eventualmente ( ) sempre

Você já participou ou participa de atividades "radicais" e de aventura, como: trekking, rapel, escalada, arvorismo etc.?
( ) nunca ( ) eventualmente ( ) sempre

Se participa ou participou de atividades radicais, onde você costuma realizá-las? _____

Se nunca participou, gostaria de experimentar? ( ) não ( ) sim. Qual? _____

9. Atividades Esportivas:

Quais esportes já praticou e por quanto tempo? _____

_____

Qual esporte pratica atualmente e quanto tempo semanal é dedicado? _____

_____

O que o levou a escolher esta(s) modalidade(s)? _____

_____

10. Cite 3 atividades que você costuma fazer quando tem algum tempo livre e onde são realizadas:

   a) _____
   b) _____
   c) _____

11. Cite as 3 atividades que você mais costuma realizar durante os finais de semana e onde:

    a) _____

    b) _____

    c) _____

12. Cite 3 aspectos que você consideraria como as principais "barreiras" para que as atividades de diversão, esporte e/ou lazer não ocorram:

    a) _____

    b) _____

    c) _____

13. Renda familiar aproximada: R$

    ( ) sem renda

    ( ) entre R$ 1.300,00 e R$ 2.600,00 – 5SM a 10SM

    ( ) até R$ 520,00 – 2SM

    ( ) entre R$ 2.600,00 e R$ 5.200,00 – 10SM a 20SM

    ( ) entre R$ 521,00 e R$ 1.300,00 – 2SM a 5SM

    ( ) mais de R$ 5.201,00 – + de 20SM

14. Você está satisfeito com as opções de esporte, lazer e entretenimento oferecidas em nossa cidade? Justifique: _____

    _____

    _____

    _____

    _____

    _____

15. O que você acha que poderia melhorar? Como? _____
_____
_____
_____
_____
_____

Anexo 5 – Planilha para controle do Teste de Leger

Raia	Teste de Leger – Controle de Queimadas/Faltas						Data ___/___/___	
	Turma		Turma		Turma		Turma	
	Candidato	Faltas	Candidato	Faltas	Candidato	Faltas	Candidato	Faltas
1								
2								
3								
4								
5								
6								
7								
8								
9								
10								
11								
12								
13								
14								
15								

Avaliador(a):

Anexo 6 – Formulário original traduzido proposto por Heath e Carter para registro dos dados para cálculo da somatotipia

Formulário de registro somatotipia heath-carter

Nome: Idade: Sexo: Número:

Ocupação: Etnia: Data:

Projeto/Equipe: Avaliador:

Espessura das dobras

										Somatória das 3 dobras												
Tríceps =	Lim. Sup.	10,9	14,9	18,9	22,9	26,9	31,2	35,8	40,7	46,2	52,2	58,7	65,7	73,2	81,2	89,7	98,9	108,9	119,7	131,2	143,7	157,2	171,9	187,9	204,0
Subescapular =	Méd.	9,0	13,0	17,0	21,0	25,0	29,0	33,5	38,0	43,5	49,0	55,5	62,0	69,5	77,0	85,5	94,0	104,0	114,0	125,5	137,0	150,5	164,0	180,0	196,0
	Lim. Inf.	7,0	11,0	15,0	19,0	23,0	27,0	31,3	35,9	40,8	46,3	52,3	58,8	65,8	73,3	81,3	89,8	99,0	109,0	119,8	131,3	143,8	157,3	172,0	188,0
Supra-ilíaca =																									
Soma = ☐ × (170,18/) =																									
	Endomorfo	1	1½	2	2½	3	3½	4	4½	5	5½	6	6½	7	7½	8	8½	9	9½	10	10½	11	11½	12
Estatura =	139,3	143,5	147,3	151,5	154,9	158,8	162,6	166,4	170,2	174	177,8	181,6	185,4	189,2	193,0	196,9	200,3	204,5	208,3	212,1	215,9	219,7	223,5	227,3
D.O Fêmur =	5,19	5,34	5,49	5,64	5,78	5,93	6,07	6,22	6,37	6,51	6,65	6,80	6,95	7,09	7,38	7,53	7,67	7,82	7,97	8,11	8,25	8,40	8,55	
D.O Úmero =	7,41	7,62	7,83	8,04	8,24	8,45	8,66	8,87	9,08	9,28	9,49	9,70	9,91	10,12	10,33	10,53	10,7	10,95	11,16	11,36	11,57	11,78	11,99	12,21
Circ. Braço =																									
Db. Tríceps =	23,7	24,4	25,0	25,7	26,3	27,0	27,7	28,3	29,0	29,7	30,3	31,0	31,6	32,2	33,0	33,6	34,3	35,0	35,6	36,3	37,0	37,6	38,3	39,0
Circ. Perna =																									
Db. Perna =	27,7	28,5	29,3	30,1	30,8	31,6	32,4	33,2	33,9	34,7	35,5	36,3	37,1	37,8	38,6	39,4	40,2	41,0	41,7	42,5	43,3	44,1	44,9	45,6
	Mesomorfo	½	1	1½	2	2½	3	3½	4	4½	5	5½	6	6½	7	7½	8	8½	9					
Massa =	Lim. Sup	39,65	40,74	41,43	42,13	42,82	43,48	44,18	44,84	45,53	46,23	46,92	47,58	48,25	48,94	49,63	50,33	50,99	51,68					
	Médio	e	40,20	41,09	41,79	42,48	43,14	43,84	44,50	45,19	45,89	46,32	47,24	47,94	48,60	49,29	49,99	50,68	51,34					
Estatura/√peso =	Lim. Inf.	abaixo	39,66	40,75	41,44	42,14	42,83	43,49	44,19	44,85	45,54	46,24	46,93	47,59	48,26	48,95	49,64	50,34	51,00					
	Ectomorfo	%	1	1%	2	2%	3	3%	4	4%	5	5%	6	6%	7	7%	8	8%	9					

Endomorfo	Mesomorfo	Ectomorfo

Anexo 7 – Valores de referência para medidas antropométricas e composição corporal em atletas[1]

Tabela A1. Composição corporal para as principais medidas antropométricas.

Esporte	Sexo	n	Massa (kg)[b,c]	Estatura (cm)[b,c]	IMC (kg/m²)[b,c]	n	∑7Db (mm)[b,c]	CC. Braço (cm)[b,c]	CC. Coxa (cm)[b,c]	CC. Perna (cm)[b,c]
1. Arco e flecha	fem.	4*	58.3*	162.7*	22.0	4*	143.9*	20.5*	40.6*	32.5 (31.2-33.9)
	masc.	9	73.1 (65.4-81.8)	177.6 (174.4-180.8)	23.2 (20.5-26.0)	9	91.6 (69.2-114.1)	26.0 (24.0:27.9)	44.3 (42.6-45.9)	33.0 (31.7-34.3)
2. Atletismo	fem.	32	59.1 (56.8-61.4)*	166.3 (164.1-168.6)*	21.3 (20.8-21.8)*	25	71.4 (61.1-81.6)*	22.6 (21.9-23.3)*	46.4 (45.0-47.9)*	30.7 (29.5-31.9)*
	masc.	30	73.9 (71.5-76.3)	182.1 (180.1-184.2)	22.3 (21.7-22.8)	23	46.6 (41.6-51.6)	27.1 (26.3-27.9)	51.2 (49.6-52.8)	35.9 (35.0-36.9)
3. Basquetebol	fem.	43	68.9 (66.0-71.7)*	176.7 (174.2-179.3)*	22.0 (21.4-22.6)	39	126.8 (114.8-138.7)*	21.8 (21.2-22.3)*	45.9 (44.9-46.8)*	31.8 (30.9-32.7)*
	masc.	47	81.9 (78.8-85.0)	190.6 (187.7-193.5)	22.5 (21.9-23.1)	46	73.3 (66.3-80.3)	27.1 (26.4-27.7)	50.8 (49.8-51.8)	34.9 (33.5-36.3)
4. Esgrima	fem.	4*	61.7*	166.3*	22.3	4*	121.5	20.7	45.3	30.4
5. Ginástica	fem.	12	72.6 (68.0-77.1)	180.0 (176.4-183.6)	22.4 (21.3-23.5)	12	63.8 (49.9-77.7)	25.0 (24.2-25.9)	52.3 (50.4-54.2)	33.4 (32.3-34.6)
	masc.	18	53.2 (50.4-56.0)*	160.7 (157.4-164.1)*	20.6 (19.8-21.4)*	18	91.4 (79.9-103.0)*	21.1 (20.2-22.0)*	45.4 (43.4-47.4)	29.7 (28.7-30.7)*
6. Handebol	masc.	20	65.9 (62.7-69.1)	169.9 (167.1-172.7)	22.9 (21.6-24.1)	20	58.5 (49.1-68.0)	26.8 (25.9-27.8)	45.2 (43.6-46.7)	34.4 (33.6-35.1)
	fem.	4*	67.9	167.3	24.2	4*	128.1	24.2	49.2	30.7
7. Hoquei	masc.	37	83.7 (80.1-87.3)	183.4 (181.4-185.5)	24.8 (24.0-25.7)	20	86.7 (72.0-101.3)	27.7 (26.7-28.8)	48.9 (47.3-50.6)	35.4 (34.5-36.4)
	fem.	0	NA	NA	NA	0	NA	NA	NA	NA
8. Corfebol	masc.	49	74.9 (72.6-77.2)	174.8 (173.4-176.3)	24.5 (23.9-25.2)	48	80.7 (72.6-89.9)	26.4 (25.8-27.1)	49.2 (48.3-50.1)	34.9 (34.1-35.8)
	fem.	9	58.5 (54.0-63.1)*	162.4 (155.7-169.1)*	22.2 (20.7-23.7)	9	114.5 (90.1-138.9)*	20.9 (20.4-21.5)*	40.0 (38.0-42.0)*	36.3 (35.5-37.1)*
	masc.	11	72.3 (67.1-77.5)	181.2 (177.1-185.4)	22.0 (20.6-23.4)	11	61.7 (49.9-73.8)	25.3 (23.6-27.0)	45.4 (43.9-46.9)	35.7 (34.5-36.8)
9. Pentatlo moderno	fem.	9	60.8 (53.6-68.1)*	170.6 (165.6-175.7)*	20.8 (18.8-22.9)	8	87.0 (64.2-109.9)*	21.8 (20.1-23.5)*	44.7 (43.4-46.0)*	31.3 (30.3-32.3)*
	masc.	14	69.0 (64.2-73.7)	176.9 (173.8-179.9)	22.1 (20.6-23.5)	14	56.3 (45.9-66.7)	26.7 (25.4-28.0)	50.5 (46.1-54.9)	34.5 (33.5-35.8)
10. Motoesporte	fem.	0	NA	NA	NA	0	NA	NA	NA	NA
	masc.	7*	73.9	175.5	23.9	7*	81.9	26.3	49.3	34.0
11. Esporte de combate	fem.	15	59.0 (55.5-62.5)	162.8 (159.3-166.4)	22.3 (21.0-23.5)	11	107.3 (80.8-133.8)*	22.6 (21.4-23.7)*	44.7 (42.8-46.6)*	28.5 (26.4-30.6)*
	masc.	34	70.3 (67.3-73.2)	175.9 (173.8-178.0)	22.7 (21.9-23.5)	29	62.6 (54.9-70.4)	26.9 (26.2-27.6)	49.9 (48.8-51.0)	34.4 (32.8-36.0)
12. Remo	fem.	8	66.1 (60.9-71.2)*	169.9 (165.2-174.6)*	22.9 (21.8-24.0)	8	104.5 (87.1-122.0)*	22.1 (21.0-23.2)*	47.2 (44.9-49.6)*	32.4 (26.4-38.4)*
	masc.	27	78.5 (75.0-82.1)	183.0 (180.8-185.2)	23.4 (22.6-24.2)	27	60.5 (52.9-68.2)	27.8 (27.2-28.4)	50.1 (49.0-51.1)	10.2 (36.8-36.0)

(continua)

[1] Tradução do original publicado (Santos et al., 2014) com a gentil autorização da autora PhD Analiza M. Silva.

(Anexo 7 - conclusão)

Tabela A1. Composição corporal para as principais medidas antropométricas.

Esporte	Sexo	n	Massa (kg)[b,c]	Estatura (cm)[b,c]	IMC (kg/m²)[b,c]	n	∑7Db (mm)[b,c]	CC. Braço (cm)[b,c]	CC. Coxa (cm)[b,c]	CC. Perna (cm)[b,c]
13.Rugby	fem.	0	NA	NA	NA	0	NA	NA	NA	NA
	masc.	62	92.2	182.8 (180.9-184.7)	27.6 (26.4-28.7)	62	110.5 (96.0-125.1)	31.1 (30.2-32.0)	52.5 (51.3-53.7	36.8 (36.0-37.5)
14. Vela	fem.	7*	62.5	170.2	21.5*	7*	90.9	23.2	43.9	32.5
	masc.	38	76.1 (72.1-80.2)	177.9 (175.3-180.4)	23.9 (23.1-24.8)	37	89.7 (77.9-101.5)	26.7 (25.6-27.8)	48.1 (46.0-50.1)	33.9 (32.8-34.9)
15. Futebol	fem.	22	59.7 (56.8-62.6)*	164.1 (161.5-166.6)*	22.2 (21.3-23.0)*	22	105.5 (93.6-117.4)*	21.6 (20.7-22.5)*	44.7 (43.2-46.2)*	32.5 (29.8-35.1)*
	masc.	42	73.8 (71.4-76.2)	176.6 (174.8-178.4)	23.6 (23.1-24.2)	17	58.1 (52.0-64.2)	27.7 (26.5-28.9)	50.9 (49.4-52.4)	35.2 (33.7-36.6)
16. Surfe	fem.	1				1				
	masc.	1				1				
17. Natação	fem.	26	59.3 (57.1-61.5)	167.7 (165.3-170.1)	21.1 (20.5-21.7)	26	93.1 (82.6-103.6)	23.9 (23.1; 24.7)	44.2 (43.1-45.2)	33.0 (32.2-33.8)
	masc.	44	72.0 (69.4-74.7)	179.9 (177.8-182.0)	22.2 (21.7-22.8)	42	56.6 (50.4-62.8)	30.9 (26.6-35.1)	48.2 (47.3-49.1)	34.4 (33.8-34.9)
18. Tênis	fem.	11	64.2 (59.9-68.5)*	168.5 (165.0-172.0)*	22.6 (21.5-23.7)	10	141.0 (123.4-158.7)*	21.9 (19.4-24.3)*	41.0 (38.0-44.0)*	31.2 (30.4-31.9)*
	masc.	23	71.3 (67.1-75.5)	177.4 (174.8-180.1)	22.6 (21.5-23.8)	19	67.7 (59.3-76.1)	25.6 (24.5-26.7)	46.7 (45.0-48.4)	34.1 (33.2-35.0)
19. Triathlon	fem.	11	57.9 (53.5-62.3)*	168.4 (163.8-173.0)*	20.4 (19.1-21.8)	8	86.3 (46.1-126.5)	23.2 (20.8-25.6)*	45.3 (42.2-48.5)*	31.6 (30.6-32.6)*
	masc.	41	65.9 (64.6-67.2)	175.8 (174.0-177.6)	21.3 (20.9-21.7)	33	49.6 (45.6-53.6)	26.2 (25.7-26.7)	47.1 (46.2-48.0)	34.2 (33.6-34.7)
20. Voleibol	fem.	16	67.7 (61.6-73.8)*	174.5 (169.3-179.8)*	22.1 (21.0-23.2)	16	118.0 (99.1-136.8)*	23.0 (21.8-24.3)*	46.5 (44.5-48.6)*	29.8 (28.5-31.2)*
	masc.	17	90.1 (86.3-94.0)	195.0 (191.5-198.4)	23.7 (22.9-24.5)	17	70.0 (59.8-80.1)	31.1 (29.6-32.6)	52.5 (51.1-53.9)	36.9 (35.8-37.9)
21. Westwing e Judô	fem.	24	59.455.6-63.2*	172.1 (159.2-165.0)*	22.5 (21.6-23.5)*	21	123.0 (104.0-142.0)*	22.3 (21.1-23.6)*	44.3 (42.6-46.1)*	29.1 (27.6-30.6)*
	masc.	69	71.5 (69.2-73.7)	172.7 (171.1-174.2)	23.9 (23.3-24.5)	64	59.4 (53.6-65.2)	29.0 (28.2-29.8)	49.4 (48.7-50.1)	34.5 (33.3-35.7)
Todos	fem.	264	61.5 (60.5-62.6)*	167.8 (166.8-168.8)*	21.8 (21.5-22.0)*	240	106.8 (102.1-111.4)*	22.3 (22.0-22.5)*	44.9 (44.4-45.4)*	32.3 (30.8-31.5)*
	masc	234	76.1 (75.1-77.0)	179.3 (178.6-180.0)	23.6 (23.4-23.8)	558	71.4 (68.6-74.2)	27.9 (27.5-28.3)	49.5-49.1-49.8	35.0 (34.8-35.2)
Comparações	fem.		[b] 5, 18, 12, 20, 3-2, 213	[b] 5, 21, 11 20, 3-8, 15 3	-		[b] 215, 20, 21, 3, 18, 1-173, 18-518	[b] 8, 5, 15 17	[b] 8 3, 2, 20, 12, 6-18 2, 6	[b] 21 20, 2, 3-5 2
	masc.		[b] 5, 19, 7, 12, 3, 6, 20, 13, 19 15, 2, 14: 9, 18, 11, 3, 6, 20, 13	[d] 5, 21 14, 17, 2, 13, 12, 6, 3, 20-5 8-7 2, 13, 12, 6, 3, 20-10 3, 20-19 2	[d] 19, 23, 1, 14, 7, 6, 13-22 0-9 13-17, 21 14, 7, 6, 13		[d] 2, 19 3, 7, 6, 14, 1, 13-2 20-9 13-17, 21 7, 6, 14, 13	[d] 17.4, 8, 18, 19, 21, 20, 13-1 20, 13	[d] 1, 5 21, 11-5 7-1, 5, 8, 19, 12, 3, 15, 2, 4, 20, 13-18 3	[d] 1, 5 3, 13, 20-18 13

Abreviaturas: IMC - Índice de Massa Corporal; 7Db - soma de 7 dobras (tríceps, subscapular, bíceps, suprailíaca, abdominal, coxa e medial de perna); CC - circunferência corrigida.

* 95% intervalos de confiança não apresentados para n<8. NA: dados não presentados para n<2. [...]; [b] Diferenças significativas entre os esportes para mulheres (p≤0.05);
[d] Diferenças significativas entre os esportes para homens (p≤0.05).

Respostas

Capítulo 1

1. a
2. d
3. b
4. d
5. a

Capítulo 2

1. c
2. c
3. e
4. a
5. c

Capítulo 3

1. c
2. a
3. e
4. d
5. d

Capítulo 4

1. e
2. b
3. e

4. a
5. d

Capítulo 5

1. d
2. d
3. a
4. c
5. b

Capítulo 6

1. a
2. a
3. e
4. b
5. a

Sobre os autores

Elizabeth Ferreira de Souza, natural de Curitiba/PR, é mestre em Educação Física pela Universidade Federal do Paraná (UFPR) graduada em Educação Física pela mesma instituição e em Fonoaudiologia pela Universidade Tuiuti do Paraná (UTP). Professora da Rede Pública Estadual do Paraná e Municipal de Curitiba, atua como colaboradora do Projeto de Extensão Universitária Avaliação do Atleta de Alto Rendimento da UFPR. Desenvolve pesquisas nas áreas de educação física escolar, lazer e avaliação física.

Julimar Luiz Pereira, natural de Curitiba/PR, é doutor e mestre em Educação Física pela Universidade Federal do Paraná (UFPR), é especialista em Biologia Celular e Treinamento Desportivo e graduado em Educação Física pela mesma instituição. Atuou como consultor de diversas modalidades desportivas, com ênfase em futebol, lutas e tênis. Foi fisiologista das seleções brasileiras de karatê tradicional pela Confederação Brasileira de Karatê-Dô Tradicional e *beach soccer* pela Confederação Brasileira de Futebol. É professor dos cursos de pós-graduação e graduação em Educação Física da UFPR, onde também coordena a especialização em Preparação Física e o Projeto de Extensão Universitária Avaliação do Atleta de Alto Rendimento. Atualmente, é secretário da FIEP Brasil. Desenvolve pesquisas nas áreas de fisiologia do exercício, treinamento neuromuscular, educação física escolar, treinamento desportivo, preparação física e avaliação.

Os papéis utilizados neste livro, certificados por instituições ambientais competentes, são recicláveis, provenientes de fontes renováveis e, portanto, um meio responsável e natural de informação e conhecimento.

FSC
www.fsc.org
MISTO
Papel produzido a partir de fontes responsáveis
FSC® C103535

Impressão: Reproset
Janeiro/2019